KB185640

LINCHPIN

세상은 이들을 따른다

린치핀

세스 고딘 지음 | 윤영삼 옮김

필름

우리는 그저 그런 톱니바퀴가 아니다.
새로운 세상을 창조하는 예술가다.

세상은 (계속) 변하고 있으며 살아가는 일은 그 어느 때보다도 힘들어졌다. 이제 우리는 진정한 혁명을 눈앞에 두고 있다. 이 제는 누구나 마음만 먹으면 자신이 관심을 갖는 곳에 소중한 기여를 할 수 있다. 누구나 예술을 펼치고 선물을 쉽게 줄 수 있는 시대가 되었다. 하지만 어떻게 보상을 받을 수 있을지 두 렵다. 이 혼란스러운 상황에서 경쟁은 더욱 치열해지고 있다. 우리는 어떤 선택을 해야 할까? '대체할 수 없는 존재'가 되어 야 한다. 이 책의 목표는 우리 스스로 대체할 수 없는 존재가 되는 선택을 왜 해야 하는지, 어떻게 해야 하는지 일깨워주는 것이다.

한국어판 서문

한국 독자 여러분, 안녕하세요. 세상을 이끌어주시고, 변화를 만들어주시고, 귀중한 시간을 내어 이 책을 읽기로 선택해주셔서 감사합니다.

《린치핀》을 세상에 처음 소개한 지도 10년이 넘었습니다. 미국에서든 한국에서든 우리 각자가 지배적인 시스템의 톱니바퀴가 되어야 한다는 압박은 여전히 존재하지만 여러분이 대체하기 어려운 일을 한다면, 사람과 사람을 조직하고 연결한다면, 변화를 주도한다면 여러분을 위한 자리는 항상 존재한다는 것을 전 세계가 알게 되었습니다.

그 어느 때보다 기술이 발전한 지금, 우리는 AI가 할 수 없는 일을 하는 것이 무엇인지 생각해야 합니다. 기존 시스템에 무엇이 필요한지 고민하고 일을 하는 대신, 우리가 하는 일의 대상이 되는 사람들에게 무엇이 필요한지 고민하는 것이 더 합리적일 수 있습니다. 지금 해야 할 일은 무엇일까요? 누구와 누구가 연결되어야 할까요? 누가 세상에 드러나야 할까요? 그런 다음 시스템이 우리를 위해 일하게 만든다면 어떨까요?

저는 변화를 만들기 위해 《린치핀》을 썼습니다. 첫 출간 후 10년이 넘게 지난 지금까지, 전 세계 수백만 명의 사람들이 《린치핀》의 영향을 받았습니다. 다시 한번 《린치핀》을 여러분과 공유할 수 있는 기회를 주셔서 감사합니다. 마지막으로 제가 여러분께 하고 싶은 말은 바로 이것입니다. "세상에 소란을 피우세요!"

2024년 10월
세스 고딘

차례 ———————————————— LINCHPIN

LINCHPIN

들어가는 글

우리는 더 이상 자본주의라는 기계의 얼굴 없는 톱니바퀴가 아니다. 이제 선택할 수 있다. 이 책은 우리 앞에 놓인 두 갈래 길을 보여줄 것이다. 그리고 많은 사람들이 가지 않은(하지만 더 좋은) 길로 들어서기를 우리가 꺼리는 이유가 무엇인지 설명한다.

우리는 천재다

천재란 무엇일까? 풀기 힘든 문제에 대한 해법을 찾아내는 데 남다른 능력과 통찰이 있는 사람을 천재라고 정의한다면, 그런 천재가 되기 위해서 굳이 노벨상까지 탈 필요는 없다. 천재란 사람들을 불편한 상황으로 몰아넣는 문제를 해결하는 사람이다.

자, 이제 내가 묻겠다.

"당신은 그런 일을 해본 적 있는가?"
"다른 사람들이 보지 못하는 지름길을 찾아낸 적 있는가?"
"가족을 곤경으로 몰아넣는 문제를 해결한 적 있는가?"
"제대로 작동하지 않는 것을 작동하게끔 만든 적 있는가?"

"사람들이 쉽게 다가가지 못하는 사람과 개인적으로 관계를 맺어본 적 있는가?"

"단 한 번이라도?"

세상 어느 누구도 늘 천재처럼 행동하지는 못한다. 아인슈타인은 매일 퇴근할 때마다 자기 집을 찾지 못해 애를 먹었다. 그는 '가끔' 천재처럼 행동했을 뿐이다. 물론, 우리도 누구나 가끔은 천재가 된다.

안타까운 사실은 학교, 직장, 정부, 가족을 비롯한 우리 사회 모두가 그런 천재다운 특성을 계속 깔아뭉개고 쫓아버린다는 것이다. 그리고 우리 문화는 파우스트가 메피스토펠레스와 맺은 것 같은 계약을 요구한다. 눈에 보이는 안정을 주는 대신 우리의 천재성과 예술적 기교를 가져간다.

똑같은 현실을 똑같이 바라보지 않는 힘

스페인의 한 사내가 우연히 기차 1등칸에 탔다가 화가 파블로 피카소Pablo Picasso 옆자리에 앉게 되었다. 그는 뛰는 가슴을 가라앉히고 용기를 내어 대가에게 몸을 돌려 이렇게 말했다.

"세뇨르, 피카소! 선생님은 정말 위대한 예술가이십니다. 그런데 선생님 작품은, 아니 현대미술은 왜 그토록 뒤죽박죽인가요? 그렇게 비틀고 왜곡하지 않고 현실을 있는 그대로 그릴 수 없나요?"

피카소는 잠시 머뭇거리다 이렇게 물었다.

"있는 그대로의 현실은 어떻게 생긴 걸 말하나요?"

남자는 잠깐 생각을 하더니 지갑에서 사진 한 장을 꺼내 내밀었다.

"여기요. 이렇게요. 이건 제 아내입니다."

피카소는 사진을 받아서 들여다보고는 싱긋 웃으면서 말했다.

"정말이에요? 댁의 아내는 아주 작은 데다 평평하군요."

이 책은 사랑과 예술과 변화와 두려움에 관해 쓰였다. 지난 수세기 동안 유지되어온, 우리가 지닌 창조성과 넘치는 활력을 꺾어버리고자 하는 음모를 극복하는 문제에 대해 이야기할 것이다. 다른 이들과 차이를 만들고 이끌어내는 방법에 대해 이야기할 것이다. 성공에 대해 이야기할 것이다.

1990년대였다면 나는 이런 책을 쓸 수 없었을 것이다. 그때의 우리는 경제 시스템이 요구하는 대로 따라야만 했다. 시스템에 잘 적응한 사람에게는 제대로 보상을 해주고 안전을 보장해 주었다. 하지만 이제는 좋든 싫든 세상이 다른 어떤 것을 요구한다. 지금 현실이 어떤지 깊이 생각해 보아야 할 때다.

세상을 다르게 본다면, 경쟁하지 않고 양보한다면, 다른 방식으로 생계를 이어나간다면 어떻겠는가? 지금 하는 일을 그만두지 않고도 그렇게 살 수 있다면 어떻겠는가?

그렇다고 해서 산속에 들어가 수염을 기르고 기인처럼 살고 싶어 하는 사람들을 위해 이 책을 쓰지는 않았다. 바로 당신, 회사를 운영하는 경영자는 물론 직장인을 위한 책이다. 하지만 누구나 스스로 진정한 자아를 드러내고 열정적으로 최고의 작품을 만들어내는 미래를 꿈꾼다. 정말 그런 미래가 오고 있다. 맞이할 준비가 되어 있는가?

적어도 한 가지는 분명하게 말할 수 있다. 다가오는 세상은 (그리고 이 책은) 작지도 않고 평평하지도 않다.

시스템의 효율보다 개인의 차이가 중요하다

이 책은 나의 개인적인 선언문이자 여러분에게 간절하게 전하고 싶은 호소문이기도 하다. 지금 나는 눈앞에 보이는 것에는 관심이 없다. 훌륭한 제품을 만들거나 중요한 정보를 퍼트리기 위해 어떤 기업이나 조직이 사용하는 전술에도 관심이 없다. 이 책은 오로지 선택, 우리 삶에만 관심이 있다. 물론 지금 하는 일을 그만두라는 뜻이 아니다. 하지만 지금 우리가 일하는 방식을 다시 한번 돌아보고 의심을 품어보라고 이야기할 것이다.

지금까지 우리가 적응하며 살아온 시스템은 쓰레기다! 봉제선이 뜯어지고 너덜너덜해져서 더 이상 수선할 수 없는 걸레다. 당연히 작동하리라고 믿는 것들이 실제로는 전혀 작동하지 않고 있다.

이로써 수많은 사람들이 고통을 받는다. 마음이 아프다.

일상에서 다양한 사람들을 만날 때마다 나는 안타까움을 느낀다. 누구나 많은 것을 베풀 수 있는 능력을 가지고 있음에도 베풀지 못한다. 자신의 선한 마음이 남들에게 조롱당할까 봐, 위험을 자초할까 봐 겁에 질려 있기 때문이다. 그들은 모두 시스템의 희생양이다. 시스템은 지금까지 사람들을 장기판 위의 졸처럼 하찮게 여기며 필요할 때만 소모하고 버렸다.

이제 시스템의 비위를 맞추는 일은 그만둘 때가 되었다. 자신만의 지도를 그려나갈 시간이다. 절대로 '이 정도면 되겠지' 하는 마음으로 현실에 안주하지 마라. 이제 소중한 예술을 창조해야 할 때다. '이게 나한테 무슨 이득이라도 되는지' 따지지 마라. 그냥 선물을 나누어주어라. 그런 행동이 사람들을 바꿀 것이다. 그렇게 먼저 베푼 다음에야 비로소 자신의 잠재력이 드러나기 시작할 것이다.

수백 년 동안 사람들은 시스템에 자신을 끼워 맞추기 위해서, 규칙을 따르기 위해서, 하루 노동을 하루 벌이와 맞바꾸기 위해서, 끊임없이 회유와 협박, 사기, 세뇌에 시달려왔다. 이제 그 참혹한 시대의 종말이 바로 우리 눈앞으로 다가왔다.

우리는 모두 총명함을 타고났다. 우리의 행동과 기여는 소중하다. 우리가 창조하는 예술은 값지다. 그것은 우리, 바로 나만이 할 수 있다. 아니, 내가 해야만 한다.

지금 당장 일어나라. 남들과 다른 차이를 만드는 선택을 하라.

선택하라

"지금보다 훨씬 나은 삶으로 나아갈 수 있는 변화의 기회를 누구나 누릴 수 있다."

이런 주장을 설득하는 것이 이 책의 목표다. 그렇다고 쉽게 따라 할 수 있는 매뉴얼이나 훈련 방법을 제시하지는 않는다. 이 책에서 제시하는 해법은, 먼저 우리 세상의 규칙이 근본적으로 어떻게 변화하고 있는지 이해하고, 이 변화를 적극적으로 활용해 이 세상에서 반드시 필요한 존재로 거듭나는 것이다.

이 모든 것은 간단한 선택에서 출발한다. 누구나 할 수 있으며, 실제로 그렇게 할 수 있다 생각할 것이다. 더 나아가 스스로 그 변화에 따르고 나서 아끼는 사람에게 그런 생각을 전해주길 바란다.

우리는 사회의 '돌봄'에 길들여졌다

우리 부모들은 다음과 같은 거래에 서명을 했다.

우리 세계는 무수한 공장으로 가득 차 있다. 온갖 물건을 만드는 공장, 보험을 파는 공장, 웹사이트를 만드는 공장, 영화를 찍는 공장, 아픈 사람을 돌보는 공장, 전화를 받는 공장.

공장은 일할 사람이 필요하다.

공장의 일꾼이 되는 법을 터득한 사람, 다시 말해 학교에서 착

실히 공부하고 규칙을 잘 따르고 시간을 준수하고 열심히 노력한 사람을 공장이 돌보아줄 것이다. 총명할 필요도 없고 창조적일 필요도 없고 큰 위험을 무릅쓸 필요도 없다.

많은 돈을 줄 것이다. 건강보험을 제공할 것이다. 안정적인 일자리를 제공할 것이다. 소중하게 대해줄 것이다. 아니, 최소한 신경이라도 써줄 것이다.

정말 뿌리칠 수 없는 흥정이다.

이 강렬한 유혹에 우리는 한 세기 동안 열광했다. 그런 거래를 뒷받침할 수 있는 학교, 시스템, 정부를 구축했다.

그런 선택은 성공적이었다. 거대기업들이 우리를 돌보아주었다. 교사들이 우리를 돌보아주었다. 관공서와 동네 구멍가게가 우리를 돌보아주었다. 우리는 그들이 시키는 대로 했다. 시간을 잘 지켰다. 그 대가로 원하는 것을 받았다. 이것이 바로 아메리칸 드림이다. 오랜 시간 이 시스템은 제대로 작동했다.

하지만 경쟁과 기술의 발전 앞에서 이런 거래는 산산조각 나고 말았다. 일자리는 더 이상 늘어나지 않는다(그나마 줄어들지 않으면 다행이다). 대부분의 분야에서 임금은 오르기보다 오히려 떨어지고 있다. 중산층은 전에 없던 포위 공격을 받고 있으며, 미래는 암울하다. 더 이상 사람들은 의지할 곳이 없다. 은행도 믿을 수 없다.

지금 우리는 어디로 가고 있는지 알지 못한다. 아무리 열심히 일한다고 해도, 힘들게 조직을 만들고 이끌어왔다고 해도, 그동안 많은 것을 남에게 베풀었다고 해도, 그에 걸맞은 안정과 존경을 충분히 받을 수 있을지 확신할 수 없는 상황이 되었다.

어느 순간, 모든 계약 조건이 난데없이 뒤바뀌었다. 말 잘 듣는 일꾼들은 자신도 모르는 사이에 속임수에 휘말려 들고 말았다. 교육 수준도 높고 열심히 살아가는 대중이 아직도 시스템이 시키는 대로 고분고분 따른다. 문제는, 이전의 생활 방식으로는 예전만큼 가치 있는 보상을 받지 못한다는 것이다.

이런 상황은 훌륭한 기회이기도 하다.

그렇다! 기회다. 내가 하는 일을 진짜로 즐길 수 있는 기회, 동료와 고객으로부터 자신을 차별화할 수 있는 기회, 지금까지 줄곧 감추어왔던 자신의 천재성을 발휘할 수 있는 기회인 것이다.

깨진 거래를 원래대로 되돌리기 위한 노력은 무모한 헛수고일 뿐이다. 거래는 끝났다. 불평해도 소용없다. 투덜댄다고 들어주지 않는다. 이제 새로운 거래를 해야 한다. 고분고분 말을 잘 들을 때보다 더 큰 보상을 얻을 수 있는 거래 말이다. 바로 재능과 창의성과 예술을 자신의 지렛대로 삼는 거래가 시작된 것이다.

성공은 어디에서 오는가

우리는 매일같이 상사든 고객이든 투자자든 누구를 지지하고 누구를 떨어뜨릴 것인지, 어떤 부분을 축소하고 멀리할 것인지 선택해야 한다.

지난 20년 동안 나는, 이런 판단을 하는 데 중요한 역할을 하는 단순한 질문 18가지를 놓고 고민했다. 그중 몇 가지 예를 들면 다음과 같다.

- 일반적인 전략보다 월등한 성과를 내는 전략의 비밀은 무엇일까?
- 다른 직원보다 훨씬 생산적인 직원의 비밀은 무엇일까?
- 혼란스러운 시장에서도 번창하는 조직과 무기력하게 휘청거리다 사라지는 조직의 차이는 무엇일까?
- 아무 주목도 받지 못하고 사라지는 아이디어와 달리, 세상에 반향을 일으키는 아이디어의 비밀은 무엇일까?

이 책은 이런 질문들에 대한 나의 답이다.

평범함은 어디에서 오는가

우리가 평범함에서 벗어나지 못하는 이유로는 다음 두 가지를 들 수 있다.

1. 학교와 시스템에 의해 세뇌당했다. 직장에서 하는 일이 곧 내

일이고, 규칙을 지키는 것이 내 일이라고 믿게 되었다. 하지만 그런 시스템은 더 이상 작동하지 않는다.

2. 모든 사람의 마음속에는 겁에 질리고 화가 난 목소리가 끊임 없이 소리치고 있다. 도마뱀뇌가 저항하는 목소리다. 평범해 지라고 (그래서 안전을 지키라고) 외친다.

아무리 노력해도 기대만큼 좋은 성과가 나오지 않는다면, 그것은 게임의 규칙이 바뀌었기 때문이다. 하지만 그런 사실을 이야기해주는 사람은 아무도 없다.

우리가 따르는 규칙은 200년 전 만들어진 것이다. 오랜 시간 작동하기는 했으나 이제는 더 이상 유효하지 않다. 이제는 새로운 규칙을 배워야 한다. 이 규칙을 배우기 위해서 약간의 시간을 투자해야 한다. 충분히 그 정도 투자할 가치가 있는 일이다.

꼭 필요한 사람 되기

어느 누구도 거대한 기계의 톱니바퀴가 되기 위해 태어나지는 않았을 것이다. 하지만 우리는 모두 톱니바퀴가 되도록 '훈련'받았다.

하지만 이제는 톱니바퀴가 되지 않아도 살 수 있는 방법이 생겼다. 바로 '린치핀'이 되는 길을 따라 한 걸음씩 나아가는 것이다. 이런 과정을 통해 우리는 꼭 필요한 존재, 없어서는 안 되는 존재가 될 수 있다. 의식적인 노력으로 스스로 중요한 존재로 거듭날 수 있다.

어떤 일이든 처음이 가장 어렵다. 린치핀이 되는 첫 단계는, 이것이 기술일 뿐이라는 사실을 이해하는 것이다. 여느 기술과 마찬가지로 반복하다 보면 누구나 잘할 수 있다. 날마다 린치핀이 될 수 있도록 만들어주는 예술, 인간관계, 선물에 초점을 맞춘다면 우리는 대체 불가의 존재가 되어갈 것이다.

"사회가 제시하는 모범을 내면화하지 마라." 우리는 쉽게 갈아 끼울 수 있는 무수한 부품 중 하나가 아니라 고유한 인간이다. 하고 싶은 말이 있으면 그냥 내뱉어라! 그렇게 이야기하고 나서 자신을 돌아보아라. 어느새 누구보다도 말을 잘하는 사람이 되어 있다는 사실을 깨닫게 될 것이다.

_데이비드 매밋David Mamet

LINCHPIN

새로운
세상의 일

이제는 관리자와 노동자라는 기존의 두 집단 말고도 새로운 집단이 하나 더 생겨났다. 바로 린치핀이다. 이들은 자신의 생산수단을 가지고 있으며 차이를 만들고 사람들을 이끌고 관계를 맺어준다. 공장은 죽었다. 우리가 평생 적응해온 모든 시스템이 이제 위기에 처했다. 이것은 커다란 위협이지만 동시에 커다란 기회이기도 하다. 혁명을 무서워하는 이유는 과거의 잔재를 청산하는 고통이 한참 지속된 다음에야 혁명의 열매를 맛볼 수 있기 때문이다. 하지만 지금의 혁명은 그렇지 않다. 시장에 가장 자연스러운 자신의 모습을 드러낼수록 이에 대한 보상을 빠르게 받을 수 있다.

조직에 꼭 필요한 사람

지금 우리가 사는 세상은 고지식한 관료, 시키는 대로 받아 적는 사람, 문자 그대로 해석하는 사람, 지침을 꼼꼼히 따지는 사람, 주말만 기다리며 일하는 사람, 안전한 길만 가는 사람, 회사에서 잘리지 않을까 늘 걱정하는 사람으로 가득 차 있다.

문제는 이들 모두가 고통 속에서 살아간다는 것이다. 무시당하거나 낮은 보상을 받거나 쫓겨나거나 스트레스에 찌들며 살아가야 하기 때문이다.

애덤 스미스Adam Smith는 《국부론》 첫 장에서 기업이 승리하려면 상품 생산 과정에 필요한 임무를 잘게 쪼개야 한다고 분명하게 이야기한다. 이렇게 임무를 쪼개면 지침은 단순해지고, 일하는 사람들은 반복 업무만 하면 되기 때문에 보수를 적게 주어도 된다. 스미스는 기계로 핀을 만드는 공장과 직접 핀을 만드는 장인이 효율성 측면에서 얼마나 차이 나는지 예를 들어 설명한다. 별다른 기술도 없는 사람 10명이 기계를 돌려 핀을 만들면, 뛰어난 장인이 혼자 만들 때보다 '1,000배' 이상 많은 핀을 만들어낸다. 이런 상황에서 누가 장인을 고용하겠는가?

산업혁명 이후 거의 300년 동안 우리는 그런 식으로 일을 해왔다. 공장 주인들이 원하는 직원은 기계를 효율적으로 운영할 수 있는 사람, 고분고분 말 잘 듣고 보수를 적게 주어도 되는 언제든 쉽게 갈아 끼울 수 있는 톱니바퀴 같은 사람이다. 공장은 생산성을 높이고 생산성은 수익을 높인다. 이런 시스템이 지속되는 동안 (적어도 공장 주인들은) 행복했다.

지금 우리 사회가 혼란을 겪고 있는 이유는 변화해야 하는 시기에 변화를 거부하는 사람들이 조직에 끝까지 남아 있기 때문이다. 많은 보수를 챙겨가는 고지식한 사람, 시키는 대로 일하는 사람, 문자 그대로 해석하는 사람, 업무 지침만을 따지는 사람, 주말만 기다리며 일하는 사람, 안전한 길만 가는 사람, 잘리지 않을까 늘 걱정하는 사람들이 조직을 지키고 있다. 앞으로 무엇을 해야 하는지 알 수 없는 상황에서 고분고분 말 잘 듣는 무리는 아무런 도움이 되지 못한다.

우리가 원하는 사람, 우리에게 필요한 사람은 '없어서는 안 되는' 사람이다. 고유한 사상가, 위대한 선동가, 누구에게든 주목받는 사람이 필요하다. 조직을 이끌 수 있는 기획자, 위험을 무릅쓰고 인맥을 만들어내는 영업자, 꼭 필요한 일이라면 사람들에게 받는 미움조차 기꺼이 감수하고자 하는 열정적인 혁신가가 필요하다. 어떤 조직이든 이 모든 것을 함께 몰고 올 수 있는 사람, 차이를 만들어낼 수 있는 사람을 원한다. 바로 린치핀이다. 물론 아직은 린치핀의 필요성을 깨닫지 못했거나 정확하게 표명하지 못하는 조직도 있을 것이다. 하지만 이제 성공에 다가가기 위해서는 어떤 조직에든 '예술가'가 필요하다. 일을 하는 새로운 해법을 가진 사람, 새로운 인간관계를 만들 줄 아는 사람, 새로운 방법을 찾아내는 천재성을 가진 사람을 말한다.

그 예술가는 바로 당신일 수 있다.

세상이 변할 때 나는 어디에 있었는가

나는 사람들이 시키는 대로 일하고 지침을 따라 움직이고 생계를 이어나가기 위해 일자리를 찾아 헤매는, 그저 그런 세상에서 자랐다. 하지만 지금 우리가 사는 세상은 규칙을 따르는 행동에서 창출될 수 있는 기쁨과 수익이 바닥을 드러내고 있다. 아웃소싱, 자동화, 새로운 마케팅 기법이 착한 사람, 말 잘 듣는 사람, 믿음직한 사람을 궁지로 몰아넣는다. 결혼식 사진사든 보험 설계사든 마찬가지다. 만족할 만한 결과를 보장하는 확실한 길은 더 이상 존재하지 않는다.

공장은 잘 조직된 노동력으로 지속적인 자본 투자, 생산성 개선 도구, 목적 달성 수단을 충족하는 시스템이다. 하지만 공장은 이제 산산조각 났다. 물론 디트로이트에 있는 것 같은 '진짜' 공장들뿐 아니라 서비스 분야의 무수한 공장들도 망했다. 무엇보다도, 대다수가 그토록 열망하던 안정적인 직업들은 불만족과 불공평이라는 위험의 덫에 빠져 낭떠러지를 향해 치닫고 있다.

무엇이 문제일까? 핵심은 이렇다. 노동을 통해 생계를 유지하는 중산층의 고통은 점점 커져간다. 임금은 늘 제자리다. '안정적인 직업'이라는 개념은 이제 옛날이야기가 되었다. 스트레스는 천장을 뚫고 솟구친다. 도망갈 곳도 없다. 숨을 곳도 없다.

중산계급이 고통받는 이유는 기업이나 조직이 피고용인을 사람이 아니라 거대한 기계의 부품, 즉 쉽게 갈아 끼울 수 있는 톱니바퀴로 만들고 싶어 하기 때문이다. 쉽게 갈아 끼울 수 있을수록 돈을 적게 주어도 된다. 게다가 노동자들은 지금까지 이렇게 되는 과정에 스스로 동참했다.

하지만 이런 상황은 또 다른 기회가 될 수 있다. 조직이 톱니바퀴만을 원한다고 해도, 조직 내부에는 인간성과 인간관계를 되살리고 예술성을 불어넣어줄 사람이 필요하다. 이런 사람이 바로 린치핀이다. 그 사람이 없으면 일이 되지 않기 때문에 어떤 일이든 반드시 그를 중심으로 추진해야 한다.

경제가 살아나지 않는다고 투덜거리는 짓은 이제 그만두어라. 달갑지 않더라도 공장의 시대가 끝났다는 사실을 인정해야 한다. 이제 우리는 다른 사람에게 꼭 필요하고 없어서는 안 되는 고유한 사람이 되어야 한다. '보랏빛 소'가 가치 있는 제품에 대한 은유였다면, '린치핀'은 가치 있는 사람에 대한 은유다. 누구나 찾아서 곁에 두고 싶어 하며 꼭 필요한 사람이다.

두려움에서 벗어날 용기

기존 시스템은 수천만 사람들을 세뇌해 천재성을 묻어버리도록, 꿈을 포기하도록, 공장노동자가 되어 시키는 대로 따르는 삶에 만족하도록 만들었다. 어떻게 그럴 수 있었을까?

아주 간단하다. 경제적인 요소를 미끼로 활용한 것이다. 공장은 평범한 사람들이 미래에 대한 꿈을 꾸게 해주었다. 생활수준을 상당히 높일 수 있는 기회를 주었고, 노후를 보장하는 연금과 안정적인 직업, 건강보험 같은 다양한 혜택을 가져다주었다.

하지만 이것만으로는 그토록 많은 사람들을 세뇌하기에 부족하다. 내가 보기에 그들이 활용한 미끼의 핵심은 바로 다음과 같은 약속이다.

"시키는 대로 따르기만 하면 생각할 필요가 없다."

맡은 일만 하라. 그러면 어떤 책임도 질 필요가 없다. 무엇보다도, 천재성을 활용하지 않아도 먹고살 수 있다!

어떤 나라, 어떤 조직에 가도 사람들은 남이 무언가를 시키기만을 기다린다. 물론 대체로 사람은 자신이 하는 일을 통제할 수 있기를 원하고, 권한도 갖기를 바란다. 자신만의 개성도 어느 정도 불어넣고 싶어 한다. 하지만 다양한 바람 중 하나를 선택하라고 하면, 망설임 없이 자신의 바람을 포기한다. 독재자가 명령하는 대로 무조건 복종하는 겁쟁이 시민들처럼, 시키는 대로 따르기만 하면 무엇이든 얻을 수 있다는 '확실성'을 얻는 대가로 자신의 자유와 책임을 포기하는 것이다.

수많은 기업에서, 또 학교에서 나는 이런 모습을 무수히 목격했다. 사람들은 시키는 것을 하고 싶어 했다. 스스로 판단하는 것을 무서워했다. 알아서 판단하라고 하면 어쩔 줄 몰라 멍해지기도 했다.

그래서 우리는 거래를 한 것이다. 우리가 공장을 위해 일해주는 대가로 그들은 무엇을 해야 하는지 가르쳐준다. 아주 훌륭한 거래처럼 보인다. 실제로 지난 100년 동안 이렇게 우리 삶의 수준이 높아져왔다.

노동력은 쉽게 대체된다

공장 시대에 경영자들의 목표는 쉽게 교체할 수 있는 노동력 비율 PERL, Percentage of Easily Replaced Laborers을 높게 유지하는 것이었다. 생각해 보라. 손쉽게 교체할 수 있는 일꾼들에게는 돈을 적게 주어도 문제가 되지 않는다. 돈을 적게 줄수록 사장은 더 많은 돈을 벌 수 있다. 예컨대 보통 신문사에는 400명 정도가 일한다. 하지만 소수의 영업 사원과 칼럼니스트를 제외하고 이들 중 대다수는 해고 통지서 한 장만으로 간단히 교체될 수 있다. 조직의 목표는 시스템을 유지하고 보존하는 것일 뿐, 사람을 신경 쓰지 않는다.

그래서 거대한 조직일수록 쉽게 교체할 수 있는 노동력으로 가득 채워진다. 정당, 비영리단체, 학교, 기업, 어디든 마찬가지다. 이제 맞서 노동자들은 스스로 상품이 되지 않기 위해 노동조합을 결성하고 단체 행동을 한다. 하지만 역설적으로 노동조합 스스로 세운 노동 규칙이 문제를 오히려 악화시키는 경우가 많다. 모든 조합원을 똑같이 만들기 때문이다.

평범한 사람들의 법칙

마이클 거버Michael E. Gerber가 쓴 《내 회사 차리는 법E-Myth Revisited》은 기업을 구축하는 과정에 관한 가장 유명한 책으로 손꼽힌다. 그는 완벽한 사업 모델에 대해 이렇게 이야기한다.

"완벽한 사업 모델은 가장 낮은 기술력을 가진 사람들에 의해 운영되는 것이다."

그렇다. 최대한 낮은 기술력이어야 한다. 숙련된 사람들에게 의존해야 하는 사업은 모방이 불가능하다. 그런 노동력은 시장에서 프리미엄을 얹어주어야만 확보할 수 있다. 임금도 많이 지불해야 한다. 따라서 제품 가격도 올라간다.

"이 사업 모델은 피고용자들이 자신이 맡은 임무를 수행하는 데 최대한 하찮은 기술을 들여야 한다."

법률 회사에는 변호사가 있어야 하고 병원에는 의사가 있어야 한다. 하지만 뛰어난 변호사와 뛰어난 의사는 필요 없다. 우리에게 필요한 것은 평범한 변호사와 평범한 의사다. 다만 그들이 훌륭한 결과를 만들어낼 수 있도록 영향을 미치는 최상의 조직을 갖추어야 한다.

이런 조직이라면 나는 참여하고 싶지 않다. 그가 말하는 사업이란 결과물을 한눈에 측정할 수 있는 과자 가게에 불과하다. 린치핀의 재능을 찾아 키우고 유지하는 것과는 전혀 무관한 일이다. 이런 사업은 계속 '평범한 사람들의 법칙'을 만들어낼 뿐이다.

여러분도 이미 예상했겠지만, 문제는 바로 여기에 있다. 자신의 사업을 누구든 복제할 수 있게끔 만든다면, 그 사업을 하는 사람이 당신뿐이겠는가? 수도 없이 많은 사람들이 그 사업에 뛰어들 것이다. 빽빽한 규칙과 절차를 만들어 값싼 노동력을 활용할 수 있는 사업을 구축한다면 인간성, 인간관계, 개성이 전혀 들어가지 않은 제품을 생산할 수밖에 없다. 이는 곧 가격으로 승부하겠다는 뜻이다. 결국 모두가 바닥으로 추락하는 경쟁으로 스스로를 내모는 것이다.

진정한 사업 모델이라면 정상을 향해 달려야 한다.

비열한 거리

헥토르는 특히 다른 이들보다 힘겨운 시간을 보내고 있었다. 고달픈 나날의 연속이었다. 매일 새벽, 그는 퀸즈거리 모퉁이로 나갔다. 건너편에 태국 음식점이 있고 그 옆에 철물점이 있었다. 헥토르는 건장한 경쟁자 여섯 명과 나란히 섰다.

1톤 트럭 한 대가 천천히 다가왔다. 운전석에 앉은 사람은 거리의 사람들을 쭉 둘러보았다. 오늘 하루 쓸 일꾼을 찾으러 온 것이었다. 사람들이 매일 새벽 이곳에 나오는 이유였다. 그는 마음에 드는 사람 앞에 차를 세우고는, 창문을 내리고 최저임금을 제시했다. 하지만 이런 일에서는 꽤 높은 금액이었다.

거리의 일꾼들은 모두 비슷해 보였다. 찬바람을 막기 위해 몸을 움츠리고 있었고 싼값에라도 기꺼이 일을 하겠다고 나섰다. 결국 트럭 운전자는 세 명을 골라 태우고 길을 떠났다. 헥토르는 길거리에 남아 추위에 떨었다. 또 다른 사람이 일꾼을 구하러 올 것이다.

아니, 어쩌면 안 올지도 모른다.

헥토르는 수많은 사람들 중 하나일 뿐이었다. 대체할 수 있는 상품일 뿐, 일부러 선택받을 만한 대상이 아니었다. 그를 선택하기 위해서 시간이나 노력을 들이는 사람은 없다. 그럴 필요가 없기 때문이다. 싼값에 쓸 수 있는 육체노동자는 많다. 그저 시키는 대로 고분고분 잘 따르기만 하면 충분하다. 누구라도 상관없다.

결국 헥토르는 아무에게도 선택받지 못했다. 빈손으로 집에 돌아왔다. 늘 있는 일이었다.

내가 서 있는 곳

헥토르를 연민할 필요는 없다. 연민은 그를 도와주기는커녕 변화하지 못하도록 방해할 뿐이다. 사실, 대부분의 기업들 역시 헥토르의 신세와 다르지 않다. 무수한 기업들 속에 나란히 서서 제각각 남들처럼 되기 위해, 하지만 남들보다는 조금 더 앞서기 위해 노력한다. 고객이 지나가면서 자신을 선택해주기만 기다린다.

물론 고객이 특정한 기업을 미리 선택하고 찾아오는 경우도 있다. 제품의 가치를 알아보았을 수도 있고 기업을 신뢰하거나 추천받았을 수도 있다. 하지만 경쟁이 치열해질수록 고객들은 점점 일용직 노동자를 구하러 온 트럭 운전자처럼 행동하게 된다. 이제 가장 싼 것을 고르기 시작한다. 모든 기업이 똑같아진 것이다.

우리도 별반 다르지 않다. 아무리 힘들게 써서 보낸 이력서라도 다른 무수한 이력서 더미 속에 끼어 있게 될 뿐이다. 그 무수한 이력서들이 모두 회사가 요구하는 조건에 자신을 끼워 맞추고 '스펙'을 충족하고자 노력한 결과물이다. 우리가 일하는 공간 역시 무수한 공간 가운데 하나일 뿐이다. 모두 똑같다. 명함도, 옷차림도, 문제에 대한 접근 방식도 모두 조직이 요구하는 대로 맞춘다. 고개를 숙인 채 열심히 일하며 선택받기만을 기다린다.

아직도 헥토르를 동정하고 싶은가? 이것이 진실이다. 불편하다고 해도 어쩔 수 없다. 사람을 고용하든, 물건을 사든, 정치적으로 지지할 사람을 고르든, 이야기할 상대를 선택하든, 이제 우리는 그 어느 때보다도 다양한 선택을 할 수 있게 되었다. 하지만 그런 만큼 다른 사람들이 나에게 관심을 기울일 확률은 줄었다는 뜻이기도 하다.

기업은 어떻게 돈을 벌었는가

노동자에게 주는 돈과 그들이 생산해내는 가치의 차이는 곧 수익으로 이어진다. 노동자가 자신이 생산해내는 가치를 임금으로 모두 가져간다면, 수익은 없을 것이다.

결국 자본투자자들은 수익을 극대화하겠다는 꿈을 실현하기 위해 저임금 노동자를 고부가가치 생산자로 만드는 방법을 오랫동안 연구해왔다. 하루에 5,000원어치를 생산하는 사람에게 효율적인 기계, 잘 설계된 조립 공정, 자세한 매뉴얼을 제공함으로써 그가 생산해내는 가치를 5배, 20배, 1,000배 끌어올릴 수 있다.

그래서 모든 기업의 목표는 경쟁력 있고 말 잘 듣는 수많은 노동자를 최대한 싼값에 고용하는 것이다. 임금으로 1,000원을 지급하고 수익으로 5,000원을 벌 수 있다면 게임에서 이기는 것이다. 이렇게 100만 명을 고용할 수 있다면 홈런을 치는 것이나 다름없다.

이런 방식에 문제는 없을까?

나보다 더 싼값에 더 능력 있는 노동자를 더 많이 고용할 수 있는 사람이 어딘가 분명히 있다는 것이 문제다. 값싼 노동력이 풍부한 외국에서 제품을 생산할 수도 있고, 효율이 좋은 기계를 더 많이 살 수도 있고, 더 빠른 지름길을 찾아낼 수도 있다.

또 다른 문제는 없을까?

고객들은 싸구려 상품을 신뢰하지 않는다. 고유한 것, 독특한 것, 인간적인 것에 열광한다. 물론 싸구려 상품으로 잠깐은 성공할 수 있다. 하지만 시장에서 남들이 넘보지 못하는 자리를 만드는 것은 가격이 아니라 인간성과 리더십이다. 예컨대 미국에서 급속한 성장을 거둔 식료품 전문 매장 트레이더 조Trader Joe's는 절대 물건을 싸게 팔지 않는다. 그래도 열정적으로 일하는 직원, 새로운 개발 상품, 쇼핑하는 재미가 어우러지면서 사람들이 계속 찾아온다. 가격을 꼼꼼히 비교하며 물건을 사던 사람들조차 트레이더조를 찾기 시작한다.

저가 전략은 좋은 인상을 심어주지 못한다. 가격만 보고 물건을 사는 사람들은 절대 기업의 충성 고객이 되지 않는다. 그들을 잡기 위해서는 가격을 더 낮추는 수밖에 없다. 게다가 일하는 직원들이 점점 말을 듣지 않고 인건비도 계속 올라가는 상황이 오면 수익을 만들어내기란 불가능하다. 네트워크를 확대하고 노동자들에게 플랫폼을 제공함으로써 가치를 더해야만 성공할 수 있다. 사람들에게 기계처럼 행동하도록 강요해서는 안 된다.

이제 두 가지 선택이 남는다. 더 평범하게, 더 표준에 가깝게, 더 저렴하게 해서 이기는 것이다. 또는 더 빠르게, 더 독특하게, 더 인간적으로 해서 이기는 것이다.

언제든 대체될 수 있는 노동력

100년 전쯤, 우리 사회의 지도자들은 새로운 시스템을 구축하기 시작했다. 그 시스템이 지금까지 우리 삶을 지배해왔다. 사람들은 대부분 이 시스템이 지금도 작동하고 있으며 앞으로도 계속 작동할 것이라고 생각한다. 하지만 그럴수록 시간은 허비되고 지갑은 홀쭉해지고 기회는 날아갈 것이다. 이런 현실을 하루빨리 깨우쳐야 한다. 또한 왜 이런 일이 벌어지고 있는지 알아야 한다.

그동안 우리 삶을 지배했던 시스템의 기본 공식은 간단하다.

맡은 일을 해라.

시간 맞추어 출근해라.

열심히 일해라.

상사의 말을 들어라.

참아라.

시스템의 일부가 되어라.

그러면 보상을 받을 것이다.

이것은 사기다! 과격하다고 생각할지 모르지만 진실이다. 당신은 지금껏 사기를 당한 것이다. 거대한 사기극에 동참하기 위해 길지도 않은 인생에서 그 많은 세월을 팔아넘긴 것이다. 이 사기극에서 개인은 절대 승리할 수 없다. 지금까지 이 게임 속에서 열심히 달리고 있었다면, 깊은 좌절감을 느낄 것이다. 하지만 아쉽게도, 게임은 끝났다!

무슨 일을 해야 하는지 분명하게 알려주는 멋진 일은 더 이상 존재하지 않는다.

〈미캐니컬 터크 법칙〉*

어떤 프로젝트든 아주 작고 예측 가능한 파편으로 쪼갤 수 있다면, 돈을 거의 들이지 않고도 성취할 수 있다.

지미 웨일스 Jimmy Wales는 몇몇 사람들의 도움을 받아 위키피디아 Wikipedia를 만들기 시작했다. 그들은 대부분 아무 대가 없이 일했다. 그리고 이 위키피디아가 결국 역사상 가장 위대한 백과사전이라 불리던 《브리태니커 Britannica》를 무너뜨리고 말았다.

1770년대부터 출간된 《브리태니커》는 정규직 편집자만 100명이 넘는 거대한 조직에서 만들어지고 있다. 지난 250년 동안 백과사전을 만들고 편집하는 데 쏟은 돈만 해도 1,000억 원이 넘는다. 반면 위키피디아는 《브리태니커》보다 몇 배 더 방대하고 훨씬 많은 사람들이 이용하며 수시로 업데이트되고 있지만 비용은 거의 들지 않는다.

이것은 물론 한 사람의 힘으로는 절대 할 수 없는 일이다. 아니, 1,000명이 팀을 이룬다고 해도 사실상 해낼 수 없는 일이다. 하지만 위키피디아는 글을 완성하는 임무를 한 문장 또는 한 문단 쓰기 프로젝트로 쪼개는 미캐니컬 터크 Mechanical Turk 방식을 최대한

---

* 책을 읽다 보면 본문과 상관없이 주석처럼 읽을 수 있는 부분이 있다. 물론 건너뛰어도 무방하지만, 이를 통해 역사적·사회적 맥락을 알게 됨으로써 책 읽는 재미가 더해질 것이다. 그래서 독서의 흐름을 방해하는 주석 형식으로 달기보다는 제목에 괄호를 표시하고 본문 안에 끼워 넣었다. 이런 섹션은 본문처럼 읽어도 되고 그냥 넘어가도 상관없다. 선택은 당신 몫이다.

활용했다. 전문가라고 불리는 한 줌의 사람들에게 막대한 돈을 주어가며 매달리는 것이 아니라 지식을 가진 수백만 명의 사람들이 느슨하게 결합하도록 유도한 것이다. 그리고 이 프로젝트에 참여하는 개개인은 전체를 완성하는 데 자신이 조금이라도 기여했다는 사실만으로 행복을 느낀다.

미캐니컬 터크란 《브리태니커》가 처음 만들어지기 시작한 해에 볼프강 폰 켐펠렌Wolfgang von Kempelen이 발명한 체스 두는 컴퓨터의 이름이다. 그러나 이것은 사실 컴퓨터가 아니었다. 체스를 아주 잘 두는 사람이 작은 통 안에 숨어 컴퓨터인 것처럼 행세한 것이다.

아마존닷컴Amazon.com은 '사람이 들어 있는 컴퓨터'라는 아이디어를 그대로 활용해 아마존 미캐니컬 터크Amazon Mechanical Turk라는 서비스를 만들어냈다. 어떤 회사나 개인이 일거리를 웹사이트에 올리면 보이지 않는 사람들의 무리가 달려들어 그것을 갈기갈기 물어뜯어 완수해낸다. 그것은 분명 사람들이 하는 일이지만 어떤 개인적인 접촉도 없고 보수도 매우 작다. 이렇게 열심히 일하는 사람들은 마치 체스 컴퓨터 안에 들어가 있는 작은 인간과 같다. 누군지 보이지는 않지만 모든 일을 해낸다.

예컨대 존 얀치John Jantsch는 나와 인터뷰를 하고 난 뒤 미캐니컬 터크 사이트에 자막을 넣는 작업을 맡겼다. 이 웹사이트는 40분 정도 녹음된 소리 파일을 작은 조각으로 잘게 쪼개서 일감 게시판에 다시 올려놓았고, 곧바로 익명의 노동자들이 달려들어 녹음 조각들을 각자 가져가 글로 받아 적었다. 자막 파일이 완성되는 데 겨우 세 시간도 걸리지 않았다.

자막 넣는 작업은 대개 1분에 2,000원 정도 비용이 든다. 나의 인터뷰 파일은 40분짜리니까 이것을 전문가에게 맡겼다면 8만 원 정도 들었을 것이다. 하지만 미캐니컬 터크 사이트를 이용하면 1분에 500원 정도밖에 들지 않는다. 이 사이트에서 보이지 않는 노동자들에게 지불하는 돈은 1분에 190원이다. 이들이 한 시간짜리 자막을 넣는다고 해도 1만 2,000원도 채 벌지 못한다는 뜻이다. 이들은 모두 영어를 말하고 쓸 줄 알고 타이핑할 줄 알고 인터넷에 연결된 컴퓨터를 가지고 있다. 더욱이 이런 일을 할 수 있는 사람은 널려 있다. 8만 원짜리 프로젝트가 미캐니컬 터크를 통해 2만 원짜리로 둔갑했다. 비용은 4분의 1로 줄고 속도는 엄청나게 빨라졌다.

인터넷은 화이트칼라가 하던 일을 피라미드 짓는 일과 비슷한 단순노동으로 바꾸어놓았다. 건물 전체를 혼자 지을 수 있는 사람은 없다. 하지만 벽돌 하나를 제자리에 올려놓는 일은 누구나 할 수 있다.

여기에는 섬뜩한 진실이 있다. 내가 만약 기업주라면, 직원들이 미캐니컬 터크가 되어주기를 바라지 않겠는가? 바로 당신이 다니는 회사가 그럴 수 있다. 정말 그런 곳이 그토록 꿈에 그리던 직장이란 말인가?

(호환성이 추구하는 목표)

어디에든 갈아 끼울 수 있는 부품을 개발하고자 하는 인류의 끝없는 열망은 1765년 프랑스의 장-바티스트 그리보발Jean-Baptiste Gribeauval 장군으로부터 비로소 실현되기 시작했다. 그는 부품을 서로 바꿔 끼울 수 있는 머스킷총을 프랑스 군대에 보급하면 수리 비용은 물론 제작 비용도 절감된다는 사실을 입증했다.

그때까지만 해도 모든 장비, 기계, 무기를 손으로 직접 만들었기 때문에 부품도 제각각이었다. 볼트와 너트도 규격이 없었다. 모든 부품이 단 하나의 장비를 위해 만들어졌다. 방아쇠도 총열도 원래 제작된 총에만 맞을 뿐 다른 총에는 맞지 않았다.

그리보발과 그의 시종 오노레 블랑Honorè Blanc을 파리에서 만난 토머스 제퍼슨Thomas Jefferson은 이들의 아이디어를 미국으로 가져오기 위해 공들여 설득했다. 당시 연방 정부는 발명가 엘리 휘트니Eli Whitney에게 서로 부품이 호환되는 총을 수천 자루 만들어달라고 주문한 상황이었다.

수십 년 동안 미국 북동부의 무기 개발자들은 총기 부품을 표준화하는 기술을 개발하기 위해 상당한 비용을 쏟아부었다. 하지만 이런 움직임이 다른 산업에는 좀처럼 퍼져나가지 못했다. 1885년 미국이 대량으로 만들어낸 첨단 기계, 싱어Singer 재봉틀 역시 기본적으로 사람이 하나씩 만들어낸 제품이었다. 각각의 재봉틀 부품도 서로 호환되지 않았다.

이런 상황을 바꾼 사람이 바로 헨리 포드Henry Ford다. 대량생산 시스템을 개발함으로써(그리고 촉진함으로써) 자동차를 아주 낮은 비용으로 대량생산할 수 있게 되었다. 자본주의는 그토록 갈망하던 '성배'를 찾아냈다. 포드 시스템이 적용되고 2년 만에 포드 공장의 생산성은 400퍼센트 이상 늘었다.

근본적으로 대량생산은 모든 부품이 호환될 수 있어야 가능하다. 그래야 시간, 공간, 사람, 행동, 돈, 재료 등 모든 것의 효율성이 높아진다. 어떤 조각이든 예측할 수 있고 개별적으로 조합할 수 있기 때문이다. 포드는 단기 수익에서 손해를 볼지라도 부품을 호환할 수 있는 표준화를 달성하기 위해 노력했다.

표준화가 이루어지면 기술 전문가, 마감 작업자, 수공업자의 수를 줄일 수 있고 임금을 아낄 수 있고 결과물을 쉽게 측정할 수 있는 회사가 세워진다. 다시 말해, "호환 가능한 부품을 만들면 호환 가능한 노동자를 만들 수 있다."

1925년, 주사위는 던져졌다. 숙련도가 가장 낮은 노동자를 가장 싼값에 고용하는 것이 목표였다. 목표에서 벗어나는 것은 무엇이든 재정적인 자살을 자초하는 것이나 다름없었다.

이것이 바로 우리가 적응하기 위해 그토록 훈련해온 노동시장이다.

우리가 원하는 사람, 우리에게 필요한 사람은 '없어서는 안 되는' 사람이다. 고유한 사상가, 위대한 선동가, 누구에게든 주목받는 사람이 필요하다. 조직을 이끌 수 있는 기획자, 위험을 무릅쓰고 인맥을 만들어내는 영업자, 꼭 필요한 일이라면 사람들에게 받는 미움조차 기꺼이 감수하고자 하는 열정적인 혁신가가 필요하다. 어떤 조직이든 이 모든 것을 함께 몰고 올 수 있는 사람, 차이를 만들어낼 수 있는 사람을 원한다. 바로 린치핀이다.

지금 우리가 사는 세상이 유일한 시스템일까

100원짜리 동전 400개를 쌓아놓았다고 상상해보라. 이것은 우리 인간이 하나의 종족으로 지구상에서 살아온 10만 년을 상징한다. 동전 한 개는 250년을 상징한다. 맨 위의 동전을 들어보라. 이 동전 하나가 공장 중심으로 일해서 먹고사는 오늘날의 세상이 지속된 기간이다. 나머지 399개의 동전이 상징하는 세상에서는 지금과 전혀 다른 관점으로 상업·경제·문화를 바라보았다.

우리가 지금 정상이라고 생각하는 세계관은 인류의 전 역사에 비추어볼 때 지극히 새롭고 이례적인 것일 뿐이다. 공장에 '취직'해서 일을 하러 간다는 말은 전혀 들어보지 못한 낯선 언어였다. 실제로 그런 일이 일어나기 시작했을 무렵 우리 사회는 엄청난 격동의 시기를 맞이했다. 그리고 그런 상황은 세상을 바꾸었다.

공장에서 일을 한다는 것은 결코 자연적 상태가 아니다. 그것은 최근까지 '인간'이 되기 위한 핵심 조건이 아니었다. 우리는 문화적 세뇌를 통해, 공장과 함께 우리 곁에 다가온 엄격한 서열과 자신의 일에 책임을 지지 않아도 되는 상황이 유일한 길이자 최선의 길이라고 믿게 되었을 뿐이다.

예술과 열정의 시대

비행기에서 나는 재크를 옆자리에 앉혔다. 재크는 두 살짜리 꼬마다. 그는 비행하는 내내 자리에 잠시도 앉아 있지 못하고 생글생글 웃으며 이리저리 돌아다녔다. 이것저것 만져보고 찔러보고 물어보고 대답하고 반응하고 실험하고 탐험했다.

한때 우리 모두 재크와 같이 행동하지 않았던가? 무슨 일이 있었던 것일까? 살아오는 동안, 우리는 그런 자유로움을 박제로 만들어버렸다. 그리고 현재 자신의 모습을 안타까워한다. 재크의 행동, 즉 우리 대부분이 잃어버린 행동은 지금 우리에게 필요한 것이기 때문이다.

우리는 모두 사냥꾼이었다. 농경을 발명한 다음에는 농사꾼이 되었다. 공장을 발명한 다음에는 공장노동자가 되었다. 공장노동자는 시키는 대로 따르고 시스템을 지지하며 자신이 일한 만큼 보수를 받는다. 그리고 공장은 산산조각 났다. 이제 우리에게 남은 것은 무엇인가?

예술이다.

이제, 예술가가 되는 것은 곧 성공을 의미한다. 실제로 공장노동자들이 힘겨운 투쟁을 하고 있는 지금 이 순간에도 진짜 역사는 예술가들에 의해 쓰이고 있다. 미래는 조리법대로 음식을 만드는 주방장이나 설거지하는 사람의 손이 아니라, 진정한 요리사들의 손끝에서 만들어진다. 요리책은 누구나 살 수 있다. 누구나 쉽게 따라 할 수 있다. 하지만 진정한 요리사가 되는 법이 담긴 책은 찾기 힘들다.

화이트칼라 노동의 신화

화이트칼라 노동자란 하얀 깃이 달린 셔츠를 입고 일하는 사람을 의미한다. 하지만 그들이 일하는 곳은 공장이다.

물론 그들은 삽질을 하지 않는다. 대신 연필로 글을 쓰거나 키보드를 두드리거나 컴퓨터로 일을 처리한다. 옷에 기름이 묻을까 걱정하기보다는, 점심시간에 먹는 패스트푸드 때문에 배에 기름이 차지 않을까 걱정한다.

그럼에도 그들이 일하는 곳은 공장일 뿐이다. 계획과 통제에 따라 일해야 한다. 성과도 수치로 측정된다. 생산성을 높이기 위해 최적화된다. 아침에 출근하면 일하는 사람들 스스로 하루 종일 무엇을 해야 하는지 알고 있다. 이곳이 바로 공장이다.

중산층은 화이트칼라 노동의 등장을 구세주처럼 받아들였다. 더 이상 기계가 침범할 수 없는 영역으로 인식했기 때문이다. 기계는 물건을 2층으로 실어 나르는 일은 대신할 수 있어도, 전화나 팩스를 받는 일은 대신하지 못했다.

물론 기계는 이런 일조차 야금야금 대체해왔다. 심지어 경쟁의 압박이 심해지면서 탐욕에 눈이 먼 기업들은 노동자를 기계처럼 다루었고 또 기계처럼 행동하도록 요구했다.

작업 성과를 측정할 수 있다면 더 빨리 만들 수 있다.

매뉴얼로 만들 수 있다면 아웃소싱할 수 있다.

아웃소싱할 수 있다면 더 싸게 만들 수 있다.

이런 흐름의 결과는 무엇일까? 노동자들은 좌절감에 찌들고 개개인의 재능은 황폐해진다. 로봇처럼 아무 생각 없이 시키는 일만 한다. 정해진 시간에 맞추어 무의미한 정책을 만들고, 기계적으로 사람을 만나고, 또 다른 환자를 진료한다. 애초에 이 길로 들어서면 안 되는 것이었다.

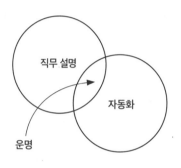

평균이 되기 위한 삶은 끝났다

세상은 더 이상 거대한 기계 속 톱니바퀴와 같은 역할만 하는 사람에게 정당한 보상을 하지 않는다. 우리 모두 이런 사실을 알고 있기 때문에 스트레스를 받는다. 학교와 사회는 수 세대에 걸쳐 우리에게 톱니바퀴가 되라고 강요해왔다.

지금 우리에게 필요한 것은 선물, 인간성, 인간관계다. 이런 것들을 만들어내는 사람이 바로 예술가다. 우리는 예술가가 되어야 한다.

리더는 지도나 규칙을 찾지 않는다. 지도를 보지 않고 살아가기 위해서는 전혀 다른 태도가 필요하다. 바로 린치핀이 되는 것이다.

린치핀은 미래가치가 높은 조직을 구축하는 데 꼭 필요한 토대다. 이들은 자본을 투자하거나 비싼 기계를 들여오지는 않는다. 시키는 대로 무조건 따르지도 단순히 생산성을 높이는 데도 기여하지 않는다. 하지만 린치핀이 없어서는 안 된다. 이들이 바로 미래를 향해 힘차게 헤치고 나아갈 수 있는 힘이기 때문이다.

앞으로 이 책을 통해 여러분의 생각은 바뀔 것이고 삶의 방식도 달라질 것이다. 본격적으로 출발하기 전에 마지막으로 부탁할 것이 하나 있다. 책을 읽다 보면 좌절감에 못 이겨 덮어버리고 싶은 순간이 있을 것이다. 그런 마음이 든다면 "왜 튀는 것을 두려워하는가" 부분을 먼저 읽기 바란다. (진심으로 부탁한다!) 그러면 우리가 좌절감을 느끼는 원인을 이해하고 앞으로 나아갈 수 있을 것이다.

새로운 시스템이 기존 시스템을 대체할 때

혁명은 쉽게 일어나지 않는다. 그렇기 때문에 혁명은 전혀 예상치 못한 순간에 일어나는 것처럼 보인다. 혁명이 세상을 어떻게 바꿀지는 누구도 알지 못한다. 고대부터 내려오던 가사 노동도 그러했다. 전기가 발명되기 전, 우리가 사는 집을 지금처럼 유지하기 위해서는 하인을 대여섯 명은 두었어야 했을 것이다.

집집마다 전기가 들어왔을 때에도 건축가나 전기 기술자는 사람들이 전기 콘센트를 원할 것이라는 생각조차 하지 않았다. 고정된 전등 같은 곳에만 배선을 하고 그것으로 끝이었다. 세탁기가 처음 발명되었을 때에도 전기를 연결하려면 전구를 빼낸 다음 그 선에 세탁기를 연결해야 했다. 전기를 연결하다가 1년에 수백 명씩 감전으로 죽었다. 새로운 시스템을 제대로 이해하지 못했을뿐더러 그에 맞는 작업 방식을 구축하지 않았기 때문이다.

산업화 이후 규칙이 얼마나 달라졌는지 설명하기란 쉽지 않다. 그래도 안심할 수 있는 사실은, 세탁기를 쓰려다 죽은 사람들처럼 우리가 죽을 염려는 없다는 것이다.

승자와 패자

존 얀치가 미캐니컬 터크를 이용해 인터뷰 자막을 기존에 비해 4분의 1 가격으로 완성했을 때, 이 거래에서 승자는 누구인가? 바로 일을 맡긴 사람이다. '자막 입력 전문가'들에게 지불해야 할 돈을 고객이 가져가버린 것이다. 자막을 입력해 생계를 유지하던 사람은 어떻게 되었는가? 그들은 명백한 패자가 되었다. 이런 계산과 고민은 어떤 산업에서든 반복된다.

"새로운 방식으로 일을 맡기면 기존의 방식, 전통적인 방식으로 일을 맡길 때보다 돈을 적게 지불해도 된다. 그 일을 하던 사람들은 이제 어떻게 먹고살까? 그 사람들에게 먹고살 돈을 지불하는 것이 좋을까, 아니면 그 돈을 아끼는 것이 좋을까?"

사업을 구축하고 수익을 내고 확장하기 위해 노력할 때, 또 자신의 노력을 극대화하고자 할 때, 우리는 대부분 빠르고 값싼 방식을 선택한다. 특히 그 방식이 기존의 것만큼 좋거나 훨씬 낫다면 더욱 그럴 것이다.

여전히 주식 중개인에게 높은 수수료를 주고 주식거래를 하는 사람이 있는가? 대부분 컴퓨터를 이용해 거의 공짜나 다름없는 수수료만 내고 직접 거래를 한다. 여전히 여행사에 10퍼센트의 수수료를 지급하는 항공사들이 있을까? (항공 요금의 10퍼센트는 항공사들이 실제로 얻는 운영 수익보다 훨씬 큰 금액이다.) 그들은 이 금액을 자신들이 가져가고, 대신 인터넷 항공 예약 사이트를 통해 직접 예약하는 고객들에게 할인 혜택을 줄 확률이 높다.

사람들은 대형 할인 마트에서 쇼핑하는 것을 즐길까? 할인 마트가 들어서면 그 지역의 시장은 망하고 기업은 문을 닫고 일자리는 사라진다. 할인 마트가 지역의 경제 기반을 무너뜨린다는 사실은 수많은 연구를 통해 입증되었다. 그럼에도 많은 사람들이 할인 마트를 애용한다. 커다란 유리병에 담긴 피클 한 통을 3,000원에 파는데 누가 거부할 수 있겠는가?

오늘날의 초경쟁사회에서 추상적인 거시경제 이론은 사람들이 일상에서 마주하는 100만 가지 사소한 미시경제학적 의사 결정에 아무런 영향을 미치지 못한다. 무수한 결정이 반복적으로 일어나는 상황에서 느리고 비싼 것은 결코 빠르고 싼 것을 이길 수 없다.

대중의 일상적인 의사 결정을 비난하는 사람들도 가끔 있다. 이들은 그런 태도가 앞을 내다보지 못하고 이기적으로 구는 것이며 심지어 도덕적으로 비난받아야 하는 '무지'라는 식의 잡다한 구실을 들이대며 설득하려 든다. 자본주의의 부조리함을 비난하며 대안 체제를 구축해야 한다고 주장하는 책들도 넘쳐난다.

나는 그런 주장들이 타당하다고 생각하지 않으며 실행 가능하다고 생각하지도 않는다. 이런 주장들의 핵심은 확실성이 지배하던 과거로 돌아가자는 것이다. 의도가 좋을지는 몰라도, 그들의 주장에는 기존의 아메리칸드림이 옳으며 우리가 어쨌든 그런 체제에 적응했다는 전제가 깔려 있다. 모두 세뇌당한 사람들이다.

(내가 하는 일이 나다)

카를 마르크스Karl Marx와 프리드리히 엥겔스Friedrich Engels는 말했다. "생존 수단을 생산함으로써 사람은 실제 물질적 삶을 간접적으로 생산하게 되었다." 또한 우리가 먹고살기 위해 매일 하는 일과 돈을 버는 방법이 교육·정치·공동체의 성격을 결정한다고 주장했다.

개인 차원에서 보면 지금까지 우리는 생산·순응·소비를 기둥으로 삼는 삶을 강요받아왔다. 만약 이 세 가지 기둥이 변한다면 어떻게 될까? 세상이 공장의 조립라인에서 일하는 값싼 노동력보다 인간의 고유한 목소리와 놀라운 통찰에 더 관심을 기울인다면 어떤 일이 벌어질까?

마르크스는 인류가 단일계급사회(원시사회)에서 부르주아와 프롤레타리아라는 두 계급으로 나뉘어 진화해온 과정을 추적해 설명한다. 부르주아는 공장 운영에 투자할 수 있는 자본을 가지고 있다. 이들은 생산수단을 가지고 있다. 생산수단은 노동자를 지배할 수 있는 권력을 제공한다. 프롤레타리아는 스스로 공장을 지을 수 없기 때문에 부르주아에 얽매여 힘들게 노동한다. 이들은 자본이 없고 단결된 힘을 발휘할 수 있는 조직도 없다.

자본주의가 200년 이상 발전하면서 이 두 계급 사이의 골은 더욱 깊어졌다. 원하든 원하지 않든 우리는 누구나 이 두 계급 중 하나에 속했다. 하지만 이제 프롤레타리아도 생산수단을 소유할 수 있는 시대가 왔다! 노동자들은 온라인에서 스스로 조직을 만들고 있다. 다른 노동자들과의 소통을 가로막던 장벽, 자본에 접근하지 못하게 하던 장벽이 이제 사라지고 있다.

공장의 역할을 우리 마음이 대신한다면, 다시 말해 시장이 개인의 통찰·창조·참여를 가치 있게 여긴다면, 자본은 이제껏 누리던 최고의 권력을 더 이상 발휘하지 못할 것이다. 이런 변화를 토대로 우리 경제와 사회에 세 번째 계급이 생겨나고 있다. 나는 이들을 '린치핀'이라고 부른다.

린치핀은 다른 사람의 기계를 이용해 생산하고 다른 사람이 시키는 일만 하는 프롤레타리아가 아니다. 부르주아 귀족도 아니다. 눈에 보이는 것이 아니라 '보이지 않는' 어떤 것에 영향을 미쳐 자신만의 권력과 가치를 만들어내는 사람들이다.

애덤 스미스가 예로 든, 핀 만드는 기계를 다시 떠올려보자. 이제는 누구나 마음만 먹으면 그런 기계를 소유할 수 있다. 혼자 일하든 함께 일하든 누구나 이미 생산수단을 가지고 있다. 누구나 마음만 먹으면, 꼭 필요한 사람, 린치핀이 될 수 있다.

(마르크스를 위한 또 다른 해법)

"사람은 언제나 두 부류로 나눌 수 있다. 관리자와 노동자다. 노동자는 기계를 가지고 있는 관리자가 제시하는 규칙에 따라 일해야 한다."

인류 역사상 가장 위대한 사회경제학자라 할 수 있는 카를 마르크스와 애덤 스미스 모두 이 명제에 동의했다. 이런 생산 체제에서 관리자는 노동자에게 임금을 최대한 적게 주고 일을 최대한 많이 시킬수록 유리하다. 노동의 결과물을 더 많이 통제할수록 좋다. 스미스는 이것을 올바른 상황이라고 생각했다. 하지만 마르크스는 이런 상황을 노동자에게 일방적으로 불리한 계약이라고 생각했으며, 자본주의의 이런 불합리한 사회구조를 강압적으로라도 폐기해야 한다고 주장했다.

어쨌든 자본가와 노동자는 자신의 이익을 위해서 첨예하게 싸울 수밖에 없다. 하지만 두 계급 외에도 또 다른 계급이 존재한다면 어떨까? 단순히 자본과 노동의 대결이 아니라 양쪽 요소를 골고루 가지고 있는 세 번째 집단이 존재한다면, 상황은 크게 달라질 것이다.

제3계급이 부상할 수 있는 좋은 환경이 펼쳐지고 있다. 더불어 우리 삶의 모든 규칙을 바꿀 수 있는 기회가 생겨나고 있다. 제3계급, 즉 린치핀의 숫자는 상당히 부족하다. 이 말은 곧 시장이 그런 사람들을 필사적으로 찾고 있다는 뜻이다. 죽기 아니면 까무러치기 식의 게임은 끝났다. 적어도 지금 상황을 바꾸어보기 위해서 열정적으로 노력하는 사람들에게는 말이다.

ABC의 종말

지금까지 많은 조직에서 '출근을 한다'는 사실만으로 보수를 지급했다. 손턴 메이Thornton May는 이런 시스템을 출근 기반 보상ABC, attendance-based compensation이라고 정의 내리고, ABC의 시대는 이제 끝났다고 단언했다. 실제로 우리 주변에서 이런 일자리는 점점 사라지고 있다. 오늘날 성공하는 조직은 차이를 만드는 사람, 대중과 다른 생각을 하는 사람에게 보수를 지급한다.

정시에 출근하는 일은 누구든 훈련을 통해 쉽게 익힐 수 있다.

아침마다 동네 커피숍의 셔터를 올리거나 발전소의 계기판을 감시하는 일은 누구나 할 수 있다. 지금도 여전히 보수가 낮고 별다른 존경도 받지 못하며 이직률도 높은 직종이 있다. 바로 '출근'이 가장 중요한 역할을 하는 직종이다. 정말 좋은 일자리라면 꼭 필요한 사람들, 즉 린치핀으로 채워진다. 이들은 자신이 아니면 대체할 수 없는 일을 함으로써 차이를 만들어낸다.

생산수단을 소유하다

생산수단 소유의 문제가 모든 것을 바꾼다.

일을 하는 데 필요한 공장과 기계, 시스템을 노동자들이 스스로 관리하지 못하고 경영자의 손을 빌려야만 하는 상황에서는 권력과 통제를 놓고 끊임없이 충돌하게 된다. 공장과 노동자는 서로 필요한 존재이지만, 사실 노동자 쪽이 더 절실하다. 노동자에게는 반드시 공장이 있어야 한다. 노동자가 새로운 공장을 찾는 노력에 비하면, 공장이 노동자를 갈아치우는 일은 식은 죽 먹기다.

오늘날 가장 강력한 생산수단은 무엇일까? 바로 인터넷이 연결된 노트북이다. 100만 원 정도만 주면 공장 하나를 통째로 살 수 있다. 이런 변화는 권력과 통제의 균형을 근본적으로 뒤흔들었다. 새롭게 떠오른 일의 개념과 연결성, 커뮤니케이션을 완벽히 익힌 사람이라면 누구든 경영자보다 막강한 권력을 갖게 될 것이다. 이제 경영자도 경쟁에서 앞서나가려면 이들을 적극적으로 포용해야 한다. 훌륭한 재능을 가진 사람들을 자신의 편으로 끌어들이고 동기부여하고 유지하고 관리해야 한다.

어떤 사람이 새로운 세력이 될 수 있을까? 우선 크리에이터, 음악가, 작가와 같이 다른 사람의 지지나 허락을 받지 않고도 자신의 일을 할 수 있는 사람을 들 수 있다. 퍼레즈 힐턴Perez Hilton은 블로그에 쓴 글로 유명해지고 부자가 되었다. 브라이언 클라크Brian Clark라는 블로거는 오픈 소스 콘텐츠 관리 시스템인 워드프레스 Wordpress에 적용할 수 있는 멋진 테마를 만들어 돈을 벌었다. 애비 라이언Abbey Ryan은 매일 작은 유화를 한 점씩 그려서 이베이eBay에 올렸다. 그림을 팔아 1년에 1억 원이 넘는 돈을 벌었다. 이들은 자신의 일을 하는 데 필요한 기술과 제작 수단, 유통 채널을 모두 가지고 있기 때문에 자본가이자 노동자라고 할 수 있다.

이들이 일하는 조직은 PERL(쉽게 교체할 수 있는 노동력 비율)이 매우 낮다. 사실상 1인 조직이라고 할 수 있기 때문에 절대 교체될 수 없다. 이런 상황은 예상보다 빠르게 퍼져나가고 있다. 오늘날 번창하는 조직은 실제로 이런 린치핀들로 구성되어 있다. 뛰어난 재능으로 상황을 잘 조율해냄으로써 어떤 공장보다도 훨씬 높은 가치를 창조한다. 자동화된 인간들로 가득 찬 조직은 우리가 추구해야 할 목표가 아니다.

모두가 평범해지려 한다

카피라이터 휴 매클라우드Hugh MacLeod는 이렇게 말했다. "이제 웹에서 남을 엿 먹이는 것은 너무나도 쉬워졌다. 평범함을 유지하는 것은 더 어려워졌다. 평범함은 현실에 적응하지 못해 울부짖는다."

인터넷은 장벽을 파괴했다. 좋은 물건에 대한 소문은 순식간에 퍼져나간다. 또한 어느 때보다도 온라인상에 쓰레기가 넘쳐난다. 형편없는 글, 무의미한 제품이 넘쳐난다. 하지만 걱정할 필요는 없다. 우리 주변에 넘쳐나는 이 쓰레기들은 좋은 물건에 대한 소식을 퍼뜨리는 시장의 기능에 압도당한다.

물론 평범함이 완전히 사라지지는 않을 것이다. 어제는 기발한 발명품이었던 것이 오늘은 좋은 상품이 되고 내일은 평범한 물건이 되기 때문이다. 평범함이란, 진짜 좋은 물건이 되려고 했으나 실패한 것을 가리킬 뿐이다.

가치의 서열

새로운 세상의 일

채집　사냥　성장　생산　판매　관계　창조/발명

사람들이 일하는 방식을 계단으로 표현한다면, 아래쪽은 언제나 사람들로 붐빈다. 열심히 일하는 것은 누구나 쉽게 배울 수 있다. 계단 위쪽으로 올라갈수록 그 일을 할 수 있는 사람의 수는 적어진다. 하지만 일은 덜 힘들어지고 보수도 커진다.

채집은 누구나 할 수 있다. 이제 그런 단순한 일에 대해서는 보수를 거의 지불하지 않는다. 반면 판매를 할 수 있는 사람은 많지 않다. 더 나아가 창조할 수 있는 사람은 극히 드물다. 여러분은 어떤 일을 할 것인가? 마음먹기에 달려 있다.

(평균은 모든 사람을 평범하게 만든다)

자신이 사장이라고 가정해보라. 자신만의 방식을 가지고 사람을 고용해 수익을 얻는 사업을 한다. 데이터를 운용하든, 물건을 팔든, 직원들에게 매뉴얼을 주고 그대로 따르게 함으로써 돈을 번다.

매우 뛰어난 직원은 한 시간에 3만 원어치 일을 하고, 우수한 직원은 한 시간에 2만 5,000원어치 일을 하고, 평범한 직원은 한 시간에 2만 원어치 일을 한다. 하지만 직원을 채용할 때는 누가 뛰어나고 누가 평범한지 알 수 없다. 이런 상황에서 당신은 기본급을 어느 수준으로 책정하겠는가?

물론 사장의 입장에서는 '가능한 한 적게' 주고 싶을 것이다. 2만 원보다도 적게 주려는 사람도 많을 것이다. 어떤 경우든 한 시간에 2만 5,000원 이상은 주지 않을 것이다. 하지만 평범한 직원이라도 자신이 일한 만큼은 벌어 가야 불평을 하지 않는다.

이런 식으로 계산하게 되면 결국 가장 많이 기여하는 직원에게 제대로 보상하지 않는 상황을 초래한다. 매우 뛰어난 직원은 자신이 받아야 할 가치보다 '훨씬' 적은 보수를 받게 되고, 머지않아 자신의 노력에 대한 정당한 대가가 자신에게 오지 않고 사장의 주머니로 들어간다는 사실을 깨닫기 시작한다. 결국 이들은 조직을 떠나고 만다.

눈에 띄는 사람들

"기업은 고객의 주목을 받을 권리가 없다. 지금까지 기업은 평범한 사람들을 위해 평범한 제품을 만들어왔을 뿐이다. 그러면서 자신을 주목해달라고 계속 사람들을 귀찮게 굴었다. 마침내 사람들은 기업을 주목하지 않는다. 이제 성장할 수 있는 유일한 길은 튀는 것이다. 이야깃거리가 될 만한 것을 만들어내고 사람들을 존중하라. 사람들 스스로 이야기를 퍼트리도록 하라."

내 전작인《보랏빛 소가 온다》에서 이야기한 핵심 주장이다. 이 책에서 강조하는 바 역시 이와 비슷하다. 하지만 지금 내가 말하고자 하는 것은 훨씬 더 개인적인 성공에 초점을 맞추고 있다.

"당신은 지금 꿈꾸는 직업이나 경력을 누릴 자격이 없다. 오랫동안 평범한 조직에서 평범하게 일하는 평범한 일꾼이 되기 위해 힘들게 배우고 노력했지만, 이제 사회는 튀는 사람이 되라고 요구한다. 그러나 규칙이 바뀐 사실을 뒤늦게 깨우칠 것이다. 오늘날 성공하는 유일한 길은 남들보다 두드러지는 것이다. 사람들 사이에서 회자되는 것이다. 사람들은 누군가에 대해 이야기할 때 무엇을 말할까? 제품처럼 기능이나 장점에 대해 이야기하지 않을 것이다. 바이럴 마케팅 전략도 통하지 않는다. 한 개인에 대해 이야기할 때 우리는 그들이 누구인지 이야기하는 대신, 무슨 일을 하는지 이야기한다."

'남들과 다르다'는 이유만으로 꼭 필요한 사람이 되는 것은 아니다. 하지만 꼭 필요한 사람이 되기 위해서는 남들과 달라야 한다. 그것이 유일한 방법이다. 남들과 다른 점이 없다면, 무수한 사람들 중 하나에 지나지 않는다.

자신의 가치에 걸맞은 것을 얻고 싶다면 무조건 튀어야 한다. 감정노동을 해야 한다. 꼭 필요한 사람처럼 보여야 한다. 조직이든 사람이든 깊이 관심을 가질 수밖에 없는 상호작용을 만들어내 자신을 알려야 한다.

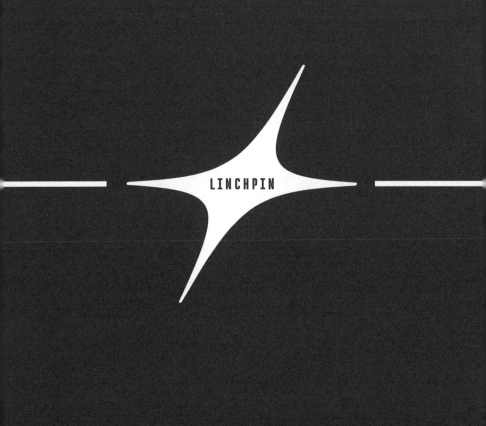

LINCHPIN

THINKING ABOUT
YOUR CHOICE

나는
어떤 선택을
했는가

모든 것은 선택의 문제다. 두려움에 굴복하고 시스템에 항복하는 선택을 할 것인가, 자신의 길을 헤쳐나가면서 그 길에서 가치를 만들어낼 것인가. 문제는 길을 만들어내는 것이다. 우리는 그 방법을 알아야 한다.

꼭 필요한 사람이 될 수 있는가

"물론이다!"

아주 중요한 질문이다. 정말 이렇게 대답할 수 있는지 깊이 고민해보아야 한다.

이미 많은 사람들이 세상에 꼭 필요한 사람이 되기 위해 이 길을 거쳐 갔다. 획일적인 학교교육에서 살아남았고 회사에 들어가 살아남았고 기성세대의 훈계 속에서도 살아남았다. 이 힘든 과정을 여전히 많은 사람들이 해내고 있다. 세상에 꼭 필요한 사람이 되는 일은 누구든 할 수 있다.

또 하나 중요한 사실이 있다. 이런 변화를 실행하는 데 특별히 유리하거나 불리한 사람은 없다는 것이다. 린치핀은 신비로운 재능을 타고난 사람들이 아니다. 새로운 종류의 일이 중요하다는 것을 깨닫고 그런 일을 하기 위해 스스로 훈련한 사람들이다.

물론 유명한 농구 선수가 되기 위해서는 큰 키를 타고나야 하겠지만, 이 세상에 농구 선수가 되고자 하는 사람이 몇 명이나 되겠는가? 특별한 경우가 아닌 이상, 꼭 필요한 사람이 되기 위해 노력하는 것은 타고난 자질과는 무관하다. 모든 것은 자신의 노력과 행동에 달려 있을 뿐이다.

내면의 예술성을 학교에 가두지 마라

훌륭한 예술가, 작가, 제품 개발자, 카피라이터, 발명가, 과학자, 프로세스 엔지니어, 요리사 등은 어디서 나타날까?

앨리스 워터스Alice Waters: 친환경 레스토랑 셰 파니즈Chez Panisse를 만든 요리사

허셸 고든 루이스Herschell Gordon Lewis: 세계적인 B급 호러 영화 감독

스파이크 리Spike Lee: 훌륭한 영화감독, 제작자, 작가, 배우

엘리 골드랫Eliyahu Goldratt: 《더 골The Goal》 저자, 심리학자 출신의 세계적인 경영 컨설턴트

머디 워터스Muddy Waters: '시카고 블루스의 아버지'라고 불리는 음악가

코리 닥터로Cory Doctorow: 블로그에 과학 소설을 쓰는 작가, 저널리스트

리처드 파인먼Richard Feynman: 노벨상을 수상한 물리학자, 다재다능한 연구자

셰퍼드 페어리Shepard Fairey: 버락 오바마Barack Obama의 선거 포스터를 그린 일러스트레이터

각 분야에서 뛰어난 활약을 펼치는 사람들의 공통점은 무엇일까? 학교교육을 통해 만들어진 인재가 아니라는 점이다.

물론 좋은 학교교육이 뛰어난 인물의 앞길을 가로막지는 않을 것이다. 그렇다고 뛰어난 인물이 될 수 있게끔 보장하지도 않는다. 좋은 학교가 성공에 도움이 되는지는 분명하게 말할 수 없지만, 형편없는 학교가 성공을 가로막는 것은 분명하게 말할 수 있다.

우리 사회는 왜 그토록 개개인이 타고난 예술성을 죽이지 못해 안달하는 것일까? 어떤 사람의 내면에 존재하는 예술성을 짓밟아야만 그가 조직에 비굴하게 순응하도록 훈련할 수 있기 때문이다.

좀 더 정확하게 말하자면, 학교와 선생은 구분해야 한다. 훌륭한 선생은 우리에게 도움을 줄 수 있다. 학생들의 삶을 바꿀 수 있다. 우리에게는 그런 선생이 필요하다. 문제는 대부분의 학교들이 그런 선생을 원하지 않는다는 것이다. 수많은 학교들이 훌륭한 선생을 짓밟고 잘라낸다. 학교라는 조직에 관료적이고 평범하고 순응하는 선생들만 남긴다.

내면에 예술성을 품지 않은 사람을 나는 한 번도 만나보지 못했다. 당장은 드러나지 않는다 하더라도 누구나 잠재력을 가지고 있다. 왜 우리는 타고난 본능을 죽이기 위해 그토록 열심히 노력하는가? 시장은 외치고 있다. 벌떡 일어나서 튀어라! 인간이 되어라! 참여해라! 상호작용해라! 나만의 직관, 혁신, 통찰을 내보이면 남들을 화나게 만들까 걱정하지 마라. 쓸데없는 걱정일 뿐이다. 아마도 사람들은 그런 면을 보이는 당신의 모습에 더 즐거워할 것이다. 그 정도의 위험은 과감하게 무릅써라.

흔히 값싼 것이 최고라고 말한다. 그런 선택을 하면서도 사람들은 예술성을 찾는 데 거의 모든 시간을 쏟아붓는다. 더 큰 가치, 더 많은 관계, 더 풍부한 경험을 가져다주고 자신을 더 나은 사람으로 만들어주는 제품과 서비스를 찾아 헤맨다. 그런 경험은 학교에서 가르치지 않지만, 원한다면 누구나 배울 수 있다.

당신이 진짜로 원하는 것

규칙만 따르면 되는 일을 찾는다면, 규칙에 따르는 것이 전부인 일을 하게 되더라도 불평하지 마라.

부하 직원들이 시키는 대로 일해주기를 바란다면, 상사가 자신에게 똑같은 것을 요구한다고 해도 불평하지 마라.

고객을 돈벌이 대상으로만 여긴다면, 회사가 당신을 비용과 수익으로만 평가한다고 해도 불평하지 마라.

단순히 지침을 따르기보다 좀 더 창조적인 일을 하고 싶다면, 학교에서 배운 적 없는 일을 회사에서 시킨다고 해도 불평하지 마라.

하루 종일 지적인 문제를 해결하기 위해 탐구하는 일을 하고 싶다면, 새로운 통찰이 가슴 뛰게 만들더라도 불평하지 마라.

시장은 제로섬게임인가

시장이 한정된 자원 위에서 작동한다면, 이 사람이 이기면 저 사람이 지는 제로섬게임이 된다. 반대로 시장이 무한한 자원 위에서 작동한다면, 각자의 재능이 새로운 성장을 만들어내고 시장의 규모는 계속 커진다.

어떤 사람들은 해외에서 들어오는 인력 때문에 일자리가 줄어든다고 생각한다. 예컨대 많은 미국인 프로그래머들이 인도나 중국에서 몰려 들어오는 프로그래머들 때문에 자신들의 일자리가 사라진다고 불평한다. 시장을 모두 이기는 게임이 아니라 이기고 지는 게임이라고 생각하는 것이다. 이런 관점으로 세상을 보면 절대 관대해질 수 없다. 제로섬게임에서 양보하고 도와주는 사람은 바보일 뿐이다. 그런 사람은 남들에게 이용만 당한다.

하지만 다르게 생각하는 사람들도 있다. 이들은 뛰어난 재능이 더 많은 혁신과 높은 생산성으로 이어지고, 결국 더 많은 수요를 끌어낼 수 있다고 생각한다. 이런 상황에서 관대함은 최선의 전략이다. 훌륭한 프로그래머들 각자가 최고의 도구, 최고의 마케팅, 최고의 기술을 가지고 경쟁하면서 프로그래머라는 직업이 상당히 발전할 것이고 더 많은 일자리가 생겨날 수 있다. 전 세계 최고의 프로그래머를 끌어들여 시장 규모를 키움으로써 미국인 프로그래머들에게도 다양한 기회가 생기는 것이다.

물론 세상을 보는 방식은 개인의 가치관에 따라 달라질 것이다. 프로그래머들의 실력이 모두 '거기서 거기'라고 생각한다면 당연히 시장 규모는 한정되어 있을 것이다. 규칙에 따라 맡은 일만 끝내고 집으로 돌아가면 되는 일이라고 생각하는 사람에게 시장은 제로섬게임일 뿐이다.

린치핀은 세상을 다르게 본다. 비범한 통찰, 생산성, 관대함은 시장을 더 크고 효율적으로 만든다. 이런 상황에서 기회는 늘어나며 궁극적으로는 그 시장에 연관된 모든 사람에게 수익이 되돌아온다. 더 많이 내줄수록 시장은 더 많이 돌려줄 것이다.

누구나 성공하는 세상은 가능하다. 물론 우리가 그런 꿈을 꾸는 경우에만 다가올 것이다.

나는 여전히 사랑받을 것인가

훨씬 심각하고 어려운 질문이다. 꼭 필요한 사람이 되겠다고 마음먹는 순간, 사람들에게 따돌림당할 가능성은 매우 커진다. 지금 나를 사랑하는 사람들이 등을 돌릴 수도 있고, 지금 나를 좋아하는 이유 때문에 나를 싫어하게 될 수도 있다.

하지만 그들은 머지않아 돌아올 것이다. 그렇지 않다면, 그들은 처음부터 나를 진정으로 사랑하지 않았던 것이다. 단순한 문제는 아니지만, 깊이 고민해보길 바란다.

천재는 만들어진다

천재적인 재능이 나와 상관없는 다른 사람 이야기일 뿐이라고 핑계를 대기는 쉽다. 천재들은 애초에 훌륭한 재능, 유전자, 교육, 배경, 인간관계를 타고난 것이라고, 나에게는 그런 운이 따르지 않았을 뿐이라고 스스로를 가엾게 여기는 데에는 아무런 노력도 들지 않는다.

그 말에도 일리가 있다. 하지만 아마존닷컴을 세운 제프 베이조스Jeff Bezos와 애플을 세운 스티브 잡스Steve Jobs는 양부모 밑에서 자랐다. 남아프리카의 영웅 넬슨 만델라Nelson Mandela는 감방에서 세상을 바꾸었다. 캐시 휴스Cathy Hughes는 오마하 네브라스카대학에서 퇴학을 당하고도 미국에서 공공기업을 이끄는 최초의 흑인 여성이 되었다. 처음에 이들은 결코 우리보다 많은 것을 가지고 시작하지 않았다. 그럼에도 자신의 천재성을 기꺼이 받아들이고 스스로 천재처럼 행동하기를 선택했을 뿐이다. 그런 사람들을 모두 열거하려면 이 책을 가득 채워도 부족하다.

할 수 없다는 무책임한 선택

4살 때, 우리는 예술가였다.

7살 때, 우리는 시인이었다.

12살 때, 길거리에서 신문을 팔았다면 우리는 기업가였다.

물론 사람은 누구나 중요한 일을 할 수 있다. 문제는 스스로 그런 것을 하고 싶어 하느냐 하는 것이다.

어쩌면 '나는 못 해!'라는 말이 머릿속에서 튀어나올 준비를 하고 있을지도 모른다. 자신은 충분히 영리하지도 못하고 제대로 훈련도 받지 못했고 재능도 없다고 생각할지도 모른다.

그러나 분명하게 묻고 싶다.

"할 수 없는 것인가? 하고 싶지 않은 것인가?"

하고 싶지 않은 것이라면, 기꺼이 받아들이겠다. 하기 싫은 것을 억지로 할 필요는 없다. 린치핀이 되고자 노력하는 과정은 귀찮고 힘들다. 꼭 필요한 사람이 되기 위해서 자신을 솔직히 드러내는 것은 위험하고 무서운 일이다. 이런 노력을 하기 위해서는 기존의 굴레를 벗어던져야 하는데, 자유를 견디기 어려워하는 사람도 있다.

경제적으로 무책임한 선택이라고 느낄지도 모른다. 나는 그런 판단은 오류라고 분명히 말할 수 있다. 린치핀이 되는 것은 실제로 우리가 할 수 있는 선택 중에 경제적으로 가장 책임 있고 올바른 것이다. 어쨌든 당신이 판단할 일이다. 내키지 않는다 해도 나는 받아들이겠다.

하지만 할 수 없기 때문이라고?

그 선택은 결코 받아들일 수 없다. 전혀 이유가 되지 않는다.

새로운 아메리칸드림

아메리칸드림은 20세기에 거의 모든 사람을 사로잡은 친숙한 개념이었다. (여기서 말하는 아메리칸드림이란 성공을 향해 달려가는 사람들의 꿈을 상징하는 보편적인 개념이다.) 아메리칸드림의 핵심 덕목은 다음과 같다.

고개를 숙여라.

지침을 따라라.

시간을 지켜라.

열심히 일해라.

비위를 맞추어라.

…그러면 보상을 받을 것이다.

앞에서 이야기했듯이, 규칙을 지키면 성공하는 시대는 끝났다. 이제는 새로운 아메리칸드림이 전 세계를 무대로 빠르게 퍼져나가고 있다. 새로운 아메리칸드림의 핵심 덕목은 다음과 같다.

눈에 띄어라.

관대해져라.

예술을 창조하라.

스스로 판단하라.

사람들과 관계를 맺어라. 아이디어를 공유하라.

…그러면 사람들은 보상하지 않을 수 없을 것이다.

누구도 대체하지 못할 만큼 능숙하게

회사에서 지금 내가 하는 일을 해낼 수 있는 훨씬 뛰어난 사람을 찾는다면, 어떤 점을 고려할까? 토익 점수가 더 높은 사람? 더 오랜 시간 일할 수 있는 사람? 경력이 더 많은 사람? 아닐 것이다.

지금의 시장에서 요구하는 사람은 더 인간적이고, 더 다양한 인간관계를 맺고, 더 성숙한 사람이다. 열정과 활력이 있는 사람, 상황을 있는 그대로 볼 수 있는 사람, 우선순위를 협상할 줄 아는 사람, 불안에 떨지 않고 유용한 판단을 할 줄 아는 사람이다. 변화에 유연하게 대처하고 혼란 속에서도 흔들리지 않는 사람이다.

이런 속성은 모두 선택이다. 재능이 아니다. 우리가 마음만 먹으면 선택할 수 있는 것들이다.

"내 일이 아니다"

이 한마디가 조직 전체를 죽이기도 한다.

세상이 더 빠르게 움직이고 더 개방적인 참여를 요구하면서 '내 일이 아닌' 범주는 계속해서 넓어지고 있다.

언젠가 아마존에서 시스템상 사소한 오류가 발생하는 바람에 동성애 관련 도서 수천 권이 도서 목록에서 빠진 적이 있다. 하필 이 사건이 금요일에 일어나는 바람에 시스템 관리 직원이 그 사실을 모른 채 퇴근했다. 하지만 아마존 이용자들은 이 오류를 금세 발견했고, 블로그와 엑스를 통해 아마존이 책을 '검열'했다는 말을 퍼트리기 시작했다. 이 소식은 순식간에 퍼져나갔다.

일요일 저녁이 되어서야 아마존의 공식적인 대응이 나왔다. 인터넷상에서 36시간은 보통 기업에서 한 달과 맞먹는다. 왜 그렇게 오랜 시간이 걸렸을까? 이 문제가 주말 동안 인터넷을 모니터하는 임무를 맡은 사람의 소관이 아니었거나, 그가 아마존을 대표해서 대응할 권한이 없는 사람이기 때문이었을 것이다.

뉴욕 자연사박물관 화장실에는 휴지통이 부족해서 언제나 휴지가 흘러넘친다. 휴지통을 비우는 일은 청소하는 직원의 몫이지만, 휴지통을 더 비치하는 일은 누구의 몫일까? 공장에서는 내가 맡지 않은 일에 손을 대는 것은 위험하다. 하지만 린치핀이 되고자 한다면 이렇게 아무도 신경 쓰지 않는 일을 도맡아 해야 한다.

하나의 길을 선택하라

직원들이 고용주의 말을 더 잘 듣고 규칙을 더 잘 따랐다면 회사
는 지금보다 더 성공할 수 있었을까? 아니면 직원들이 더 예술적이
고 의욕이 넘치고 더 밀접한 인간관계를 맺고 더 신경 쓰고 열정적
이고 진심으로 참여했다면 더 성공할 수 있었을까?

윗사람이 시키는 대로 더 열심히, 더 고분고분 따랐다면 나는
지금보다 더 성공할 수 있었을까? 아니면 더 예술적이고 의욕이 넘
치고 더 신경 쓰고 진심으로 노력했다면 더 성공할 수 있었을까?

물론 이 두 가지 길은 동시에 갈 수 없다. 어떤 길을 가든 나의
선택이다. 그러나 그 기로에서 우리는 꼭 필요한 사람이 되는 길을
선택해야 한다.

회사는 린치핀을 무시하지 못한다. 더 신경 써서 대우해야 한
다. 보수를 공정하게 지불해야 한다. 회사가 어려워도 이들은 살아
남는다. 적어도 가장 먼저 잘리지는 않을 것이다. 안정적인 지위뿐
만 아니라 자신감도 갖게 될 것이다. 이런 자신감을 바탕으로 조직
안에서 자신을 차별화할 수 있고 중요한 일을 해낼 수 있다.

이처럼 일터에서 기계가 아닌 인간이 될 수 있다면, 자신도 미
처 깨닫지 못했던 열정을 드러내기 시작할 것이다. 자신이 맡은 일
을 자신의 일로 받아들일 때 동료들은 물론 고객들도 더 관계를 맺
고 싶어 할 것이고 더 만족스러워할 것이다. 이로써 훨씬 큰 가치
를 만들어낼 수 있다.

기계의 단순한 톱니바퀴가 아니라면, 쉽게 갈아 끼울 수 있는 부품이 아니라면, 사람은 자신의 가치만큼 대가를 받을 수 있다. 물론 그 대가는 상당하다.

린치핀 키우는 법

사장은 모든 직원들이 꼭 필요한 사람들이 되도록 뒷받침해야 한다. 이것은 어떤 의미일까?

조직을 유지하기 위해서는 결국 린치핀을 잘 대우해야 한다. 보수를 공정하게 지불해야 한다. 그들은 어떤 이유로든 손쉽게 해고할 수 없다. 자신이 맡은 일만 겨우 처리하는 사람들이 하지 못하는 업무를 손쉽게 해치운다. 또한 사장이 어떤 일을 일사불란하게 실행하고자 할 때 린치핀은 위협이 되기도 하다. 린치핀은 권력을 가지고 있기 때문이다! 그들의 협조가 꼭 필요하다.

물론 절대 대체할 수 없는 사람이란 존재하지 않는다. 어느 정도 시간을 두고 교육 훈련을 한다면 린치핀의 자리를 다른 사람이 메울 수 있을 것이다. 하지만 지금은 그에게 의존해야만 하는 상황이다. 이런 상황이 걱정스럽게 느껴질 수도 있다. 그에게 권력이 있을 뿐만 아니라, 그가 갑자기 떠나버리면 조직은 아무것도 할 수 없는 처지가 되기 때문이다. 이럴 때 어떻게 해야 하는지 학교에서는 가르쳐주지 않았다.

하지만 최대한 많은 직원들을 린치핀으로 키운다면 분명히 이 길 수 있다. 이는 두 가지 방식으로 작동한다.

우선 직원들을 기계처럼 이용해 개성 없는 물건을 만들어 판다고 가정해보자. 소비자들이 이런 상품 중에서 하나를 고를 때는 가장 싸고 빠르고 간단한 것을 집어 든다. 이런 상황에서 고객을 끌어모으려면 가격을 낮추는 수밖에 없다. 하지만 이런 경쟁에서는 수익을 낼 여지가 많지 않다.

바닥을 향해 달리는 경주에서 이긴다는 것은 더 빨리 바닥을 친다는 뜻이다. 즉 더 빨리 망한다. 시장에서 이기는 유일한 길은 위를 향해 달리는 경주에서 이기는 것이다.

기업이 더 인간적이고 더 눈에 띄고 더 빨리 반응하고 고객과 직접 관계를 맺을수록 시장에서 꼭 필요한 조직이 된다. 직원들을 린치핀으로 만드는 바로 그런 요소들이 바로 나를, 내 회사를 린치핀으로 만든다. 중요한 일을 해내는 꼭 필요한 사람들의 조직은 눈에 띄기 마련이다. 수익도 높다. 그 자체로서 자연스럽게 꼭 필요한 조직이 된다.

직원들이 스스로 예술가가 될 수 있도록 자유를 주면 그들은 미처 상상하지도 못한 성과를 만들어내기 시작할 것이다. 사람은 자신이 기계의 톱니바퀴나 쉽게 대체될 수 있는 상품이 아니라고 느낄 때 힘든 일에 스스로 도전하고 성장한다. 자신이 받는 보수보다 더 많은 가치를 생산해내고 더 많은 일을 자발적으로 한다. 품질을 소중하게 여기고 더 좋은 결과물을 만들어내려고 스스로 노력한다. 부족한 결과물이 있다면 스스로 용납하지 못한다. 대충 일하는 것을 시간 낭비로 여긴다. 회사가 제공하는 자유, 책임감, 존중이라는 더없이 소중한 가치들에 보답하는 것이다.

기업이 소중한 가치를 베풀면 린치핀은 자신의 권력을 남용하기보다 오히려 더 열심히, 더 오래 일할 것이다. 그들에게 제공하는 가치보다 훨씬 많은 것을 생산해낼 것이다. 그들도 사람이기 때문이다. 사람은 누구나 관계를 맺고 존중받기를 갈망한다.

멍청한 기계의 시대는 갔다

기존의 시스템은 꼭대기에 있는 사람들이 가장 많은 정보를 알도록 설계되어 있다. 이런 설계의 목표는 재능 있는 사람들을 싼값에 가능한 한 많이 고용해 업무 지침과 규칙을 글자 그대로 따르며 일하게 만드는 것이다.

맥도날드로 가서 빅맥과 밀크셰이크를 주문해라. 밀크셰이크 절반을 마시고 빅맥 절반을 먹어라. 절반 남은 빅맥을 밀크셰이크 속에 집어넣고 계산대로 가서 이렇게 말해라. "이걸 어떻게 먹으라는 거예요…. 밀크셰이크 안에 빅맥이 빠져 있잖아요."

계산대 직원은 아무 말 없이 환불해줄 것이다. 합리적으로 판단할 수 있는 사람을 고용하는 것보다 아무나 고용해서 규정에 따라 일을 시키는 것이 훨씬 쉽기 때문이다. 맥도날드 규정에는 이렇게 쓰여 있다. "석연치 않은 상황에는 무조건 환불해준다."

이런 상황이 수백만 개 조직의 수백만 개 일자리에서 반복된다면 어떤 결과로 이어지겠는가? 어디서나 시스템, 매뉴얼, 규정이 지배할 것이다. 최고위직에 있는 소수의 사람들만 새로운 시스템, 매뉴얼, 규정을 만들어내기 위해 열심히 일할 것이다.

기계를 다루는 일도 이와 별반 다르지 않다. 예컨대 로봇 팔로 자동차에 페인트를 뿌리는 작업을 할 때에도 정밀한 규칙에 따라 작동하도록 데이터를 입력하면 된다. 하지만 이런 작업에서도 예상치 못한 일이 벌어진다. 로봇 팔 스스로 생각하고 판단할 수 있도록 프로그래밍하면 1년에 약 17억 원을 절약할 수 있다는 사실이 밝혀진 것이다! GM은 네트워킹하고 상호작용할 수 있는 로봇 팔들을 만들어 스스로 더 많은 판단을 하고 서로 명령을 내리게 함으로써 더 높은 생산성을 이룩해냈다.

오늘날 세상은 너무 빠르게 변한다. 중앙 통제 시스템은 변화 속도를 결코 따라가지 못한다. 이제 어떤 시스템이든 조직도 꼭대기에 있는 감독자가 운영할 수 없는 시대가 되었다. 일본의 신칸센은 중앙 통제 시스템의 통제를 받지 않고도 빠르게 시간에 맞추어 달린다. 조직도에서 가장 아래에 있는 각각의 기차들이 직접 의사 결정하는 것이 훨씬 빠르고 효율적이라고 밝혀졌다.

기계와 조직도 이런데, 사람은 오죽하겠는가? 직원들이 현장에서 직접 최선의 판단을 하도록 맡기는 것이 가장 빠르고 비용도 적게 든다. 물론 그렇게 하기 위해서는 적절한 사람을 고용하고 그들이 적절한 태도를 갖도록 공정하게 보상해야만 한다. 바로 린치핀의 태도를 갖게 만들어야 한다.

진정으로 필요한 직원

"시키는 일만이라도 제대로 하면 좋겠다."

"값싸게 쓸 수 있는 사람을 원한다."

"자꾸 지각하고 골치 아프게 하는 직원은 원하지 않는다."

사장이 진정으로 이런 것을 원한다면, 규칙을 따르지 않는 뛰어난 직원들은 어떻게 해야 하는가? 계속 성장하는 사람들, 회사의 비용을 지출할 권한을 가진 사람들, 다른 기업에서 스카우트 제의를 받은 사람들, 언론에 실리는 사람들, 개인 비서를 쓰는 사람들은 어떻게 하겠는가? 회사에서 나가야 하는가?

기업이 살아남기 위해서 진정으로 찾아야 할 사람은 예술가, 모든 것을 바꿀 사람, 꿈을 실현할 사람이다. 지금의 현실을 냉정하게 볼 수 있고 내일을 더 잘 예측할 수 있는 사람이다. 이런 사람을 얻지 못하면, 빈둥거리는 싸구려 일꾼들과 함께 일하는 데 만족해야 할 것이다.

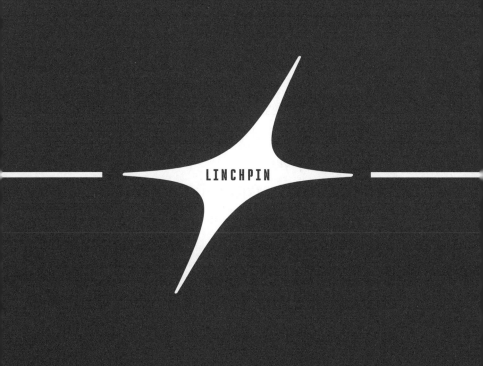

INDOCTRINATION
: HOW WE GOT HERE

우리는
세뇌당하고
말았다

우리가 학교에서 배운 것, 매체를 통해 배운 것은 모두 만들어진 신화다. 공장에 순응하는 노동자로 만들어내기 위해 꾸며낸 동화다. 모두 사기다. 분명히 학교가 필요한 이유가 있을 것이다. 하지만 그 이유는 우리가 생각하는 것과 다르다.

튀지 말고 순응하라

우리는 거대한 기계에 속해 언제든 대체될 수 있는 톱니바퀴가 되어야 한다고 배웠다.

우리는 소비를 통해 행복을 빨리 얻을 수 있다고 배웠다.

우리는 자신이 하는 일이나 고객에 대해서 깊이 신경 쓰지 말라고 배웠다.

우리는 자신을 틀에 끼워 맞추어야 한다고 배웠다.

이 중 어느 것도 나의 가치를 제대로 인정받는 데 도움을 주지 못한다. 우리는 어릴 적부터 시스템을 받아들이라고, 기쁨을 얻고 싶다면 돈을 쓰라고, 일과 나를 분리하라고 배웠다. 그렇게 해야만 살아갈 수 있다고 배웠다. 하지만 사실은 그렇지 않다. 적어도 앞으로는 그렇다. 이런 단절은 성공에 다가갈 수 없도록 만든다. 우리를 끊임없이 스트레스 속으로 몰아넣을 뿐 아니라 우리 사회의 성장을 방해하기도 한다.

지금 수많은 사람들이 시스템에 적응하며 사는 모습이 '당연한 것'처럼 보일지 몰라도, 실제로 이런 상황은 지극히 최근에 인위적으로 완성되었다. 우리는 무엇이든 여럿이 조직을 꾸려 생산해야 한다고 생각한다. 너무나 당연한 믿음이기 때문에 여기에서 벗어난 사람은 괴상하다고 취급한다. 그러나 이제는 시스템이 요구하는 삶의 방식을 거부하는 사람들이 실제로 성공할 확률이 점점 높아지고 있다.

진화생물학자 스티븐 제이 굴드Stephen Jay Gould는 이렇게 말했다. "폭력, 성차별 등 혐오스러운 행위는 인간이 자연스럽게 행동할 수 있는 한 가지 유형을 상징하기 때문에 생물학적이라고 말할 수 있다. 하지만 평화, 평등, 다정함 또한 생물학적이다. 마음껏 그런 행동을 할 수 있는 사회구조를 만들어낸다면 이런 행동의 영향력이 커지는 현상을 목격할 수 있을 것이다."

여기에 나는 한 가지 요소를 덧붙이고 싶다. 튀지 말고 순응하며 살아가는 것은 분명히 우리가 할 수 있는 행동이지만, 조금만 용기를 내어 먼저 실천한다면 예술적 리더십도 마찬가지로 (어쩌면 훨씬 더) 인류의 자연스러운 행동이 될 수 있다. 아니, 더 생산적일 수 있다. 우리는 지금까지 인간이 타고난 유전자의 자질은 시스템에 평범하게 순응하며 사는 것이라고 믿게끔 훈련되었을 뿐이다. 하지만 오랜 기간 학교교육을 받고 나서 몇 년만 지나도 이런 특성은 쉽게 사라진다.

공장의 의미

내가 이 책에서 사용하는 '공장'이라는 단어가 불편한 사람도 있을 것이다. 공장은 대개 거대한 자동차 조립라인이나 재봉틀이 빽빽하게 늘어서 있는 곳을 떠오르게 한다. 물론 나는 공장이라는 단어를 훨씬 넓은 의미로 사용한다.

뉴저지에 거대하게 우뚝 솟은 프루덴셜생명 본사는 공장이다. 관공서도 공장이다. 맥도날드 매장 역시 아주 효율적으로 운영되는 공장이다. 이웃을 돕기 위해 좋은 의도로 돈을 모금하고 옷을 가공하는 사회적 기업도 마찬가지로 공장이다.

나는 시키는 대로 일하고 정기적으로 급여를 받는 조직을 공장이라고 정의한다. 지난 100여 년 동안 공장은 우리 경제를 뒷받침하는 주춧돌이었다. 그들이 없었다면 지금과 같은 번영을 누리지 못했을 것이다.

하지만 공장에서 일하는 것은 전혀 다른 문제다.

무엇을 얻고자 하는가

오늘날 지도자들은 지구온난화, 사회 안전, 자원 고갈, 기반 시설 유지 관리와 같은 것을 걱정한다. 직장인들은 노후 대책을 마련하기 위해 많은 고민을 한다.

100년 전 상황은 달랐다. 그때 지도자들은 지금 우리 눈에 정말 이상하게 보이는 두 가지 문제를 해결하기 위해 노력했다.

첫째, 공장노동자를 어떻게 충당할 것인가?

둘째, 과잉생산을 어떻게 방지할 것인가?

공장노동자 충원 문제

공장은 천연자원을 시장에 내다 팔 수 있는 제품으로 전환한다. 철광석을 강철로 바꾸고 옥수수를 콘플레이크로 만든다. 자원의 공급이 풍부할수록 비용은 떨어지고 생산성은 올라간다.

공장에서는 노동자도 천연자원과 마찬가지로 취급한다. 이런 상황에서 공장주의 목표는 좋은 인력을 값싸게 얻는 것이다. 그래서 산업과 정부의 우두머리들은 이런 목표에 맞추어 사회를 재구성하는 일에 착수했다.

과격한 음모론처럼 들리는가? 그렇다면 공과대학과 간호대학이 왜 만들어졌을지 생각해보라. 학생들을 효율적으로 생산하고 관리하기 위해 국가적인 교육제도를 만드는 이유가 무엇이라고 생각하는가? 강압적인 명령과 통제 체계를 구축하고 유지하고 밀어붙이기 위해서 그토록 많은 돈과 시간을 쏟는 이유가 무엇이라고 생각하는가?

그렇다. 구체적인 현상, 엄격한 법 적용이라는 시스템을 구축해야 하기 때문이다. 특정 기술을 배운 사람들을 많이 생산해내야 하기 때문이다. 하지만 이것은 가장 기초적인 단계일 뿐이다.

보편적인 교육제도, 즉 공공교육과 무상교육의 도입은 우리 사회가 작동하는 방식에 중대한 변화를 가져왔다. 이는 우리 생활 방식을 바꾸려는 의도적인 시도였으며 결국 성공했다. 우리는 공장 노동자로 훈련받았다.

과잉생산 방지 문제

20세기가 시작될 무렵, 물건 생산 기술이 급격히 발전하면서 자본가들은 구매하는 사람보다 생산한 물건이 더 많아지는 것을 가장 걱정했다. 이는 생산이 아닌 소비의 문제였다. 당시 평범한 가정에서는 거의 돈을 쓰지 않고 살았기 때문이다.

1890년대 10대들은 대부분 어쩌다 한 번 옷을 사 입는 것이 전부였다. 신문, 잡지, 책도 거의 사지 않았고 화장품도 쓰지 않았다. 소수의 진짜 부자들만 물건을 한가득 살 뿐이었다.

보편적인 교육제도가 확대되면서, 상품 소비를 뒷받침하는 네트워크 효과가 부산물로 떠올랐다. 학교나 마을에서 어떤 사람이 차를 구입하면 다른 사람들도 따라서 차를 산다. 어떤 사람이 더 큰 집을 갖거나 신발을 두세 컬레씩 갖고 있으면 다른 사람들도 따라 하고 싶어 한다.

이렇게 단 두 세대 만에 소비문화는 완성되었다. 원래는 전혀 존재하지 않던 생활양식이 새롭게 생겨난 것이다. 남을 따라 물건을 사는 행동은 우리가 타고난 유전적 자질이 아니다. 최근에 '만들어진' 욕구일 뿐이다.

학교의 임무를 적나라하게 풀어 쓴다면 아마 이런 내용이 될 것이다.

우리는 미래의 공장노동자를 가르치고 훈련한다. 우리 학교의 졸업생들은 규칙을 아주 잘 따른다. 소비의 힘이 사회적 성공을 인증하는 척도라고 가르친다.

하지만 다음과 같은 사명을 표방하는 학교는 거의 존재하지 않을 것이다.

우리는 학생들을 스스로 행동하는 뛰어난 예술가가 되도록 가르친다. 현실을 의심하고 투명하게 상호작용하라고 가르친다. 우리 학교의 졸업생들은 소비가 사회적 문제를 해결하지 못한다는 것을 명확히 이해한다.

바로 이것이 지금 우리에게 필요한 태도다.

영웅은 어쩌다 평범한 사람이 되었나

아이들은 무엇이든 할 수 있다(심지어 날아다니는 꿈을 꾸기도 한다). 어느 누구도 평범한 사람, 특색 없는 사람이 되기 위해 태어나지는 않았을 것이다. 하지만 어른이 되는 과정 어디에선가 세뇌가 시작되고 우리는 숨을 곳을 찾기 시작한다. 누구도 나를 찾을 수 없도록 아주 평범한 모습으로 탈바꿈한다.

우리는 안정적으로 반복할 수 있는 일을 원한다. 남들 눈에 띄지 않는 곳으로, 너무 튀는 것을 티 나지 않게 메우는 일 속으로 자신을 숨긴다. 이런 사람들은, 린치핀이 되라는 나의 요구에 대해 분명히 이렇게 반응할 것이다.

"저는 세상에 꼭 필요한 사람이 될 만큼 뛰어난 능력을 갖고 있지 않은걸요."

세뇌된 사람들의 전형적인 반응이다. 훌륭한 일, 훌륭한 예술, 눈에 띄는 결과는 내가 할 수 없는 '다른 사람'의 영역이다. 나는 익명으로 할 수 있는 일에 적합하다.

물론 이것은 진실이 아니다. 그렇게 믿도록 세뇌당한 것이다.

나는 그동안 눈에 띄는 린치핀들을 만나 함께 일할 수 있는 기회를 무수히 가졌다. 그들은 한결같이 자신의 능력에 스스로 한계를 두지 않았다. 바로 이런 태도가 규칙을 지키는 평범한 사람들과 자신들을 차별화하는 비밀이었다.

어쩌면 그들에게는 앞에서 등불을 켜준 위대한 스승이 있었을

지도 모른다. 좋은 부모나 친구가 현실에 안주하지 않도록 곁에서 힘을 불어넣어 주었을지도 모른다. 어쨌든 톱니바퀴와 린치핀은 태도에서 크게 차이가 난다. 교육 수준과는 전혀 무관하다.

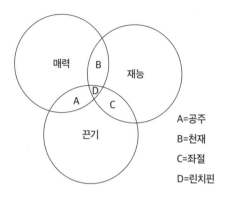

A=공주
B=천재
C=좌절
D=린치핀

벗어나기 힘든 굴레

지휘자이자 작가인 로저 니른버그Roger Nierenberg는 어떤 강연에서 오케스트라를 예로 들어 재미있는 이야기를 했다. 우선 그는 단원들에게 각자 악보를 보고 연주하면서 최대한 다른 악기 소리와 어울리도록 맞춰보라고 했다. 그런 다음, 다시 똑같은 악보를 보고 연주하되 이번에는 자신이 원하는 대로 마음껏 연주해보라고 했다.

음악을 전공하지 않은 보통 사람들의 귀에는 두 곡이 그다지 다르게 들리지 않았다. 우리가 적당한 범위를 벗어나지 않도록 훈련받았기 때문이다. 낮은 음을 더 낮추지 못하고 높은 음을 더 높이지 못한다. 이 오케스트라의 단원들은 이렇게 만들어진 규칙을 벗어나 연주하는 자신의 모습을 상상조차 하지 못했다.

파란색 정장에 하얀색 셔츠를 입어야 하는 사무실에서 분홍색 셔츠를 입는다고 해서 창조적인 사람이 되지 않는다. 이는 착각이자 눈속임일 뿐이다. 어떤 조직에서든 마찬가지다. 어떤 사람에게 유별나고 독창적인 일을 해보라고 이야기하면 그들은 대개 창조적 해법의 뿌리를 찾기보다 가장 사소하면서도 눈에 보이는 요소만 바꾼다. 이는 우연이 아니다. 우리 모두 그렇게 배웠기 때문이다.

진정한 창조성이란 게임의 틀을 바꾸는 것, 상호작용 방식을 바꾸는 것, 더 나아가 질문을 바꾸는 것이다.

학교에서 공포를 이용하는 이유

겁을 먹은 상황에서 느끼는 감정은 쉽게 잊히지 않는다. 많은 연구를 통해 입증된 사실이다. 전장에서 느끼는 공포나 끓는 물에 손가락을 데었을 때의 느낌은 잊지 못한다. 위험한 상황을 간신히 피한 순간은 영원히 기억에 남는다.

학교는 이런 심리적 메커니즘을 이용한다. 수백만 학생들을 단시간에 효과적으로 양성하기 위한 지름길이 필요했다. 결국 사람들을 순응하도록 길들이는 가장 훌륭한 지름길이 공포라는 사실을 알아냈다. 공포와 시험을 이용해 학교를 전쟁터로 만들었다. 이로써 이단적인 생각을 당연한 것처럼 부추기는 조직을 쉽게 만들어낸 것이다.

사람들이 스스로 적응하기 위해 노력하고, 표준화된 시험을 통과하기 위해 공부하고, 고개를 숙이고 지침에 순응하게 된 오늘날의 상황이 놀랍지 않은가? 수십 년 동안 학교는 우리에게 공포, 공포, 더 많은 공포를 주입해왔다. 낙제 점수를 받을까 두려워하고, 졸업하고 나서 백수가 되지 않을까 두려워하고, 사회에 적응하지 못하고 낙오할까 두려워하게 만들었다.

올바른 생각을 가진 선생이라면 학생들을 이렇게 가르치고 싶어 하지 않는다. 하지만 시스템은 다른 선택을 용납하지 않는다. 학교에서 긍정적인 변화를 도모하는 선생은 곧바로 제지당하거나 해고당한다. 제대로 된 지원을 받지 못하고 고달픈 상황에 처한다.

사람들에게 혁신적인 일을 하도록, 교과서에 나오지 않은 통찰을 갖도록, 예술적인 활동을 하도록 가르치는 것은 시간도 많이 걸릴 뿐만 아니라 결과를 예측하기도 힘들다. 이와 달리 훈련과 반복과 공포는 뻔한 사실과 숫자와 순응을 가르치는 데 강력한 힘을 발휘한다.

물론 우리에게는 학교가 필요하고 선생이 필요하다. 무엇보다 제대로 된 학교, 시스템을 유지하는 것이 아니라 사람을 가르치는 것이 목적인 학교가 필요하다. 시키는 대로 잘 하고 예상할 수 있는 결과물을 만들어내는 사람이 아니라 '최선'의 노력과 시도를 하는 사람에게 보상하는 진정한 선생이 필요하다.

학교는 어떤 기능을 하는가

내가 수년 동안 분수 계산법을 가르치고 평가하고 보상한다고 해서 여러분이 제대로 배울 확률은 얼마나 될까? 학교는 학생들에게 가르치고자 하는 것을 가장 잘 가르칠 수 있도록 설계된 곳이다. 매우 효과적으로 가르친다. 문제는 학교가 이런 과정을 통해서 실제로 가르치고자 하는 것은 분수 계산법이 아니라는 점이다.

학교가 학생들에게 가르치는 것은 다음과 같다(성취 수준에 따라 조금씩 달라진다).

- 자신을 끼워 맞추라.
- 지침을 따르라.
- HB연필을 사용하라.
- 꼼꼼하게 필기하라.
- 매일 학교에 나오라.
- 시험을 대비해 공부하라.
- 과제 제출 기한을 놓치지 말라.
- 예쁘게 글씨를 쓰라.
- 맞춤법을 틀리지 말라.

- 다른 학생들이 사는 것을 사라.
- 질문하지 말라.
- 권위에 도전하지 말라.
- 각 과목에 최소한의 시간만 투자하라.
- 대학에 들어가라.
- 좋은 경력으로 이력서를 채우라.
- 실패하지 말라.
- 난처한 이야기는 하지 말라.
- 운동은 남보다 뒤처지지 않을 만큼만 하라. 국가대표가 될 수 있을 정도로 특출나지 않는 한 운동하지 말라.
- 많은 특별 과외활동에 참여하라.
- 다방면으로 많이 아는 사람이 되라.
- 다른 학생들이 자신에 대해 수근거리지 않도록 하라.
- 어떤 주제를 이해했으면 다음 주제로 넘어가라.

이제 핵심 질문은 다음과 같다.

- 이 중 꼭 필요한 사람이 되는 데 중요한 요소가 무엇인가?
- 사회에 필요한 집단을 구성하고 있는가?

문제는 선생이 아니다. 린치핀을 만들기 위해 노력하는 훌륭한 선생은 많다. 문제는 그런 예술가적인 선생을 처벌하고 관료적인 선생을 보상하는 시스템이다.

28대 미국 대통령 우드로 윌슨Woodrow Wilson은 이렇게 말했다. "진보적인 교육은 한 학급으로 족하다. 이런 극소수를 제외하고 거의 모든 학생에게는 마땅히 진보적인 교육을 받는 특권을 줄 수 없다. 어느 사회에서나 마찬가지이겠지만, 특정 분야마다 제각각 힘들고 어려운 노동을 수행할 수 있는 노동력을 생산해야 하기 때문이다."

핀커튼Pinkerton이라는 잔인한 파업 파괴 조직을 운영하고, 프락치를 양성해 노동조합을 파괴하고, 민간 군사 조직까지 동원해 노동조합의 파업을 폭력으로 분쇄한 앤드루 카네기Andrew Carnegie 역시 노동자의 불만을 해소하겠다면서 제한적인 교육을 제시했다. "보라. 어느 나라든 건국 초기의 미약한 단계를 보면, 나약한 정치체제를 치료할 수 있는 진정한 만병통치약은 단 하나라는 결론이 나온다. 바로 교육하고, 교육하고, 교육하는 것이다."

교육제도의 모형은 단순하다. 순응하는 노동자를 생산하는 것이다. 생산성이 높아야 하고, 자신들이 생산하는 가치보다 적은 돈을 받고도 기꺼이 일하려고 하는 노동자를 양산해야 한다. 노동자가 적게 받을수록 자본가는 더 많은 이윤을 남길 수 있다.

따라서 이윤을 늘리는 가장 좋은 방법은 공장노동자들의 생산성과 순응성을 동시에 높이는 것이다. 카네기가 이야기했듯이 이런 목표를 달성하는 가장 좋은 방법은 거대한 교육·산업 복합체를 구축하는 것이다. 노동자들이 자발적으로 기업에 협조하고 열심히 일하도록 가르치는 시스템을 설계하는 것이다.

학교가 직장과 닮은 것은 우연이 아니다. 감독, 규칙, 시험, 인성 검사와 같은 것이 공장과 학교에서 모두 실시되는 것은 우연이 아니다. 이번 학기에 공부를 잘해야 다음 학기에도 공부를 잘할 것이고, 졸업하고 나서 직장에 들어가도 일을 잘할 것이다. 공부를 잘하지 못하면, 일을 잘하지 못하면, 규칙에 자신을 끼워 맞추지 못하면, 반항하면, 여지없이 시스템 밖으로 쫓겨날 것이다.

모범 학생과 모범 직장인

"저는 학교에서 좋은 성적을 거두었으니 회사 일도 훌륭하게 해낼 수 있다고 생각합니다."

많은 사람들이 이렇게 말하지만, 사실 학교와 회사는 근본적으로 다르다. 학교에서 평가하는 것은 학교에 잘 적응했느냐 적응하지 못했느냐 하는 것이 아니다.

죽을 때까지 학교를 다닐 생각이라면, 학교에 잘 적응하는 것은 분명 좋은 기술이 될 것이다. 또는 프리스비 frisbee에서 애플 제품을 파는 일을 한다면 도움이 될지도 모른다. 다시 말해, 숙제하듯이 일하는 곳이라면 쉽게 적응할 수 있을 것이다. 교과서를 찾으면 답이 나오고, 감독자의 지시에 따라 움직이기만 하면 되고, 압박이 높은 상황에서 이미 외웠던 것을 되뇌기만 하면 통과한다. 원반을 가능한 한 멀리 던져 개에게 물어오도록 하는 일(!)까지 업무에 포함되어 있다면 금상첨화일 것이다.

학교의 공헌은 여기서 멈추지 않는다. 최고의 학교는 사람들의 태도와 자질을 귀신같이 가려내는 곳이다. 어느 학교를 입학해서 졸업했다고 이야기하는 것은 그곳에 들어가기 전에 자신이 어떤 사람이었는지 고백하는 것이다. 성공한 사람들 중에 다수가 학교에 다시 들어가서 이미 다 아는 사실을 배우는 것은 바로 그런 이유 때문이다.

학교에서 무엇을 가르쳐야 하는가

딱 두 가지만 가르치면 된다.

첫째, 흥미로운 문제를 푸는 법.

둘째, 사람을 이끄는 법.

흥미로운 문제를 푸는 법

여기서 핵심은 '흥미로운'에 있다.

"다음 주 수요일은 무슨 요일이지?"

학교는 이런 어이없고 쓸데없는 질문을 던지고 그것에 대답하라고 강요한다. 언제 어디서나 위키피디아에 접속할 수 있는 세상에서 그런 지식을 도대체 무엇에 쓰겠는가? 이제 우리는 구글이 도움을 주지 못하는 질문을 놓고 고민해야 한다. 예컨대 다음과 같은 질문을 들 수 있다.

"이제 우리는 무엇을 해야 하지?"

삼각함수를 가르치면서 학교는 그것이 인생에 꼭 필요한 지식인 양 강요한다. 하루 종일 삼각함수 문제만 풀면서 먹고사는 사람을 본 적 있는가? 그런 것을 목숨 걸고 가르친다. 얼마나 낭비인가? 삼각함수를 배우는 이유는 그것이 잠시 흥미를 가져볼 만한 질문이기 때문이다. 풀어볼 만한 무수한 문제 중 하나일 뿐이다. 이 문제를 풀고 나면 다음으로 넘어가야 한다. 더 흥미로운 문제를 찾아서 앞으로 나아가야 한다. 공식을 외워서라도 문제를 풀어야 한다거나 그런 문제를 반드시 알아야 한다는 생각은 시간 낭비일 뿐이다.

사람을 이끄는 법

사람은 재능이 아니라 기술에 이끌린다. 리더십은 타고나는 것이 아니라 배우는 것이다. 학교는 순응하는 법 못지않게 사람을 이끄는 법도 쉽게 가르칠 수 있다. 학교는 사회적 지능을 끌어올리도록, 다양한 관계를 맺도록, 무리를 형성하는 메커니즘을 터득하도록 가르칠 수 있다.

하지만 지금까지 학교는 타고난 리더가 더 빛날 수 있는 무대를 제공하기만 했을 뿐, 누구나 리더가 될 수 있도록 가르치지 않았다. 이제 리더십이 순응보다 훨씬 중요한 가치다.

훌륭한 선생님을 찾아서

형편없는 선생은 평생 지울 수 없는 해를 입히기도 한다. 그래서 훌륭한 선생이 소중하다.

훌륭한 선생들이 자유롭게 학생들을 가르칠 수 있도록 숙제를 내지 않는 학교, 시험에 얽매이지 않는 학교, 잡무에 시달리지 않는 학교를 만들어야 한다. 시스템을 뜯어고쳐야 한다. 출세와 관직에만 눈먼 선생들을 내쫓아야 한다.

허무맹랑한 이야기처럼 들리는가? 그렇게 하지 못할 이유는 무엇인가? 우리 학교가 여전히 뒤떨어진 노동자를 생산하는 관료 조직에서 벗어나지 못하는 것은, 형편없는 선생들이 여전히 버티고 있기 때문이다. 이제 그런 선생들은 우리 사회를 위협하는 존재일 뿐이다.

진정한 교육을 실천하기 위해 노력하는 선생을 비난하지 마라. 시험을 무기로, 성적을 무기로, 입시를 무기로 끊임없이 순응하는 노동자를 양산해내는 교육 시스템을 비난하라.

LINCHPIN

— 린치핀 선언 —

린치핀은 혼돈 속으로 걸어 들어가 질서를 만들어내는 사람이다. 발명하고 관계를 맺고 창조하고 일을 벌일 수 있는 사람이다. 성공하는 조직에는 어김없이 이런 차이를 만들어내는 '누구도 대체할 수 없는 사람들'이 있다.

소박하지만 강력한 부품

린치핀은 소박한 부품이다. 동네 철물점에서 1,000원이면 살 수 있다. 매력적이진 않아도 없어서는 안 된다. 바퀴를 축에 고정해주기도 하고 작은 부품을 연결해주기도 한다.

성공적인 조직이라면 적어도 린치핀 같은 직원을 한 명 이상 보유하고 있다. 수십 명, 때로는 수천 명을 보유한 조직도 있다. 린치핀은 조직에 반드시 필요한 요소다. 다양한 사람들이 제자리에서 활동할 수 있도록 붙잡아준다. 린치핀이 없으면 모든 일이 산산이 흩어지고 말 것이다.

조직에서 절대 대체할 수 없는 사람이 있을까? 그런 사람은 없을 것이다. 하지만 가장 본질적인 사람들은 대체하기 힘들다. 그들이 빠져나가는 순간 조직이 위험에 처할 수 있다. 결국 조직은 린치핀을 중심으로 구성된다. 개별로 흩어진 직원들을 하나로 붙잡아주는 역할을 하기 때문에 반드시 필요한 사람들이다.

1. 기업에는 더 많은 린치핀이 필요하다. 어느 한 직원에게 의지하는 것은 위험할 수도 있지만 산업화 이후 경제에서는 대안이 없다.
2. 자신이 노력해 스스로 린치핀이 될 수 있다. 린치핀이 되고 나면, 그만한 노력을 쏟을 만한 가치가 있다는 사실을 알게 될 것이다.

가장 쉽게 찾을 수 있는 린치핀의 예는 언론의 주목을 받는 CEO나 기업가다. 애플의 스티브 잡스, 아마존의 제프 베이조스 같은 사람을 들 수 있다. 하지만 이렇게 말하는 사람도 있을지 모른다.

"당연하지 않은가? 그들이 없었다면 그들이 세운 회사가 지금과 같은 모습을 하고 있었겠는가?"

그렇다면 길거리에서 야채를 파는 사람을 생각해보자. 가까이 있으며 훨씬 싸고 편리한 슈퍼마켓을 외면하고 손님들이 일부러 찾아오게 만드는 사람이 있다. 그가 떠난다면 사람들은 그곳을 찾지 않을 것이다. 그에게 자리를 빌려준 사람이든, 자금을 투자한 사람이든, 그의 물건을 보관해주는 사람이든, 그가 떠나는 순간 무가치한 존재로 전락한다. 적어도 고객의 입장에서 그는 꼭 필요한 사람이다.

함께 일하는 사람과 밀접한 관계를 맺었다는 이유만으로 자동차나 집을 사본 적 있는가? 컨설팅 계약을 맺어본 적 있는가? 그렇다면 그 사람이 그 거래에서 린치핀 역할을 한 것이다. 그 사람이 오직 싼 가격과 엄격한 규칙만을 좇았다면 다른 사람에게서 물건을 샀을지도 모른다. 그가 바로 린치핀이다.

옷을 사러 매장에 들어설 때, 초콜릿 상자를 열 때, 온라인으로 물건을 보낼 때 어떤 느낌이 드는가? 별다른 느낌이 들지 않을 수도 있고 그냥 괜찮은 느낌이 들 수도 있다. 하지만 앤스로폴로지 Anthropologie 매장에 들어설 때, 레이크 샘플레인Lake Champlain 초콜릿 상자를 처음 열 때, 페덱스FedEx 웹사이트에서 물건을 보낼 때 어떤 느낌이 드는가? 홀린 듯한 기분에 빠진다. 이런 작은 것 하나까지 신경 쓰는 사람, 솔선해서 기여하는 사람들에 의해 만들어진다. 시키는 것만 하는 사람들은 절대 이런 경험을 전달하지 못한다. 그들은 모두 린치핀이다.

앤스로폴로지에는 키스 존슨Keith Johnson이라는 구매 담당자가 있다. 그는 1년 중 6개월을 여행한다. 구석진 시골의 벼룩시장이나 중고물품 장터를 샅샅이 다니면서 특별한 물건을 찾아낸다. 판매하려는 것이 아니라 상점을 아름답게 꾸미려는 것이다. 존슨 같은 사람을 고용하기란 쉽지 않다. 그는 자신의 일이 회사의 성공에 얼마나 중요한 기여를 하는지 분명하게 알기 때문이다.

내가 속한 회사가 이런 길로 나아간다면, 내가 한 단계 올라선 다면, 그런 자리가, 기회가 생길 것이다. 누구든 할 수 있다.

앞으로 밀고 나가기

자신이 경영하는 회사의 어떤 직원이 현실을 정확하게 보고 상황을 제대로 이해하고 다양한 의사 결정의 잠재적인 결과를 예측할 수 있다고 상상해보라. 또, 이런 직원이 회사에서 어떤 일이든 할 수 있다고 상상해보라.

혹시 그를 해고해야 한다는 생각이 들었는가?

전혀 그렇지 않을 것이다. 기업이든, 비영리조직이든, 정치조직이든 이런 사람이 반드시 필요하다. 그들이 바로 리더이자 마케터이자 린치핀이다. 조직을 앞으로 나아가게 이끄는 사람이다.

만약 자신이 직접 린치핀이 되기로 마음먹는다면, 우선 상사가 위협을 느낄 것이다. 하지만 어떤 조직이든 주주나 이사 같은 사람들은 조직이 계속 전진해나가기를 필사적으로 바란다. 탁월함은 미묘한 차이에서 나온다. 먼저 상사를 안심시켜라. 앞으로 몰고 올 변화를 조직이 포용할 수 있도록 만드는 첫 번째 관문이 될 것이다.

자신이 밀고 가는 방향이 옳은지 그른지는 두 번째 문제다. 계속 나아간다는 것이 중요하다.

린치핀과 지렛대

버진Virgin 그룹의 회장 리처드 브랜슨Richard Branson과 함께 시간을 보낸 적이 있다. 그가 일하는 모습을 지켜보니, 그가 하는 일 자체는 그다지 특별하지 않았다. 누구나 할 수 있는 일이었다. 어쩌면 그보다 더 잘할 수 있는 사람도 많을 것이다. 하지만 그가 하루에 겨우 5분 정도 시간을 내서 하는 일은 어느 누구도 결코 할 수 없는 것이었다. 5분 동안 하는 일로 그는 매년 수천억 원의 가치를 만들어냈다. 당신도 나도 그 일은 하기 힘들 것이다. 브랜슨만이 할 수 있는 진짜 일이란 새로운 기회를 찾아내고 효과적인 결정을 하고 고객과 브랜드와 자신의 새로운 모험 사이에 어떤 연관성이 있는지 이해하는 것이다.

아무리 뛰어난 저자, 기업가, 정치인, 소프트웨어 엔지니어라고 해도 아주 짧은 순간에만 뛰어난 능력을 발휘할 뿐이다. 그 순간을 뺀 나머지 시간은 평범한 사람들이 대부분 할 수 있는 일을 한다. 즉, 어떤 일을 통해 만들어내는 가치가 클수록 그 가치를 만들어내는 데 실제로 들어가는 노동시간은 적다. 하루 종일 총명할 필요는 없다. 나머지 시간은 평범한 사람들이 할 수 있는 일을 똑같이 하면 된다. 나는 이것을 '린치핀 레버리지 법칙'이라고 부른다.

하지만 그런 탁월함이 터져 나오기 위해서는 수많은 헛발질, 수준 낮은 작업, 해당 분야의 지식이 (어쩌면 중요하지 않다고 생각이 들 수도 있는) 계속 반복되고 쌓여야 한다. 하지만 외부에서 보면 그런

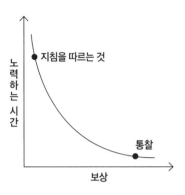

과정은 전혀 드러나지 않고 어느 한 순간에 터득했거나 처음부터 타고난 것처럼 보인다.

물론 자신을 고용한 사람이 높은 가치를 만들어내는 일에 애초부터 관심이 없다면 쉽지 않을 것이다. 이런 경우에는 투덜대는 일, 고된 작업, 끊임없는 반복이 가치를 만들어낸다. 예컨대 벽돌더미를 이곳에서 저곳으로 옮기는 일을 한다고 가정해보자. 이런 일을 아무리 열심히 한다고 해서 탁월함을 빚어내는 데 도움이 되진 않을 것이다. 고용주 역시 그 일은 그저 힘들고 지루할 뿐이라고 생각한다.

물론 벽돌을 옮기는 일은 중요하다. 하지만 더 싼값에 부담 없이 일을 맡길 수 있는 사람이 줄 서 있는 한, 내가 꼭 그 일을 할 필요가 없다는 것을 먼저 분명하게 이해해야 한다. 그럼에도 벽돌을 옮기는 일 말고는 할 수 있는 일이 정말 없다면, 이 평범한 임무를 수행하는 방법에 대해 깊이 생각해보라. 어떤 일이든 훨씬 인간적인 작업으로 바꿀 수 있는 여지가 있다.

훈련을 통해 리처드 브랜슨이나 미국 최초의 여성 국무장관이었던 매들린 올브라이트Madelein Albright 같은 사람을 키워내는 것은 어렵다. 하지만 힘들고 지루한 일을 할 사람은 쉽게 키워낼 수 있다. 명백한 업무 절차와 매뉴얼이 있기 때문이다. 그것은 '일'이다. 누구도 그런 일은 하고 싶어 하지 않는다. 하지만 그런 일을 할 사람을 찾기란 전혀 어렵지 않다.

엑스나 디그Digg, 플랫아이언 파트너스Flatiron Partners를 발명하기 위해서는 다른 무언가가 필요하다. 1996년 프레드 윌슨Fred Wilson과 제리 콜로나Jerry Colonna가 설립한 벤처캐피털 회사 플랫아이언 파트너스는 짧은 시간 동안 뉴욕에서 가장 크고 가장 중요한 인터넷 투자회사로 성장했다. 그들은 역사상 그 어떤 펀드도 생각하지 못한 방식으로 회사를 만들고 수익을 창출해냈다. 특수한 시대적 상황이 잘 맞아떨어지기도 했다. 물론, 타이밍을 한껏 활용하는 것 역시 뛰어난 능력이다.

어쨌든 아무리 운이 좋았더라도 이들의 사업은 성패를 명확하게 예측할 수 있는 일도 아니었고 손쉬운 길도 아니었다. 더욱이 어떤 지침도 매뉴얼도 없는 완전히 새로운 일이었다. 누구나 할 수 있는 일이었지만 누구도 하지 않은 일을 해낸 것이다.

이것이 바로 예술이다. 지금 우리 경제 시스템은 역사상 그 어느 때보다도 예술가에게 많은 대가를 지불한다. 스스로 좋은 아이디어를 떠올리지 못한다고 이야기하는 것은 자신을 평가절하하는 것이다. 자신의 예술성에 투자하지 않는 사람은 스스로 소중하게 여길 만한 아이디어를 떠올릴 수 없다.

"나는 저 정도로 그림을 잘 그리지 못한다"라고 말하는 사람은 문제의 핵심을 잘못 파악하고 있는 것이다. 그림을 그리든, 이메일 을 쓰든, 프레젠테이션 자료를 만들든, 이런 것은 모두 쉬운 기술일 뿐이다. 시장이 보상하는 것은 기술이 아니라 예술, 통찰, 가치를 창조하는 용기다.

무엇을 기준으로 둘 것인가

엄격하게 기계화된 시스템, 즉 공장에서는 모범적인 직원과 탁월 한 직원 사이에 별다른 차이가 보이지 않는다. 유능한 작업 기사 가 한 시간에 20~24개의 물건을 생산한다고 할 때, 세상에서 가장 뛰어난 작업 기사는 이보다 20퍼센트 정도 더 많은 물건을 생산할 수 있을 것이다. 그뿐이다.

반면 아이디어를 자유롭게 창조하고 변형할 수 있는 세계에서 는 단순히 유능한 사람과 진정으로 탁월한 사람 사이에 극적인 차 이가 존재한다. 애플의 수석 디자이너 조너선 아이브Jonathan Ive 같 은 사람은 단순히 '유능한' 디자이너에 비해 가치가 100배는 더 높 다고 평가받는다. 애플은 이런 가치를 어디에 활용할까? 세상의 모든 MP3 플레이어가 똑같은 음악을 재생할 뿐인데 유독 아이팟iPod 만이 다른 제품보다 훨씬 뛰어난 가치를 지니고 있다고 여겨지는 이유는 무엇인가? 바로 애플의 모든 제품을 관통하는 아이브의 혁신적인 디자인 때문이다. 평범한 디자이너를 고용해 평범한 결과물을 만들어내는 기업들과 애플의 주가와 수익을 비교해보라. 사실상 비교 자체가 무의미하다.

탁월한 영업자는 평범한 영업자보다 판매량을 수천 배 끌어올릴 수 있다. 평범한 영업자는 기존 거래처에 전화를 거는 일만 반복하는 등 지극히 평균적인 일을 하지만, 탁월한 영업자는 완전히 새로운 사업 영역이나 산업 분야를 개척한다.

이런 차이가 놀라운 뉴스를 만들어내기도 한다. 미국의 경우, 유능한 프로그래머나 탁월한 프로그래머나 2억 원 정도의 비슷한 연봉을 받는다. 하지만 탁월한 프로그래머는 60억 원에 달하는 가치를 창출한다. 웬만한 기업의 전체 수익을 혼자서 만들어내는 것이다. 이런 프로그래머를 10명 정도 고용했다고 생각해보라. 당신은 어마어마한 부자가 될 것이다.

평범함을 좇아 조직을 구성하면 조직 유지 비용이 올라간다. 평범한 조직에서는 어디서나 구할 수 있는 평균적인 직원들의 편안함과 안정감을 보장하기 위해서 예외적인 실적을 만들어내는 탁월한 직원들의 높은 생산성을 꺾어버린다.

평범하면 지루하다

린치핀의 혜택은 그가 속한 조직뿐만 아니라 자기 자신에게도 돌아간다. 당연한 이야기다. 평범함 속에서 안정을 찾는 과정은 피곤하고 힘들다. 그렇게 많은 시간을 일하면 그만큼 몸도 상한다. 조금 더 빠르게 타자를 치고 조금 더 코딩을 잘하는 것만으로는 충분하지 않다. 늘 다른 사람들이 일하는 모습을 어깨너머로 보면서 옆 사람보다 조금 덜 평범해지기 위해 노력한다. 이런 행동은 우리를 지치게 한다.

남을 신경 쓰고 고민해야 하는 상황에서는 일이 제대로 되지 않는다. 일하면서 매 순간 불안을 느낀다면 훌륭하게 일하는 데 필요한 자신감이 솟아날 수 없다. 만약 이런 상황에서도 탁월하게 일을 해낸다면 남다른 인정과 평판을 보상으로 얻을 것이다. 꿈꾸던 날들이 가까이 다가올 것이다. 더 이상 평범한 척할 필요가 없다. 자유롭게 참여하고 기여할 수 있다.

모든 조직에 린치핀이 필요할까

비행기 조종사나 관제사로 일하면서 매일 새로운 비행 정책을 만들어낼 수 있을까? 맥도날드에서 햄버거 패티 뒤집는 일을 하면서 자신이 고유한 재능을 가진 꼭 필요한 사람이니까 보수를 더 많이 달라고 요구할 수 있을까? 국세청에서 상담하는 일을 하면서 즉흥

적이고 기발한 행동을 할 수 있을까?

아마도 그렇지 않을 것이다. 중앙에 권력이 집중되어 있는 데다 정적이고 신중하고 비용에 민감한 거대 조직은 최대한 싼값을 주고 쓸 수 있는 무료한 사람들을 고용한다.

경쟁이 매우 치열한 분야의 제조 업체들도 마찬가지다. 현대자동차에 납품할 타이어를 만든다면, 오스람 실바니아Osram Sylvania에 납품할 필라멘트를 만든다면 일단 급여를 많이 요구하는 사람을 뽑으면 안 된다. 급여를 적게 주어도 되는 사람 중에서 신뢰할 수 있는 사람, 꼬박꼬박 정시에 출근할 수 있는 사람을 뽑아야 한다. 마음대로 저울질할 수 있고 쉽게 대체할 수 있고 멸시할 수 있는 싸구려 일꾼을 고용해야 한다.

이런 경영 전략이 무조건 나쁘다는 것이 아니다. 하지만 이런 방식으로는 눈에 띄는 기업 성장이나 고객 충성도를 이끌어낼 수 없다고 생각한다. 특히 변화의 시기에는 더욱 그렇다.

무엇보다도, 당신이 일자리를 찾는 처지라면 절대 이런 회사의 문은 두드리지 않기를 바란다. 어떤 사람이 그런 곳에서 일하고 싶어 하겠는가? 나 말고도 할 사람은 많다. 당신은 그보다 훨씬 나은 대우를 받을 가치가 있다.

GM과 포드는 왜 다른 결말을 맞았나

인터넷을 통해 수많은 지식을 공유할 수 있게 되면서 지식의 가치는 이전보다 상당히 떨어졌다. 오늘날 백과사전에 담긴 정보를 아무리 많이 안다고 해도 경쟁에서 이길 수 없다. 인터넷보다 더 많은 것을 알 수는 없기 때문이다.

하지만 깊이 있는 지식과 좋은 판단력이 결합한다면 상당한 가치를 만들어낼 수 있다. 또, 깊이 있는 지식과 진단 기술, 섬세한 통찰이 결합한다면 마찬가지로 상당한 가치를 만들어낼 수 있다. 하지만 지식만으로는 아무것도 할 수 없다. 그런 문제는 온라인을 통해 정보를 검색하고 전문가를 찾아서 더 빠르고 더 싸게 해결할 수 있다. 훌륭한 영업 이메일을 작성하고 싶다면, 마케팅/영업 전문가를 직접 고용하기보다 온라인상에서 전문가를 찾아 의뢰하는 것이 훨씬 싸고 빠르다. 그렇지 않겠는가?

지식의 깊이는 아무리 채워도 충분하지 않다. 그것만으로는 어떤 사람도 린치핀이 될 수 없다.

조직이 특별히 깊이 있는 지식을 가진 사람을 찾고 큰 보상을 제공하는 경우는 다음 세 가지다.

1. **한눈에 알아내야 하는 경우**: 외부 인력을 활용하면 위험하거나 시간이 많이 걸린다.
2. **지속적인 기반 위에서 지식이 필요한 경우**: 외부 인력을 활용하면 비용

이 너무 많이 든다.

3. 의사 결정과 밀접하게 연관된 경우: 적절한 해답을 찾기 위해 조직 내부에 대한 지식과 구성원의 신뢰가 바탕이 되어야 한다.

화가 줄리언 슈나벨Julian Schnabel의 말처럼 외부 인력은 '방문객'으로 보이기 쉽다. 방문객이 뛰어난 기술을 가지고 있다고 해도 내부 사정은 알지 못한다. 그런 경우에는 뛰어난 기술도 쓸모없는 경우가 많다.

하지만 조직 내부에 관해 훤히 알면서도 GM을 파산으로 몰아넣은 릭 왜거너Rick Wagoner와 조직 내부 사정은 전혀 모른 채 명확한 비전, 리더십, 기술, 긍정적인 태도만으로 포드Ford를 살려낸 앨런 멀럴리Alan Mulally의 갈림길에서 볼 수 있듯이 지식의 깊이만으로는 심각한 상황에 처할 수도 있다.

디트로이트가 망하기 몇 년 전, 포드의 회장 빌 포드Bill Ford는 회사가 위기에 처했다는 사실을 깨달았다. 그는 회사를 구할 수 있는 새 CEO를 외부에서 찾았다. 그가 바로 멀럴리다. 멀럴리가 생각한 포드의 문제점은 무엇이었을까?

"포드는 리더가 명령하기만을 기다리는 곳이다."

보잉Boeing의 CEO였던 멀럴리가 포드로 자리를 옮기면서 가져온 가장 큰 변화는 바로 이런 문화를 바꾼 것이었다. 빌 포드는 무엇을 해야 하는지 정확하게 알고 명령할 수 있는 내부 지식에 밝은 사람을 고용하는 대신, 지도 없이도 헤쳐나갈 수 있도록 사람들을 훈련시킬 사람을 찾은 것이다.

반면 왜거너는 GM에서 쫓겨났다. 그는 해야 할 일을 지시하고 잘못된 것을 일일이 지적했다. 그보다는 무엇을 해야 하는지 스스로 연구하고 이해하도록 조직을 개편하는 편이 훨씬 나았을 것이다.

전문가가 되어야 하는 이유

전문 지식은 사람들이 일반적으로 동의하는 관점을 재발견할 수 있는 통찰을 준다.

물론 자기 분야의 관습에 생각 없이 마구 도전하다가 운 좋게 돌파구를 찾아내는 경우도 있다. 어쨌든 누구보다도 자기 분야의 현 상태를 잘 이해한다면, 훨씬 뛰어난 웹사이트나 기념비적인 영화나 혁신적인 제품을 만들어낼 확률이 높다.

초심자들이 운 좋게 혁신을 만들어냈다는 이야기는 드라마처럼 꾸미고 과장한 에피소드일 뿐이다.

감정노동을 하라

'감정노동emotional labor'이라는 말은 40년 전 사회학자 앨리 러셀 혹실드Arlie Russell Hochschild의 책 《감정노동The Managed Heart》에서 처음 등장

했다. 그는 감정노동을 '공공의 눈에 보이는 얼굴 표정이나 몸짓을 만들어내기 위해 감정을 관리하는 일'이라고 정의했다. 몸이 아닌 감정으로 일한다는 뜻이다.

예술을 창조하고 관대함을 실천하고 창조성을 드러내는 일이 힘든 이유는 이것이 감정노동이기 때문이다. 눈앞에 보이는 문제를 매뉴얼 없이 해결하기 위해서는 비전과 의지를 갖추고 있어야 한다.

감정노동은 정당한 보상을 받는다. 감정노동 중에서도 가장 어려운 것은 선택의 심연 속으로 들어가 길을 찾는 일이다.

일은 나를 표현하는 플랫폼이다

우리는 일터에 가서 가치 있는 일을 하는 대가로 돈을 받는다. 하지만 우리가 하는 일은 또한 예술이나 관대함을 표현할 수 있는 플랫폼이기도 하다.

내가 동료나 고객과 하는 상호작용은 모두 예술을 실천할 수 있는 기회다. 내가 만드는 제품은 모두 이전에는 전혀 생각하지 못했던 어떤 것을 만들어내는 기회이자 전혀 새로운 상호작용을 창조할 수 있는 기회다.

물론 이런 기회를 활용하지 않았다고 해서 해고당한 사람은 한 명도 없었다. 하지만 이제 이런 태도는 선택이 아니라 필수 조건이다. 회사에서 보수를 지급하는 유일한 이유다.

너무 벅찬 자유 앞에 선 우리

지하철이 편한 이유 중 하나는 무엇을 탈지 고민하지 않아도 된다는 것이다. 노선은 정해져 있다. 물론 환승을 해야 하거나 다른 경로가 있다고 하더라도 대개 둘 중 하나만 선택하면 된다. 가느냐 안 가느냐 하는 것이다.

운전은 좀 더 복잡하다. 차를 타면 문자 그대로 수백 가지 경로를 선택할 수 있다.

조직은 훨씬 더 복잡하다. 본질적으로 모든 선택이 무한하다. 무한한 자유가 펼쳐져 있다. 마케팅을 하더라도 돈을 전혀 안 들일 수도 있고 돈을 많이 들여야 할 수도 있다. 온라인을 선택할 수도 있고 오프라인을 선택할 수도 있다. 웃음을 무기로 삼을 수도 있고 감동을 무기로 삼을 수도 있다. 진실에 호소할 수도 있고 감정을 자극할 수도 있다. 고객들을 지루하거나 무관심하게 만들 수도 있다. 실제로 지금까지 실행된 어떤 마케팅 전략도 똑같은 것은 없었다.

우리가 매일같이 해나가는 미시적인 의사 결정들만 보더라도, 이보다 더 많은 경우의 수 속에서 선택을 해야 한다. 회의에 가야 하는가, 말아야 하는가? 참석자들과 일일이 악수해야 하는가, 첫 번째 사람하고만 악수해야 하는가? 거래처 담당자를 멋진 레스토랑에서 대접하는 것이 좋을까, 화창한 공원에서 함께 산책하는 것이 좋을까?

사실 무한한 선택의 바다 앞에 서면 자연스럽게 눈을 감고 싶어진다. 그래서 지도를 찾고, 지침을 요구하고, 지난번에 했던 대로 반복한다. 이전 방식이 제대로 효과를 발휘하지 못했다고 해도 마찬가지다.

린치핀은 구조적인 한계를 있는 그대로 파악하고 새로운 길, 효과적인 방법을 찾을 수 있어야 한다.

우리는 왜 구글에 끌리는가

구글의 부사장 머리사 메이어Marissa Mayer는 어떤 특별한 일을 하는 것일까? 메이어는 구글에서 일하면서 1조 원에 달하는 가치를 창출해냈다. 하지만 그는 프로그래밍 팀에서도, 재무 팀에서도, 홍보 팀에서도 핵심 인재가 아니었다.

메이어는 린치핀이다. 그는 감정노동과 예술적 판단을 업무에 적용했다. 사람들이 원하는 것을 얻을 수 있도록 도왔다. 구글에 접속하는 사람들을 위한 인터페이스가 작동하도록 만들었다. 메이어는 인터넷 사용자들이 구글 서비스를 접하는 유저 인터페이스뿐 아니라 엔지니어와 외부 세계를 이어주는 휴먼 인터페이스를 구축하는데 모두 기여했다.

사용자가 입력한 단어에 대한 검색 결과를 찾아주는 구글의 기술은 매우 정교하다. 하지만 사람들이 정작 구글을 좋아하는 이유는 그들이 제시하는 명확한 비전 때문이다. 야후나 마이크로소프트가 제공하는 검색 결과가 구글보다 뛰어나다고 하더라도 사람들은 구글을 찾을 것이다.

구글은 단순한 유저 인터페이스로도 많은 사랑을 받고 있다. 구글이 지금처럼 첫 화면을 텅 빈 여백으로 유지할 수 있었던 데에는 메이어의 노력이 있었다. 그는 첫 화면에 나오는 글자를 일일이 세어 글자 수를 최소한으로 줄이도록 고집했다.

구글이 성공하는 또 다른 이유는 엔지니어와 대중이 원하는 바를 서로 소통할 수 있는 인터페이스가 유기적으로 작동하기 때문이다. 구글의 한 직원이 자신들의 문제를 해결하는 데 회사가 도움을 줄 수 있는 방법을 찾아냈다면(물론 사람들은 그것이 문제였는지조차 모른다) 메이어는 어김없이 그런 의견을 공유하고 교환할 수 있는 인터페이스 역할을 도맡았다. 누가 시켜서 한 일도 아니었다. 그저 그렇게 하고 싶어서 했을 뿐이다.

메이어가 하는 일을 매뉴얼로 작성할 수 있다면 그라는 존재가 더 이상 필요하지 않을 수도 있다. 하지만 그가 하는 일을 글로 정리하는 순간, 그 일은 어떤 식으로든 지금처럼 수행될 수 없다. 이것이 핵심이다. 그는 사람들이 예상하지 못한 문제를 해결했고 사람들이 보지 못하는 것을 보았고 관계 맺고 싶어 하는 사람들을 이어주었다.

자신에게 D를 주어라

A학점을 받은 시험지는 진부하다.

　마음과 영혼이 담겨 있지 않더라도 맞춤법만 틀리지 않도록 답안을 작성해 제출하면, 고리타분한 선생은 분명히 A를 줄 것이다. 기본적으로 교육대학에서는 억지로라도 자신을 틀에 끼워 맞출 수 있는 사람에게 높은 점수를 주라고 가르치기 때문이다. 선생은 학생들이 받침을 옳게 썼는지, 띄어쓰기를 제대로 했는지 체크할 것이다. 짧은 글이 감동을 주든 말든 상관없다. 이런 방식으로 학교는 통찰과 창조성을 획일적으로 찍어낸다.

　로저먼드 잰더Rosamund Zander와 벤저민 잰더Benjamin Zander의 책《가능성의 세계로 나아가라The Art of Possibility》에서 벤저민은 'A를 받아야 한다'는 믿음을 깬 학생들의 삶이 어떻게 달라졌는지 이야기한다. 그는 단순히 좋은 성적을 내기 위해 노력하는 것보다 훌륭한 일을 하겠다고 공언함으로써 스스로 노력하지 않을 수 없게 만들고 결과를 눈에 보이도록 만드는 것이 훨씬 생산적이라고 주장한다.

　나는 이보다 한 발 더 나아가고 싶다.

수 세대를 거치면서 우리는 노동자들에게 타고나지 않은 행동, 자연스럽지 않은 행동을 하도록 강요해왔다. 동정심을 느끼지 못하도록, 창조성을 감추도록, 빠르게 움직이는 기계처럼 행동하도록, 시키는 대로 잘 따르도록 훈계하고 어르고 달래고 강요했다.

이제는 그럴 필요가 없다. 아니, 한 발 더 나아가 나는 이렇게 말하고 싶다. 그것은 해롭다. 자신에게 스스로 자유로워지라고 속삭여보라. 이제 세상은 천재적인 자아를 꺼내 보여주라고 말한다. 그런 당신을 원한다.

자신에게 D를 주어라. 어떤 일을 시작하기 전에 선생이나 상사나 비판자가 싫어하는 것을 만들어낼 것이라고 다짐하라. 물론 기술이 부족해서, 별로 하고 싶지 않아서 엉터리 결과물을 만들어내라는 말이 아니다. 시스템과 일반적 기대와 현 상태에 도전하는 결과물을 만들어내라는 말이다. 사람들은 자잘한 부분까지 트집을 잡아 비난할 것이다. 그렇게 자신에게 D학점을 주어라. 그것은 탁월한 D학점이다.

누구를 기쁘게 하고 싶은가

비판자, 관료, 문지기, 틀에 집착하는 사람, 책에 나오는 대로 따라하는 사람들의 반응에 귀 기울인다면 결국 그들을 기쁘게 하는 사람이 되고 말 것이다.

그들은 기본적으로 사람을 톱니바퀴로 인식한다. 내가 아니더라도 일할 사람은 무수히 많다. 자신들의 마음에 들지 않고, 제대로 적응하고 머리를 숙이고 시키는 대로 잘하지 못하면 다른 사람을 뽑으면 그만이라고 생각한다.

내가 동의하지 않으면 그들은 현 상태를 유지할 수 없다. 권력을 계속 쥐고 있을 수 없다. 나를 절대로 비참하게 만들 수 없다. 모든 것은 나에게 달려 있다. 등 뒤에서 야유하는 사람을 즐겁게 하기 위해 무대에 설 것인가, 나를 보기 위해 모인 청중들을 위해 무대에 설 것인가?

문제를 해결하는 사람

레스토랑을 운영한다고 해보자. 상황이 여의치 않아 웨이터 네 명 중 한 명을 해고해야 한다. 세 사람은 열심히 일한다. 나머지 한 사람도 일을 그럭저럭 하지만 무엇보다 문제를 해결하는 데 뛰어난 소질을 발휘한다. 화난 손님을 진정시키고, 먹통이 된 컴퓨터를 고치고, 주방장이 술을 너무 많이 마시려고 하면 조금만 마시도록 달랜다.

가장 잘릴 염려가 없는 사람은 누구인가?

문제 해결은 공식적인 업무가 아니다. 문제를 해결하는 절차를 글로 설명할 수 있다면 처음부터 문제가 생기지 않을 것이다. 그렇지 않은가? 문제 해결은 예술적 수준의 일이다. 이것은 문제에 빠진 사람에게 주는 선물이다. 사람들이 어쩔 줄 모르고 우왕좌왕할 때, 린치핀은 팔을 걷고 직접 그 속에 들어가 원인을 찾아 해결하기 위해 위험을 무릅쓰고 혼신의 힘을 다한다.

모든 직원이 린치핀이다

찰스 크룰락Charles Krulak 장군은 늘 카메라가 작동하고 휴대전화와 소셜 네트워크로 촘촘히 연결된 지금, 야전의 하급 병사가 그 어느 때보다 훨씬 더 막강한 영향력을 발휘하고 충격을 줄 수 있는 시대가 되었다고 말한다. "많은 경우, 일개 해병이 미국 외교정책의 가장 눈에 띄는 상징이 될 것이다. 즉각적인 전술 상황에서는 물론 병력을 운용하고 전략을 세우는 수준에서도 잠재적으로 상당한 영향을 미칠 것이다."

크룰락의 법칙을 간단히 정리하면 다음과 같다. "전선에 가까이 다가갈수록, 브랜드 전반에 미치는 영향력은 더 커진다."

최저임금을 받으며 거대한 기계 속 어딘가에 끼어 있는 톱니바퀴 하나가 전체 브랜드를 망가뜨릴 수 있다. 도미노피자에서 일하는 두 직원이 피자에(그리고 고객들에게) 만행을 저지르는 장면을 담은 유튜브 동영상은 엄청난 충격을 몰고 왔다. 어떤 고위 임원들이 저지른 잘못보다도 도미노라는 브랜드에 끔찍한 손상을 입혔다.

최대한 규칙적으로 작동하고 인간성을 배제한 해법이 필요하다고 생각한다면, 안타깝게도 그 결과에 실망하고 말 것이다. 인간과 인간이 맺는 상호작용 속에 인간성과 유연성을 불어넣을 수 있는 조직은 번창할 것이다.

과연 나는 살아남을까

수십 년 동안 기업들이 생산과정을 기계화해온 덕분에, 지침에 따라 일을 하는 단순노동과 무거운 것을 들어야 하는 육체노동은 상당히 줄어들었다. 비용을 줄일 목적으로 모든 것이 자동화되었으며, 기계를 작동하는 일이나 도색하는 일을 비롯해 수많은 일자리들이 사라졌다.

하지만 나만 아니면 상관없는 일이다. 지금까지 사라진 직업은 우리가 쉽게 무시했던 하위 계급에 속하는 사람들이 도맡아 하던 일이었다. 어쩌면 당신도 그동안 이런 변화를 무신경하게 바라보았을 것이다. 자신에게 피해가 오지 않기 때문에 이런 현상을 당연한 흐름이라고 생각했을 것이다.

블루칼라 일자리가 없어질수록 생산성이 높아진다.

경쟁력 높은 사람만 살아남는다.

기술 발전이 곧 진보다.

하지만 거듭되는 정보혁명과 미캐니컬 터크 법칙의 실현을 통해 이제 우리의 일자리도 사라질 위기에 처했다. 이미 사라진 일자리는 물론, 앞으로 사라질 일자리가 무엇인지 상당히 신경 써야 하는 상황에 처하고 말았다. 늘 같은 규칙에 따라 일하는 사람들의 자리는 이제 멸종 위기에 처했다.

나만의 리그

오스트레일리아의 크리켓 선수 도널드 브래드먼Donald Bradman은 역사상 최고의 운동선수라고 해도 과언이 아니다. 그의 놀라운 기록은 어느 누구도 따라오지 못한다. 농구에서 마이클 조던Michael Jordan이 세운 기록도, 골프에서 잭 니클라우스Jack Nicklaus가 세운 기록도 그가 크리켓에서 세운 기록에 비하면 초라할 뿐이다.

브래드먼처럼 뛰어난 기록을 세우기는 상당히 어렵다. 아니, 불가능하다. 역대 최고 크리켓 선수들의 기록과 비교해보면 왜 그런지 알 수 있을 것이다.

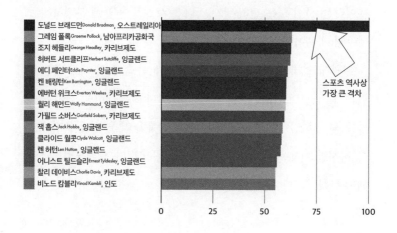

다른 선수들은 모두 60점대에 무리 지어 있는 반면, 브래드먼은 다른 사람들과 엄청난 거리를 두고 있다. 자신만의 리그에서 뛴 것이다.

자신의 기교나 임무, 경기 결과만을 가지고 린치핀이 되고자 한다면 시장은 그런 기술을 훨씬 쉽게 구사하는 사람을 얼마든지 찾아낼 수 있다. 나만큼 플루트를 연주할 수 있는 사람, 나만큼 청소를 잘할 수 있는 사람, 나만큼 프로그램을 잘 짤 수 있는 사람은 얼마든지 있다. 자신이 맡은 임무만 한다면, 그 임무를 하면서 자신만의 리그를 구축하지 못한다면, 결코 꼭 필요한 사람이 되지 못한다.

통계는 위험한 거래다. 통계는 내가 다른 사람들보다 조금 나을 뿐이라는 사실 또는 전혀 낫지 않다는 사실을 눈앞에 분명하게 보여주기 때문이다.

이렇게 쉽게 수량화할 수 있는 요소에 목숨 걸기 시작하면, 훈련과 투지만으로 모든 것을 이겨낼 수 있다고 생각하는 셈이다. 그렇게 해서 허턴이나 홉스보다는 나은 기록을 세울 수 있을지 모른다. 하지만 이제는 그 정도 잘해봤자 소용이 없다. 브래드먼보다 잘해야 한다.

감정노동을 하지 않으려면

줄리아 로버츠Julia Roberts만큼 예쁘거나 말런 브랜도Marlon Brando처럼 남성적이거나 대니 보일Danny Boyle처럼 파격적인 인물이 되는 길이 어쩌면 뛰어난 크리켓 선수가 되는 길보다 쉬울지 모른다.

감정노동은 누구나 할 수 있는 일이지만, 많은 사람들이 기피한다. 업무를 처리하는 데 필요한 기술을 완벽하게 다듬는 일에는 시간과 에너지를 아낌없이 쏟으면서도, 대인 기술이나 상호작용을 개선하는 일에는 거의 신경 쓰지 않는다. 조직에서 자신을 중요한 인물로 만들어주고 경쟁에서도 우위에 서도록 만들어주는 것은 바로 이런 감정노동이다.

원래 감정노동은 나쁜 의미로 만들어진 개념이다. 혹실드는 항공 승무원을 대상으로 한 연구에서 감정노동으로 인해 정서적 고갈 상태가 발생했다는 사실을 보여주었다. 하지만 그의 연구는 '감정노동에 대해서만' 이야기했다. 감정노동을 하지 않으려면 어떻게 해야 할까? 땡볕에서 삽질을 해야 한다. 공장에서 실밥을 뜯어야 한다. 일을 '일'이라고 부르는 이유는 어렵기 때문이다. 무수한 일 중에서도 감정노동은 거의 모든 사람이 가장 잘 적응할 수 있는 일이다. 물론 피곤하지만, 가치 있는 일이다.

(프랑스의 선택)

프랑스에는 왜 수제 명품이 그토록 많은 것일까?

이는 결코 우연한 결과가 아니다. 장-바티스트 콜베르Jean-Baptiste Colbert라는 사람의 업적이다. 그는 1600년대 루이 14세 시대에 재무장관을 역임했다. 당시 유럽의 많은 나라들은 제국주의적 확장에 몰두하고 있었다. 대영제국, 포르투갈, 스페인을 비롯한 여러 나라들이 전 세계를 무대로 식민지를 건설해나갔다. 하지만 프랑스는 줄곧 경쟁에서 뒤처졌다.

콜베르는 이런 상황에서 프랑스가 살아남을 전략을 고민했다. 그가 찾은 해답은 사치품을 만드는 산업을 장려하고 정비하고 촉진하는 정책이었다. 그는 세계적인 부자들이 무엇을 원하는지 잘 알고 있었고 프랑스 기업들이 그런 물건들을 생산할 수 있도록 도왔다. 다른 나라들이 식민지에서 새로운 원자재를 찾아내면, 프랑스는 그것을 가져다가 예쁘게 빚어(패션) 낙인을 찍어서(브랜드) 아주 높은 값에 되팔았다.

이런 계획이 성공할 수 있었던 중요한 요인은 장인들의 손길이었다. 루이비통Louis Vitton은 파리 외곽의 집 뒤뜰에 작은 작업실을 차려놓고 손으로 트렁크를 만들었다. 에르메스Hermes는 말안장을 만드는 장인에게 아무리 시간이 오래 걸리더라도 최선을 다해 만들도록 했다. 샹파뉴 지방의 포도주 양조업자들은 포도주를 만드는 데 일생을 바친 최고의 전문가들로부터 도움을 받아, 오늘날 전 세계 어디서나 맛볼 수 있는 술을 개발했다. 이것이 바로 샴페인(샹파뉴의 영어식 발음)이라고 불리는 발포성 포도주다.

프랑스가 수제 사치품을 만드는 일에 공을 들이는 동안 대영제국은 익명의 노동자들이 물건을 대량생산하는 공장을 세우는 일에 공을 들였다. 인간의 노동을 최소화해 값싼 면직물을 만드는 직조 공장이나 값싼 접시를 만드는 도자기 공장을 전국에 세웠다.

"프랑스에서 제작됨Made in France"이라는 말은 300년이 훨씬 더 지난 지금도 우리에게 특별한 의미를 갖는다. 제작 공정을 기계화하고 비용을 절감하는 것은 누구나 쉽게 복제할 수 있지만 인간의 손으로 물건을 만드는 것은 복제하기 힘들다. 그렇기 때문에 '프랑스에서 제작됨'이라는 짧은 문구가 그 상품을 더욱 희소성 있게 만든다. 그리고 희소성은 높은 가치를 만들어낸다.

겁이 없거나 무모하거나 무책임하거나

어떤 조직이든 겁 없는 사람은 붙잡아야 하지만 무모한 사람은 빠르게 쳐내야 한다. 겁 없는 것과 무모한 것은 어떻게 다를까?

겁이 없다는 말은 '두려움을 느끼지 않는다'는 의미가 아니다. '두려워하지 말아야 할 것을 두려워하지 않는다'는 뜻이다. 겁이 없다는 말은 중요한 거래처를 상대로 하는 프레젠테이션을 앞두고도 밤잠을 설치지 않는다는 뜻이다. 지적인 위험을 기꺼이 감수하고 새로운 길을 만들어낸다는 뜻이다. 두려움은 상상해낸 위협이다. 두려움을 회피하는 것은 어떤 일을 실현할 수 있는 힘을 얻는다는 뜻이다.

반면 무모하다는 말은 바보들이나 갈 만한 장소를 향해 돌진한다는 뜻이다. 무모함은 대개 회사의 재정에 엄청난 손실을 입힌다. 서브프라임 모기지 사태와 유동성 혼란 사태를 이끈 것도 바로 이

135

런 무모함이다. 무모함은 결코 멋진 행동이 아니다.

무책임? 셋 중에서 가장 나쁘다. 무능, 무관심, 게으름의 총합
이다.

두려움을 어떻게 이겨내는가

철로를 건설하든 1,500미터 경주를 하든 피로를 관리해야 성공한
다. 피곤하더라도 그만두지 않아야 한다. 그만두면 진다. 또는 일자
리를 잃기도 한다.

"피로는 언제 풀까?"

어느 누구도 이렇게 질문하지는 않지만 누구나 이것을 궁금해
한다. 피로를 언제 푸냐고? 피로는 풀리지 않는다. 그냥 그 자리에
있을 뿐이다. 하지만 성공하는 사람들은 피로를 제쳐두는 것이 성
공의 가장 중요한 요소라는 것을 안다.

꼭 필요한 사람이 되고자 할 때에도 비슷한 질문을 할 수 있다.

"두려움을 어떻게 이겨냅니까?"

이 질문에 대한 대답이 평범한 사람과 린치핀을 가른다. 우리는
대부분 두려움을 느끼고 거기에 반응한다. 자신을 두렵게 만드는
일은 바로 그만둔다. 그러면 공포는 즉시 사라진다.

린치핀도 두려움을 느낀다. 자신의 감정을 인식한다. 그럼에도
나아간다. 물론 어떻게 그럴 수 있는지 설명할 길은 없다. 사람마

다 각기 다른 비법이 있을 것이다. 하지만 분명히 말할 수 있는 사실은 오늘날 경제에서 두려움을 제쳐둘 수 있는 능력은 성공의 필수 전제 조건이라는 것이다.

완벽은 곧 한계를 의미한다

완벽에 가까이, 아주 가까이 다가가지만 절대 닿지 않는 선을 점근선이라고 한다. 점근선은 일종의 지루함과도 같다.

어떤 물건을 만들 때 열 개 중 하나씩 불량품이 나온다면 품질을 개선하는 노력은 상당한 가치를 갖는다. 회사에게나 고객에게나 마찬가지다.

100개 중 하나씩 불량품이 나온다면 품질을 개선하는 작업은 환영할 만하지만 그다지 중요한 일은 아니다.

1,000개 중 하나씩 불량품이 나온다면 상당히 훌륭하지만 분명히 완벽한 수준은 아니다.

1만 개 중 하나씩 불량품이 나온다면 거의 모든 사람이 만족할 만한 수준이다. 물론 완벽을 추구하는 사람에게는 그렇지 않을 것이다.

10만 개 중 하나꼴로 불량률을 개선하는 것은 거의 달성하기가 불가능할 뿐만 아니라 수익률 상승에도 거의 효과를 미치지 못한다.

100만 개 중 하나꼴로 불량률을 개선하는 것은 완벽한 수준이나 다름없다. 어떤 물건을 한꺼번에 100만 개 만들 일도 드물 뿐아니라 그 정도의 불량은 사람 눈에 띄지도 않는다.

이 내용을 점근선 그래프로 표현하면 다음과 같이 나타날 것이다.

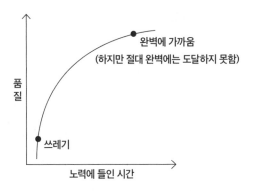

완벽에 가까워질수록 개선 작업은 점점 힘들어진다. 그리고 시장은 이런 개선의 가치를 그다지 중요하게 여기지 않는다. 자유투성공률을 98퍼센트에서 99퍼센트로 올려서 기록상 더 높은 위치에 올라갈 수는 있겠지만 경기를 이기는 데는 아무런 도움이 되지 않는다. 또한 마지막 1퍼센트를 끌어올리는 데는 98퍼센트를 달성하는 데 들인 것과 맞먹는 시간과 노력이 필요할 것이다.

하버드대학 입학생 중 SAT에서 만점을 받고 들어오는 학생들이 10퍼센트를 차지한다. 고등학교에서 1등을 차지하던 학생들도 10퍼센트를 차지한다. 물론 만점보다 더 높은 점수를 얻는 것은 불가능하고 1등보다 더 높은 등수를 차지하는 것은 불가능하다. 그 럼에도 매년 이 만점 집단과 1등 집단에서 각각 1,000명 넘는 학생들이 하버드에서 쫓겨난다. 완벽함만으로는 충분하지 않다는 증거다.

개인과 개인 사이의 상호작용에는 접근선이 없다. 새로운 문제에 대한 혁신적 해법은 낡지 않는다. 한계가 없는 성취를 찾아야 한다.

쇼의 주인공이 되라

〈아가씨와 건달들〉이라는 뮤지컬이 시작되면 시간은 멈춘다. 네이선 디트로이트Nathan Detroit가 노란 오버코트를 입고 걸어가면서 나이슬리 나이슬리 존슨Nicely Nicely Johnson에게 소리를 지르자, 존슨을 비롯한 배우들이 힘차게 노래를 시작한다.

"앉아, 앉아, 앉아, 앉아, 배가 뒤집힌다고!"

아드레날린이 솟는다. 관객은 흥분한다.

그 순간 예술은 모든 것을 이겨낸다. 뮤지컬은 계속 이어진다. 갑작스러운 노래와 불빛, 춤까지 잠시도 한눈을 팔 수 없다. 관객은 앞으로 몸을 기울이며 열광한다. 환호한다.

비행기 조종사가 승객들이 있는 객실을 돌아다닌다면 통로에서 쉴 새 없이 뛰노는 아이들에게 상당한 인상을 남길 수 있을 것이다. 의사가 시간을 좀 더 내어 환자와 상담하고 관심을 보인다면 환자들과 더 훌륭한 관계를 맺을 수 있을 것이다.

톱니바퀴가 아니라면, 마음대로 쇼를 시작할 수도 있고 멈출 수도 있어야 한다. 그러기 위해서는 무엇이 필요할까?

완벽을 추구하는 목적이 무엇인가

동료 중에 완벽을 추구하기 위해 하루 종일 끙끙대는 사람이 몇이나 되는가? 아니, 좀 더 정확하게 말해서 실수하지 않기 위해 하루 종일 끙끙대는 사람이 몇이나 되는가? 많은 이들이 결점이 없는 완벽함을 추구한다. '스펙'을 충족하고 비난받지 않는 것이 지상 최대의 목표다.

우리는 초등학교에서부터 실수하지 않도록 훈련받는다. 어쨌든 모든 시험의 목표는 100퍼센트에 도달하는 것이다. 실수를 해서는 안 된다. 잘못을 하나도 저지르지 않으면 A를 받는다. 그렇지 않은가?

어떤 사람의 이력서를 받았다고 생각해보자. 20년간의 놀라운 업적이 적혀 있다. 하지만 맞춤법을 틀린 곳이 딱 한 군데 눈에 띈다. 무슨 말을 먼저 할 것인가?

우리는 완벽을 위해 사람을 고용하고, 완벽을 위해 회사를 경영하고, 완벽을 위해 업무를 평가하고, 완벽을 위해 보상한다.

완벽함을 성취하기 위해 자기만의 소중한 시간을 쏟아붓는 것
이 왜 문제가 되냐고? 간단하다. 예술은 결점이 없는 것이 아니기
때문이다. 뛰어난 것은 절대 스펙을 충족하지 않는다. 스펙은 표준
틀에 끼워 맞출 수 있다는 뜻일 뿐, 특별히 관심을 가질 만한 대상
이 아니다.

완벽함보다 파격

밥 딜런Bob Dylan은 꼭 필요한 사람이 되는 것, 예술가가 되는 것, 파
격적으로 사는 것에 대해 잘 몰랐다.

로저 돌트리, 피트 타운젠드, 폴 매카트니, 비치보이스, 엘튼 존, 빌리 조
엘. 그들은 완벽한 음반을 만들었고, 완벽하게 연주했다. (⋯) 사람들이 그
들을 기억하는 모습 그대로였다. 하지만 나의 음반은 절대 완벽하지 않았
다. 그래서 그들을 따라 하고자 하는 노력은 무의미했다. 어쨌든 나는 주
류 음악가가 아니다.
(⋯) 나는 기인의 이미지로 사람들의 기억에 남을 것이라 생각했다. 대중
문화에 압도적인 위치란 없다. 그래서 나는 이곳저곳을 여행하며 공연하
는 거리에서 만난 음악가들에게 연민의 정을 느낀다. 막간 연주자들, 남부
컨트리 음악가들, 가죽 바지를 입고 올가미를 돌리는 시늉을 하는 흑인 카
우보이들, 미스 유럽, 콰지모도, 수염 난 여자, 반남반녀, 기형, 꼽추, 난쟁

이 아틀라스, 불 먹는 사람, 선생, 설교자, 블루스 가수. 그들을 마치 어제 만난 것처럼 선명하게 기억한다. 나는 이들 중 몇몇과 가까워지기도 했다. 나는 그들에게서 인간의 존엄성을 배웠다. 자유도 배웠다. 시민권과 인권을 배웠다. 나 자신 안에서 머무는 법을 배웠다. 대부분의 사람들은 롤러코스터에 올라탄 듯 정신없이 달렸다. 나에게 그것은 악몽이었다. 현기증이 날 뿐이다. 인위적인 부자연스러움이란 정말, (…)

그때 인터뷰어가 딜런에게 물었다.

"하지만 음반을 100만 장 이상 팔지 않았습니까?"

딜런은 이렇게 대답했다.

"예. 맞습니다. 하지만 그건 제게도 미스터리입니다."

이 말은 예술가로 산다는 것이 어떤 의미인지에 대한 핵심을 잘 짚어준다. 실수하지 않기 위해 살아가는 일상에서 벗어나는 것은 어릴 적부터 완벽을 추구하는 가치관에 길든 사람에게, 즉 우리에게 매우 어려운 일이다. 하지만 예술가는 우리가 지닌 천재성의 미스터리를 믿는다. 그들에게는 지도가 없다. 단계별 계획도 세우지 않는다. 가끔 비난을 받는다 해도 결코 피하지 않는다.

미스터리하지 않다면, 쉬운 일일 것이다. 쉬운 일이라면 별다른 가치가 없을 것이다.

게임의 규칙을 파괴하라

볼링은 점근선 스포츠다. 300점, 거기서 끝이다. 더 이상 올라갈 수 없다. 마치 품질을 개선하기 위한 기업 경영 전략인 식스 시그마six sigma와 비슷하다. 식스 시그마 전략의 목표는 지속적인 개선을 통해 궁극적으로 생산 제품 100만 개 중 불량품을 3.4개 이하로 떨어뜨리는 것이다. 문제는, 이 길에 들어서고 나면 놀라운 개선과 두드러진 혁신을 할 수 있는 여지가 사라진다는 것이다. 스트라이크를 열 번 치든지 그러지 못하든지 둘 중 하나다.

극적인 성공을 이루는 조직은 항상 점근선이 존재하지 않는 시장, 점근선을 분쇄할 수 있는 시장에서 나온다. 볼링에서 320점 얻는 방법을 찾는다면 대단한 선수로 기억될 것이다. 그런 방법을 찾지 못한다면 린치핀이 될 수 없다. 빨리 다른 운동을 찾아보라.

'좋은 것'의 역설

어떤 일을 잘하는 것은 오늘날 지극히 쉬운 일이 되었다. 좋은 웹 사이트를 만드는 일은 20년 전에 상점 입구를 멋지게 꾸미던 일보다 훨씬 싸고 빠르고 쉬워졌다. 이메일도 마찬가지다. 거대 기업에서 보내는 것만큼 멋진 이메일을 이제는 누구나 만들 수 있다. 물품을 배송하는 방식도 마찬가지다.

자신의 집 지하실에서 만든 음반도, 동네에서 구할 수 있는 재료로 만든 음식도 상당히 수준 높다. 3만 원만 주면 세계 최고의 CD플레이어를 살 수 있고 몇 번의 클릭과 전화 통화면 훌륭한 변호사를 고용할 수 있다.

회사는 직원들에게 '좋은' 제품과 서비스를 제공하기 위해 노력하라고 말한다. 하지만 '좋은'이라고 판단하는 기준은 회사가 결정한다. 시간 맞추어 출근하고 끝까지 자리를 지키면 좋다. 스펙을 충족하면 좋다. 평균적인 시간을 들여 전화에 응대하면 좋다.

이런 기대에 부응하는 것에는 문제가 있다. 그것이 뛰어나지 않기 때문이다. 그것만으로는 고객들을 감동시키지 못한다. 남들이 모방하기도 쉽다(다시 말해 직원도 쉽게 대체될 수 있다). 좋은 물건들이 쓰나미처럼 몰려온 결과(한편으로 진짜 형편없는 물건들이 사라지지 않은 결과), 진정으로 뛰어난 제품과 서비스는 시장에서 그 어느 때보다 빛나고 있다. 그렇기 때문에 시장이 요구하는 것보다 훨씬 더 많은 일을 할 수 있는 사람, 훨씬 뛰어난 사람을 고용해야 하는 것이다.

좋은 것은 나쁜 것이다. '우리가 열망하는 수익을 내지 못하는 것'이 나쁜 것이라고 정의한다면 그렇다. 해법은 좋은 것이나 완벽한 것에 존재하지 않는다. 특별한 것, 예측할 수 없는 것, 게임의 규칙을 바꾸는 것, 예술적인 것에 해법이 있다.

일은 이제 예술과 같다. '좋은 예술'은 진부하고 쓸모없다. 좋은 예술을 사기 위해 일부러 길을 건너는 사람은 없다. 좋은 예술가에게 충성하는 사람도 없다.

남들의 눈에 띌 수 없다면 차라리 아예 아무것도 하지 않는 편이 낫겠다고 생각하는 사람도 있을지 모른다. 카탈로그에 넣을 특별한 물건이 없다고 이번 달은 그냥 건너뛰어도 괜찮을까? 과연 다음 달에는 자신이 바라던 대로 제품의 품질과 사용자들의 기쁨이 개선될까?

굴레를 벗어던지는 것은 생각만큼 어렵지 않다. 그런 행동은 그 자체로 보상이 된다. 회사가 굴레를 벗겨주지 않는다면 자신이 직접 벗어야 한다.

축복을 위해 일한다

데이비드는 지난 6년 동안 뉴욕에 있는 딘앤델루카Dean & Deluca 커피숍 매장에서 일했다. 이 작은 커피숍은 사람이 붐비는 상업 지구에 있지는 않지만 그가 일하는 6년 동안 상당한 수익을 달성했다.

나는 우연히 친구와 커피를 마시러 갔다가 그를 처음 보았다. 사람들이 화장실 앞에 줄을 서 있었는데 그가 걸어와서 유쾌하게 이렇게 말했다. "위층에도 화장실이 있어요. 줄 서서 기다릴 필요 없습니다." 그는 한가득 미소를 지으며 인사를 하고는 멀어져 갔다. 매우 활기가 넘치는 사람이었다. 내 눈에는 아무 문제 없어 보이는 테이블과 의자를 분주하게 청소하고 가지런히 정리했다. 이렇게 눈에 띄지 않는 일을 누가 시켜서 하지는 않을 것이다.

한 시간 정도 그의 모습을 지켜보았다. 사람들에게 친절하게 인사하고 손님들을 찾아다니며 부탁받지도 않은 일을 도와주었다. 사람들이 불편하지 않은지 세심하게 신경 썼다. 정말 놀라웠다.

나는 그에게 어떤 마음으로 그렇게 일하는지 물었다. 그는 잠시 일을 멈추고 미소를 지으며 이렇게 말했다. "저는 축복을 위해서 일합니다."

커피숍에서 일하는 것을 지루하고 시시한, 직업의 '막장'이라고 생각하는 사람도 있을지 모른다. 그런 곳에서 6년이나 일을 하다니! 하지만 데이비드는 자신의 일이 사람들에게 선물을 줄 수 있는 기회라고 생각했다. 스스로 기여할 수 있는 감정노동을 했다. 그가 받는 보상은 손님들이 전하는 축복이었다. 손님들과 하나하나 교감하는 것이 그의 예술이었다. 손님들의 기분을 바꾸어주고 하루를 기분 좋게 만들어줄 수 있는 기회였다.

누구나 이렇게 할 수 있는 것은 아니다. 그렇게 할 수 있는 사람들도 그런 일을 선택하지 않는다. 데이비드는 누군가가 시키기만을 기다리지 않았다. 자신의 예술을 스스로 이루었다.

워크 위스퍼러

호스 위스퍼러horse whisperer(조마사)라는 직업이 있다. 경주마의 심리 상태에 귀를 기울이고, 말이 압박감 없이 자연스럽게 달리고 자유롭게 행동할 수 있도록 만들어준다.

수 세대를 거치면서 우리는 노동자들에게 타고나지 않은 행동, 자연스럽지 않은 행동을 하도록 강요해왔다. 동정심을 느끼지 못하도록, 창조성을 감추도록, 빠르게 움직이는 기계처럼 행동하도록, 시키는 대로 잘 따르도록 훈계하고 어르고 달래고 강요했다.

이제는 그럴 필요가 없다. 아니, 한 발 더 나아가 나는 이렇게 말하고 싶다. 그것은 해롭다. 우리가 상당한 시간을 보내는 일터에 가면을 쓰고 나가야 하는 상황은 해롭다. 아무런 관계도 맺을 수 없고 아무런 기쁨도 느낄 수 없는 익명의 반복적인 일을 중심으로 조직을 꾸미는 일은 해롭다.

우리 경제가 성숙하고 기계화되면서, 규범을 찾고 거기에 매달리는 것은 더 이상 수익을 만들지 못한다. 매뉴얼이 시키는 대로 한다는 생각으로 경력을 만드는 것은 더 이상 수익을 만들지 못한다.

자신에게 스스로 자유로워지라고 속삭여보라. 이제 세상은 천재적인 자아를 꺼내 보여주라고 말한다. 그리고 세상은 그런 당신을 원한다.

이력서는 필요한가

논쟁적인 주제이기는 하지만 진정으로 뛰어난 사람이라면, 대단한 사람이라면, 그냥 보기에도 인상적인 사람이라면, 이력서를 쓸 필요가 없을 것이다. 더욱이 린치핀이 되기 위한 노력은 이력서에 나타나지 않는다.

사실 이력서는 자신을 뽑을 이유를 제공하기보다는 뽑지 않을 구실을 제공한다. 어떤 이력서를 보든 나는 이렇게 말할 수 있다. "오, 이것도 부족하고 저것도 부족하군요." 이런 말 한마디만으로 취업에서 탈락할 수도 있다.

이력서를 쓴다는 것은 큰 기계 속으로 들어가게 해달라고 구걸한다는 뜻이다. 기업이라는 거인은 자신들이 원하는 '키워드'를 내세우는 사람들을 골라내 먹잇감으로 삼는다. 물론 평범한 일을 찾는 평범한 사람들에게는 상관없는 일일지도 모른다. 하지만 당신의 가치가 그 정도밖에 되지 않는가?

이력서란 우리를 질식시키는 표준화된 시험 제도와 명령·통제로 움직이는 바로 그 시스템이 발명해낸 것이다. 시스템, 산업, 공장 같은 것들은 모두 우리가 자신들의 톱니바퀴가 되기를 바란다. 쉽게 대체할 수 있고 아무런 희망도 없는 싸구려 톱니바퀴 말이다.

그렇다면 이력서 대신에 무엇으로 나를 증명할 수 있을까? 고용주가 아는 사람이나 존경하는 사람에게서 받은 특별한 추천서는 어떨까? 고용주가 직접 보고 만질 수 있는 세련된 포트폴리오는 어떨까? 나에 대한 평판은 어떨까? 계속해서 읽고 싶게 만드는 알찬 정보와 통찰로 충만한 블로그를 꾸미는 것은 어떨까?

누군가는 이렇게 말할 것이다. "흠. 나에겐 그런 게 하나도 없는걸."

그렇다. 바로 이것이 내가 말하고자 하는 핵심이다. 이런 것도 없이 어떻게 내가 뛰어난 사람이라고, 대단한 사람이라고, 인상적인 사람이라고 설득할 수 있겠는가? 이력서 말고는 보여줄 것이 없다고 말한다면 스스로 순응하도록 길들고 세뇌되었다고 말하는 것이나 마찬가지다.

탁월한 직업, 최고 수준의 직업, 사람들이 꿈꾸는 직업은 이메일로 이력서를 보내는 사람으로 채워지지 않는다.

내 이름을 구글링하라

구글에서 "Jay Parkinson"을 검색해보라. 거의 혼자 힘으로 미국의 의료보장 제도 개선을 이끌어내고 있는 의사 제이 파킨슨을 만날 수 있을 것이다.

구글에서 "Sasha Dichter"를 검색해보라. 개발도상국을 위한 자선활동을 새롭게 펼쳐나가는 혁신 제안가 사샤 디터를 만날 수 있을 것이다.

구글에서 "Louis Monier"를 검색해보라. 세계 최고의 검색 엔진 개발자 루이스 모니어를 만날 수 있을 것이다.

세상에는 이처럼 수많은 린치핀이 있다. 단순히 이력서에 기입

하는 내용이 아니라 진정한 의미에서 '자신의 작품'을 가지고 있는
사람들을 찾을 수 있다. 이런 작품이 바로 린치핀의 이력서다. 앞
의 세 사람 중 두 사람은 기업가가 아니다. 자신의 일을 가지고 있
을 뿐이다. 조직 내부에서 거의 익명으로 일을 하는 상황은 이제
끝나가고 있다. 인터넷은 어디에서든 개개인이 하는 일에 빛을 비
춘다. 불과 몇 년 만에 일어난 거대한 변화다.

내가 기꺼이 채용될 가치가 있는 사람이며, 여러 대상자 중에서
도 가장 우선으로 고려되어야 할 사람이라는 사실을 알려주는 유
일한 방법은 직접 말로 주장하는 것이 아니라 눈으로 보여주는 것
이다. 자신의 업적을 직접적으로 보여줄 수 있는 프로젝트가 진정
한 이력서다.

구글에서 당신의 이름을 검색했을 때 당신이 원하는 결과, 당신
에게 필요한 결과가 나오지 않는다면 지금부터 바꾸어보자.

검색 결과는 어떻게 바꿀 수 있는가? 바로 실천하기, 관계 맺기,
베풀기를 통해서다. 과도할 정도로 많은 정보를 인터넷에 띄워라.
자신의 전문 영역에 대해 통찰력 있는 글을 올려 다른 사람들이
계속해서 참고하고 인용하도록 만들어라. 온라인을 통해 사람들
에게 도움을 주어라. 그러면 사람들이 자신을 인용하고 자신의 웹
사이트에 링크를 걸 것이다. 이로써 자신에 대한 검색 결과를 바꿀
수 있다.

크리스 앤더슨Chris Anderson이 주장한 롱테일 법칙은 CD나 책에

만 적용되는 것이 아니다. 사람에게도 적용된다. 물론 연예인, 정치인, CEO 같은 유명한 사람들이 좋은 자리를 차지하지만, 이제는 자신을 차별화하고 싶어 하는 사람이라면 얼마든지 자신의 공간을 만들어낼 수 있다. 어디에 살고 어느 조직에 있든 롱테일 경제에서는 아무런 문제가 되지 않는다. 스스로 관계를 맺고 무리를 형성한 사람들이 끊임없이 당신을 찾을 것이고 도움을 줄 것이기 때문이다.

훌륭한 일을 얻는 법

이쯤에서 궁금한 질문이 하나 떠오를지도 모른다.

내가 린치핀이라면, 꼭 필요한 사람이라면, 고용될 가치가 있는 사람이라면, 차별화될 수 있는 사람이라면, '저요!'를 외치는 이력서가 넘치는 공장에서 어떻게 일자리를 얻을 수 있을까?

그런 곳에서 일하지 않으면 된다. 표준화된 인재 관리 시스템을 사용하는 조직에 탁월함을 추구하라고 설득하지는 못할 것이다. 그보다는 린치핀의 가치를 이해하는 회사를 찾는 편이 훨씬 낫다. 컴퓨터로 이력서를 훑어서 자동으로 분류하는 회사는 거들떠보지도 마라. 이력서가 아니라 사람을 고용하는 회사를 찾아라.

오클라호마에 사는 그래픽디자이너 제이슨 짐다르 Jason Zimdar 는 린치핀이다. 기존 디자인에 대한 그의 비판적 견해를 좋아하는 회

151

사는 거의 없었다. 하지만 그는 단 1년 만에 시카고의 선도적인 소 프트웨어 기업 37시그널스37signals에서 일자리를 얻었다. 무엇이 이 들을 연결해주었을까?

이력서는 아니었다. 그는 1년 동안 37시그널스에서 일하는 사람 들과 교류했다. 따분한 이력서 따위는 보내지 않았다. 짐다르는 자 신의 작업에 대해서 이야기했고 37시그널스에 무엇이 필요한지 제 안했다. 37시그널스는 그에게 프로젝트를 맡기는 모험을 했다. 짐 다르는 프리랜서로서 이 프로젝트를 훌륭하게 완수했다.

여기서 눈여겨볼 것이 두 가지 있다. 일단 37시그널스는 린치핀 만 고용하려고 노력하는 회사다. 그들은 사람을 뽑아서 최대한 이 용해먹고 버리는 기존의 방식을 거부한다. 자신보다 능력이 부족 한 사람을 고용함으로써 자만심을 채우는 회사가 아니다. 그리고 짐다르는 자신의 일에 진정으로 뛰어날 뿐 아니라 그것을 기꺼이 알리고 인정받고 싶어 한다. 이력서가 아니라 자신의 일로 입증되 고 싶어 한다.

질 수밖에 없는 게임에는 절대로 뛰어들지 마라. 차라리 다른 게임을 찾아라.

진정한 의미의 기술

블로거 앤드루 첸Andrew Chen에 따르면, IDEO라는 디자인 회사는 새로운 방식으로 마케터를 고용한다. 지원자들은 파워포인트로 자신의 이력서를 만들어 회사 임원 대여섯 명 앞에서 프레젠테이션해야 한다. 사람들의 질문에 답변해야 하고 이견이나 비판에 변론해야 하며 토론을 이끌어야 한다.

틀에 끼워 맞추는 사람보다 튀는 사람에게 더 많은 기회가 생긴다. 오늘날 직업 환경에서는 진짜 기술을 가지고 있는 사람에게 더 많은 기회가 생긴다. 여기서 진짜 기술이란 참여, 인간관계, 지식, 카리스마, 개방성을 의미한다.

'예'는 소중하고 '아니오'는 더 소중하다

린치핀은 '예'라고 대답하는 사람과 '아니오'라고 대답하는 사람으로 구분할 수 있다.

우선 언제나 '예'라고 대답하는 린치핀이 있다. 이들은 무슨 일이든 벌이고 이를 완수하는 방법을 찾음으로써 조직에 활기를 불어넣는다. 무엇이든 해내는 사람들이므로 더없이 소중하다.

반대로 언제나 '아니오'라고 말하는 린치핀도 있다. 이들은 현실적인 비전을 가지고 있으며, 목표가 무엇인지 분명하게 알고 우선순위를 이해한다. 지금은 좌절을 안겨주지만 그것을 기쁨으로 돌려주는 힘을 가지고 있다. 의도가 나쁘지 않다면 부정적인 린치핀 역시 더없이 소중하다. 이들은 자신의 예술에 집중할 줄 알며, '아니오'라는 대답이 가치 있는 투자이고 나중에 마법으로 되돌아온다는 사실을 아는 사람들이다.

올림픽 스키 팀을 만드는 법

2002년 동계올림픽 노르딕 크로스컨트리 종목에 참가한 맷 데이턴Matt Dayton은 나에게 단순한 교훈을 일깨워주었다. "몸을 앞으로 가장 많이 기울인 사람이 승리합니다."

《더 딥The Dip》에서 나는 수많은 사람들을 중도에 포기하게 만드는 끈기와의 싸움에 대해 이야기했다. 어떤 경주든 승패를 가르는 결정적인 순간이 있다. 그것이 바로 나의 기회이자 그토록 기다리던 순간이다.

항공 산업을 생각해보자. 항공사들은 모두 비슷한 비행기, 비슷한 공항을 이용해 사업을 해야 한다. 누가 잘하고 누가 못하는지 평가할 수 있는 기준을 찾기 어렵다. 하지만 가격 정책이나 서비스나 열정 측면에서는 서로 다른 규칙으로 경쟁할 수 있다. 이것이 바로 기회다.

린치핀은 앞으로 몸을 기울이는 능력, 즉 기회를 잡을 수 있는 능력을 가져다준다. 다른 사람들을 포기하게 만드는 문제를 해결해내기도 한다. 그의 예술성, 천재성은 기회를 다시 상상해내고 그런 기회를 향해 나아가는 새로운 길을 찾아낸다.

"하지만 규칙을 어기면 잘릴지 모른다"라고 걱정하는 사람도 있을 것이다. 린치핀은 이렇게 말한다. "기회만 충분히 잘 잡을 수 있다면 해고당해도 상관없다. 그런 행동이 나의 가치를 시장에 보여줄 것이기 때문이다. 린치핀이 되는 것을 가로막는 유일한 장벽이 규칙이라면, 나에게 규칙은 필요 없다."

하루를 바쁘게 보내는 방법은 어렵지 않게 찾을 수 있다. 사소한 일에는 몰두하지 않아도 된다. 우리가 해야 할 일은, 사소한 일들을 규칙을 깨는 활동으로 바꾸는 것이다.

멈춰 서 있으면 아무것도 달라지지 않는다

누군가에게서 잠깐 기다리라는 말을 들었을 때 우리는 어떤 행동을 취할까? 문 앞에서든 책상 앞에서든 어떤 일을 하다가 대기해야 하는 상황이 발생하면 누구나 어색한 자세를 취하게 된다. 잠시 아무것도 하지 못하고 그대로 있어야 하기 때문에 그럴 수밖에 없다.

반면 소파를 옮기거나 문짝을 떼어내는 것 같은 일을 해야 할 때는 자세를 인식할 필요가 없다. 그저 물건을 옮기기 위해 몸을 기울일 뿐이다. 무게중심을 옮기지 않으면 그렇게 할 수 없기 때문이다.

린치핀은 어떤 자세를 선택하는 것이 중요한지 분명히 이해한다. 고객들의 불만을 훌륭하게 처리하는 사람을 떠올려보라. 어떤 상황 속으로 걸어 들어가 그것을 개선해내는 엄청난 활력의 소유자를 떠올려보라. 그들은 모두 몸을 앞으로 기울인다. 기회를 찾는다. 모든 것을 휘젓는다. 문제를 찾는다. 이들에게 문제는 기쁨을 느낄 기회일 뿐이다.

톱니바퀴는 그냥 서 있다. 어떤 명령이 떨어지기만을 기다린다.

나도 그냥 서서 기다리는 것이 전부였던 일을 두 번 해보았다. 그 일이 너무 싫었다. 녹초가 되었다. 그중 하나는 3일을 버텼는데, 너무나 어색한 자세로 시간을 보내려니 무척 힘들고 참을 수 없었다.

이렇게 대기하기만 하는 일을 할 사람을 찾는다면, 결코 린치핀을 얻지는 못할 것이다. 예술을 창조하는 사람은 몸이든 마음이든 늘 자세를 변화하고 또 변화를 일으킨다.

수업 시간에 내키지 않는 마음으로 앉아 있는 학생을 머릿속에 그려보라. 머리를 떨어뜨리고 책상에 구부정하게 기대어 연필 끄트머리를 씹는다. 마치 억지로 일을 하는 사람, 감옥에 갇힌 사람의 모습 같다. 훌륭한 작품이 태어나거나 훌륭한 배움이 일어날 확률은 '제로'다. 긍정적인 감정도 전달되지 않는다. 선생은 물론 학급 친구들마저 우울하게 만든다.

같은 자세를 유지해야 하는 상황은 패스트푸드 매장에서 일하는 사람들부터 과로에 지친 변호사들까지 직업의 종류를 막론하고 어떤 사람이든 지치게 만든다. 하지만 예술가가 이런 상황에 처했다고 상상해보라. 일을 하고 싶어 몸이 근질근질하다. 일에서 도망가기보다는 일을 향해 몸을 기울인다. 주변 사람들에게 활력을 불어넣어준다. 이런 활기는 카리스마가 되고 이는 다시 리더십이 된다.

예술은 자세를 바꾼다. 그렇게 바뀐 자세는 곁에서 방관하던 사람들마저 바꾼다.

나쁜 직장과 나쁜 직원, 누가 더 나쁜가

우리 동네 슈퍼마켓의 계산대 점원 스티브는 마지못해 일을 한다. 그의 행동 하나하나에 자신의 일에 대한 불만이 배어나온다. 사람들과 눈을 마주치지 않는다. 툭하면 쉰다. 자신이 꼭 물건을 봉투에 담아주어야 하는 순간이 올 때까지 버틴다. 심하게 투덜댄다.

하지만 함께 일하는 멀린다는 전혀 다르다. 그는 열정적이고 솔선하고 적극적으로 관계를 맺는다. 스티브는 자신이 하는 일에 헌신할 만큼 충분한 보수를 받지 못한다는 불만을 모든 사람들에게 알리느라 여념이 없다. 하지만 멀린다는 자신의 일을 '플랫폼'이라 생각하고 이를 이용해 고객들의 일상에 작은 기쁨을 주기 위해 노력한다.

사실 스티브의 불만도 충분히 이해할 수 있다. 그 슈퍼마켓은 천재성이 있는 사람에게 어떤 보상도 하지 않는다. 일 잘하는 직원을 인정해주고 치켜세워주는 관리자를 그곳에서 한 번도 보지 못했다. 모두 자기 일에만 매달린다. 결국 멀린다도 머지않아 떠나고 말 것이다. 그런 직장은 빨리 떠나는 것이 좋다.

이 슈퍼마켓이 직원을 얼마나 형편없이 대하는지 단적으로 보여주는 물건이 있다. 바로 슈퍼마켓 문 앞에 있는 '일자리 자판기'다. 아무 경험이 없는 사람도 담당자와 대면할 필요 없이 자판기에 인적사항을 입력하면 바로 고용된다. 이 물건이 분명하게 전하고자 하는 메시지는 아마 이럴 것이다. "넌 쉽게 갈아 끼울 수 있는 톱니바퀴일 뿐이야! 네 바로 뒤에 무수한 사람들이 줄 서 있는 것 보여? 우리는 널 직접 만날 필요도 없다고."

이런 식으로 일자리를 제안하면 사람들도 거기에 걸맞게 반응한다.

무엇보다도 안타까운 것은, 스티브가 엉터리 슈퍼마켓을 비난하는 데 몰두해 있는 동안 자기 스스로 그렇게 일하는 방식에 익숙해지고 있다는 사실이다. 물론 다음 직장은 훨씬 나을 것이라고 기대해볼 수 있다. 하지만 거기서도 다음 직장을 꿈꿀 것이고 또 그다음 직장을 꿈꿀 것이다. 물론 그렇게 직장을 옮겨 다니다 보면 언젠가는 린치핀이 될지도 모른다. 하지만 최선을 다할 수 있을 만큼 훌륭한 직장을 얻을 때까지 그렇게 자신을 방치한다면, 린치핀이 되는 일은 영영 멀어지고 만다.

돈은 동기도 목적도 아니다

토론토대학의 도시학 교수 리처드 플로리다Richard Florida는 창조적인 일을 하는 전문가 2만 명에게 설문조사를 실시해 자신의 일에 최선을 다하도록 만드는 38가지 동기부여 요인을 정리했다. 그중 가장 큰 힘을 발휘하는 10가지 요인은 다음과 같다.

1. 도전과 책임
2. 유연성
3. 안정적인 작업 환경
4. 돈
5. 직업적 발전
6. 같은 일을 하는 사람들 사이에서 인정받는 것
7. 의욕을 자극하는 동료와 상사
8. 일 자체의 재미
9. 조직 문화
10. 자신이 속한 지역과 공동체

이들 중 완벽하게 외부적인 요인은 단 하나, 돈밖에 없다. 다른 요인은 모두 나 스스로를 위하기 때문에, 나를 나답게 만들어주기 때문에 우리가 소중하게 여기는 것이다.

한 가지 흥미로운 사실은, 다른 사람 밑에서 일하면서 수입을 늘리기는 쉽지 않다는 것이다. 적어도 단기적으로는 크게 끌어올리지 못할 것이다. 하지만 다른 요인들은 어떤 한계도 없다. 이런 요인들이 우리의 행동, 기여, 태도, 재능을 순식간에 끌어올린다.

하지만 냉소적인 경영자들은 사람들에게 동기를 부여하는 요인은 돈과 욕 먹고 싶지 않은 욕망밖에 없다고 생각한다. 바로 이들이 자신의 회사를 공장으로 만든다.

누구나 할 수 있는 일은 하고 싶지 않다

지난 시대를 지배한 최고의 신조는 '평범한 사람을 위한 평범한 일, 평범한 일을 위한 평범한 사람'이었다. 세상의 거의 모든 일자리가 평범해진 것도 당연한 결과다. 또 일을 얻을 확률을 극대화하려면 그런 세상의 요구에 자신을 끼워 맞추는 것이 최선의 전략이었다.

물론 내가 경력을 쌓기 위한 훈련 방식이나 자신을 드러내는 방법에 대해 설명하면 사람들은 너무 급진적이라면서 부담스러워한다. 사회가 요구하는 틀에 자신을 끼워 맞추지 않으면 평범한 일을 얻기 어려울 것이라고 지적한다. 이력서를 만들지 않는 것은 상관없지만, 직장에서 이력서를 달라고 하면 어떻게 하느냐고 묻는다.

우리는 모든 게임에서 이길 수 없다. 어떤 수를 쓰든 동시에 이길 수는 없다.

엄청난 책임감과 자유를 누리면서 꼭 필요한 사람으로 대우받는 곳에서 일하고 싶다면 감정노동을 더 늘려야 한다. 그래야 톱니바퀴가 아니라 인간으로 대우받는다. 자신을 틀에 끼워 맞추기 위해 힘들게 일하지 마라. 결국 벼룩신문에 나오는 일자리나 얻게 될 것이다.

문을 통과하기 위해서 자신의 진정한 모습을 숨겨야 한다면, 그곳에 머물기 위해서도 자신의 진정한 모습을 숨겨야 한다는 사실을 명심해라. 우리가 내려야 할 결정은 단 하나다. 둘 중 하나를 선택하면 된다. 꼭 필요한 사람을 찾는 회사를 위해 일할 것인가? 꼭 필요한 사람을 내치는 회사를 위해 일할 것인가?

코미디언 그루초 마르크스Groucho Marx는 이렇게 말했다. "나를 구성원으로 만들 조직에는 들어가고 싶지 않다."

린치핀은 말한다. "린치핀도 아닌 사람이 할 수 있는 일은 하고 싶지 않다."

LINCHPIN

언제까지
— 톱니바퀴로 —
살 것인가

대체할 수 없는 사람이 되려면 힘든 일을 해야 한다. 이것은 가장 훌륭한 의미에서 노동이다. 자신의 모든 자아를 일에 쏟고 성숙한 영혼과 개인의 장점을 필요로 하는 임무에 참여하고 적절한 사람과 함께하는 것이다. 린치핀은 천재이고 예술가이고 선물을 주는 사람이다. 자신이 맡은 일에 인간성을 쏟아붓는다. 자신의 인간성을 집에 두고 오지 않는다. 우리가 말하는 힘든 일은 힘을 써야 하는 일이 아니다. 차이를 만들어낼 만큼 용감한 일이다.

'노동'은 '힘들다'는 뜻이다

뻔한 이야기지만 일이 육체노동, 어려운 과업, 피로 누적과 연관된다는 사실은 누구나 알 것이다. 하지만 우리는 좀 더 중요한 노동을 진짜 중요한 일에 쏟는 것을 주저한다. 감정노동이 바로 그런 중요한 일을 해내는 중요한 노동이다.

감정노동은 힘들다. 또한 쉽게 피할 수 있다. 하지만 감정노동을 회피하면 우리가 원하는 가치 있는 일을 하지 못한다. 감정노동이 필요한 자리에 마지못해 나가는 것은 이제 근시안적인 전략일 뿐이다. 그저 쉬운 일만 하는 사람에게 조직은 더 이상 특별한 혜택을 지불하지 않기 때문이다.

장인이 연장을 닦고 운동선수가 훈련을 하는 것은 전혀 놀라운 일이 아니다. 하지만 정보 노동자가 두려움을 무릅쓰고 자신의 기술을 개발할 때—사람들과 관계를 맺거나, 자신의 일에 대해 이야기를 하거나, 새로운 작업 방식을 발명하거나, 영업을 하거나, 난관을 헤쳐나갈 때—우리는 도대체 그가 왜 그러는지 이해하지 못한다.

감정노동이라는 어려운 작업 속으로 파고드는 것이 바로 세상이 우리에게 기대하는(또 우리가 해야 하는) 임무라는 사실은 분명하다. 일이란 플랫폼일 뿐이다. 그 일을 하는 데 필요한 예술과 감정노동을 하기 위한 플랫폼이다.

자발적으로 감정노동하기

"비행기가곧이륙할예정이오니휴대전화나전자기기는모두비행기모드로전환해주시기바랍니다…"

승무원들은 자신이 맡은 대본을 최대한 빨리, 숨도 안 쉬고 읽어 넘긴다. 아마도 지금까지 수천 번은 읽었을 것이며 앞으로도 수천 번은 더 읽어야 할 것이다. 어떤 승객도 자신이 하는 말에 귀 기울이지 않는다는 사실을 잘 알고 있다.

그런 좌절감을 이겨내기 위해 승무원은 그저 규칙만 간신히 따른다. 자신이 맡은 대본을 읽는다. 이것은 전혀 감정노동이 아니다. 결국 누구로든 대체될 수 있는 톱니바퀴가 되는 것이다. 항공사가 경영난에 빠지거나, 알림 방송을 녹음으로 대체한다거나, 노조의 저항을 꺾고 별다른 가치를 덧붙여주지 않는 직원의 임금을 동결시키는 상황이 오면 승무원은 훨씬 더 큰 좌절감을 맛보게 될 것이다.

기회는 대부분 기회처럼 느껴지지 않는다. 감정노동을 대부분 하기 싫어하고, 더욱이 감정노동을 한다고 해서 별도의 보수를 더 주지도 않는 상황에서 자발적으로 감정노동을 하는 것은 힘든 선택이다. 하지만 나는 이렇게 말하고 싶다. 우리는 '이미' 감정노동에 대한 보상을 받고 있다! 고객과 접촉하는 일을 하는 대가로 기업이 돈을 주는 이유는 바로 감정노동을 하기 때문이다.

지난 수년 동안 사람들이 젯블루JetBlue를 선택한 이유는 두 가지다. 첫째, 가격이 합리적이다. 둘째, 승무원들이 유쾌하다. 조종사를 비롯해 젊고 의욕이 넘치는 직원들이 최대한 열심히 일하면서 비행을 더 즐겁게 만든다.

나는 방금 '최대한'이라고 말했다. 하루에 여섯 번씩 쇼를 하는 것은 분명 쉽지 않다. 유쾌하고 인간적이고 기억에 남도록 고객 응대하는 법을 알려주는 지도, 매뉴얼, 지침서가 있으면 좋겠다고 생각할 때도 분명히 있을 것이다. 하지만 젯블루의 마케터 에이미 커티스-매킨타이어Amy Curtis-McIntyer는 그런 요청을 거부했다(물론 그런 것을 만들려고 했다 하더라도 실패했을 것이다). 대신 그는 붙임성 있는 사람들을 고용했고, 그들이 감정노동을 할 수 있도록 동기를 불어넣었다.

결과는 어떻게 되었을까? 브랜드가 탄생했고 자산이 쌓였고 수익이 창출되었고 항공사는 성장했다. 이제 젯블루는 선택의 기로에 섰다. 성공을 이룬 핵심 마케팅 요인이었던 승무원들과 불화를 일으키면서까지 비용 절감을 해야 할까? 아니면 고객들과 인간적인 관계를 맺으며 활기차게 감정노동을 한 직원들이 바로 항공사에 고객들을 끌어들인 린치핀이라는 사실을 인정해야 할까?

감정노동이라는 선물

시인 월트 휘트먼Walt Whitman은 이렇게 말했다. "선물은 주는 사람에게로, 다시 돌아갈지니…"

감정노동의 혜택은 자신에게 돌아온다. 회사나 사장은 물론 직원인 자신에게도 이익이 돌아온다. 누군가에게 웃음을 선사하는 행동, 인간적인 관계를 맺는 행동, 솔선하는 행동, 놀라움을 주는 행동, 창조적인 행동, 실제로 보여주는 행동, 이런 행동을 우리는 평생 아무 대가 없이 한다. 하지만 일하러 가는 순간 우리는 대개 시키는 일, 돈 주는 일만 하기를 기대한다.

이런 차이는 긴장을 유발한다. 일하지 않을 때를 위해서 감정노동을 아껴둔다면 노동을 통해 기쁨을 누릴 기회를 스스로 박탈하는 셈이다. 더욱이 일하지 않는 시간에도 감정노동을 별로 할 수 없는 시대가 왔다. 이제는 하루에 여덟 시간, 열 시간은 기본이고 열두 시간 이상 일하기도 한다. 꼭 사무실에 있지 않더라도 전화나 인터넷으로 일해야 하고 심지어 꿈속에서도 일한다. 자신의 진정한 모습, 자신이 꿈꾸는 진정한 모습을 만들어주는 인간적인 행동을 할 수 있는 시간은 별로 남아 있지 않다.

이제는 일터에서 감정노동을 하라.

이에 대한 대가로 우리는 무엇을 얻을 수 있을까? 우선 돈을 벌 수 있다. 젯블루와 같이 감정노동을 소중하게 여기고 격려하는 회사들이 있다. 점점 더 많은 기업들이 이런 아이디어를 받아들이고 그런 사람들을 채용하고 보상한다.

그럼에도 많은 회사들이 감정노동에 대해 특별히 보상하지 않는다. 적어도 고정 급여 항목이나 연말 보너스 항목에는 들어 있지 않다. 그럼에도 이득이 있다. 우선 그런 일을 만들고 베풂으로써 우리는 이득을 얻는다. 선물을 주는 행동은 그 자체가 보상이다. 다음으로, 주변 사람들에게 반응을 얻을 수 있다. 이렇게 선물을 주는 습관을 들일수록 함께 일하는 사람들은 더 마음을 열고 상사는 더 유연해지며 고객들은 더 충성할 것이다.

선물은 본질적으로 상대방에게 대가를 바라고 주는 것이 아니다. 대가를 바란다면 더 이상 선물이 아니다. 감정노동이라는 선물도 마찬가지다. 오늘날 우리가 살아가는 경제체제는 '시키는 만큼만 하면 돈을 버는' 자본주의적 아이디어와 더불어 감동을 전하고 베푸는 '선물 경제gift economy'가 함께 작동하는 하이브리드 경제다.

기계는 예술을 창조할 수 없다

"화가들은 대부분 그림을 그리지 못한다." 로이 시먼스Roy Simmons가한 이 말을 나는 무척 좋아한다. 하지만 여기에 한마디를 덧붙이고 싶다. "하지만 모든 예술가는 볼 줄 안다."

우리는 무엇이 옳고 무엇이 그른지 알 수 있다. 우리는 기회를볼 수 있고 모퉁이를 돌아 무엇이 있는지 볼 수 있다. 우리 대부분은 예술을 볼 수 있는 눈이 있다.

예술은 그림을 그리는 것만을 의미하지 않는다. 창조적이고 열정적이고 개인적인 어떤 것을 의미한다. 훌륭한 예술은 그것을 만드는 사람뿐 아니라 보는 사람에게도 울림을 준다.

무엇이 한 사람을 예술가로 만들어줄까? 붓질만으로는 가능하지 않다. 돈을 벌기 위해 그림을 그리거나 광고판에 넣을 그림을 그리는 화가도 있을 것이다. 중국의 어느 마을처럼 다른 그림을 기계적으로 베끼는 화가 집단도 있을 것이다.

이와 달리 찰리 채플린Charlie Chaplin은 누가 뭐라 해도 예술가다. 아이폰을 디자인한 조너선 아이브도 마찬가지다. 유화를 그리거나 대리석 조각을 하는 '진짜' 예술가도 있을 것이다. 하지만 숫자를 만지거나 사업 모델을 개척하거나 고객을 접대하는 일을 하는사람 중에도 예술가가 있다. 예술은 어떤 작업에 종사하느냐 하는문제가 아니라 어떤 의도와 커뮤니케이션을 하느냐 하는 문제다.

예술가는 현 상태에 도전할 수 있는 용기, 통찰, 창조성, 대담함

170

을 지닌 사람들이다. 예술가는 그런 위험을 무릅쓰는 것을 자신의 일로 받아들인다. 밥 딜런Bob Dylan은 예술가이지만, 이름도 없는 기획 집단에 소속되어 히트곡 명단에 자신의 노래를 한 곡이라도 올리기 위해 목숨 거는 통속적인 가수는 장사꾼일 뿐이다. 온라인 쇼핑몰 자포스Zappos를 설립한 토니 셰이Tony Hsieh는 예술가이지만, 전화로 고객들을 꾀어 돈을 뜯어내는 데 몰두하는 마케팅 기업들은 사기꾼일 뿐이다.

기업가들에게 불편한 독설을 거침없이 내뱉는 톰 피터스Tom Peters 역시 예술가다. 그는 자신의 위치에서 자신이 하는 일에 확신을 갖고 있으며 다른 사람이 동의하지 않는다고 해도 신경 쓰지 않는다. 예술은 예술가의 일부분이다. 돈을 벌겠다는 생각보다 자신이 하는 일을 중요하게 여기고 그것을 다른 사람과 공유해야 한다는 의무감이 앞서는 사람들이다.

예술이란 상대방을 변화시키기 위한 선물이다. 매개체가 무엇이든 상관없다. 의도가 핵심이다. 세상을 바꾸기 위해 우리가 용기 내서 하는 행동이다.

현대예술이라고 부르는 것들을 보는 순간, 예술의 본질에 대해 많은 생각을 하게 된다. 미술관에 가보면 여기저기서 이런 이야기를 들을 수 있을 것이다. "에이, 저런 건 나도 만들겠다!"

잭슨 폴록Jackson Pollock이 예술가라면, 앤디 워홀Andy Warhol이 예술가라면, 행위예술도 예술이라면, 도대체 예술은 무엇일까? 분명히

171

기술과는 무관할 것이다. 셰익스피어Shakespere가 예술이라면 오늘날 대중극작가, 3류 극작가들도 예술일 것이다.

고객 서비스 담당 직원이 뛰어난 수완을 발휘해 불만을 터뜨리는 고객을 열렬한 팬으로 바꾸었다면, 그것 역시 예술이다. 크레이그 뉴마크Craig Newmark가 인터넷을 이용해 광고 시장에 혁명을 몰고 오는 사업 모델을 개발하고 성공으로 이끈 것 역시 예술이다. 에드 서트Ed Sutt가 더 나은 못을 발명해 수많은 생명을 구하고 돈까지 번 것도 예술이다.

그래서 지금은 무엇이 예술을 예술로 만드는지, 또 예술이 무엇인지 정의를 내리는 작업이 중요하다. 그래야 예술이 나에게 쓸모가 있는지 없는지 판단할 수 있다. 앞에서 내린 예술의 정의로 돌아가보자.

"예술이란 상대방을 변화시키기 위한 선물이다."

예술가란 예술을 창조하는 사람이다. 더 많은 사람을 바꿀수록, 사람들이 더 많이 바뀔수록, 더욱 훌륭한 예술가다.

예술은 기술과 무관하다. 물론 변화를 이끌어내는 데 도움이 되는 한도 안에서만 기술은 의미가 있다. 기술과 기교는 예술을 만드는 데 도움이 되는 요소이기는 하지만 반드시 필요한 요소는 아니다. 예술은 꾸밀 필요가 없다. 그것을 활용해 변화를 만들어낼 수 있는 한도 안에서만 유용하다. 그림이나 조각이나 음악이라고 해서 무조건 예술이 될 수 있는 것도 아니다. 아무런 변화도 만들어내지 못한다면 그것은 예술이 아니다. 어떤 감흥도 주지 못한다면 아무런 변화도 일어나지 않을 것이다.

이런 정의에 따르면, 예술은 곧 인간이다. 기계는 예술을 창조할 수 없다. 의도가 없기 때문이다. 목적을 가지고 어떤 일을 한다면, 그것은 예술이 될 확률이 훨씬 높다.

주방장은 예술가가 아니다. 조리법만 잘 따라서 요리하면 좋은 주방장이 될 수 있다. 하지만 요리사는 예술가다. 새로운 요리법을 개발하고 자신의 요리를 맛보는 사람들에게 놀라움과 기쁨과 즐거움을 주기 위해 끊임없이 새로운 요리를 만들어내기 때문이다.

예술은 독창적이다. 마르셀 뒤샹Marcel Duchamp은 예술가다. 화장실 소변기를 미술관에 전시하는 파격을 통해 다다이즘을 개척했다. 하지만 다른 사람이 또 소변기를 미술관에 가져다 놓는다면 어떨까? 그는 예술가가 아니라 배관공에 불과할 것이다.

예술은 감정노동의 결과다. 위험을 무릅쓸 필요가 없는 쉬운 일이라면 절대 예술이 되지 못한다.

어떤 일을 예술로 만드는 마지막 요인은 대가 없이 주는 것이다. 예술가는 돈을 벌 목적으로만 예술품을 만들지 않는다. 순전히 팔기 위해서만 예술을 한다면, 경이로움은 사라지고 더 이상 예술이 되지 못한다.

조직은 언제나 인간이 창조한 예술을 이용한다. 아이폰 디자인은 예술이다. 사람들이 손끝으로 느끼는 방식을 바꾸었다. 디지털

기기를 사용하는 방식을 바꾸었다. 소통하는 방식을 바꾸었다. 아이폰은 많은 선물도 주었다. 아이폰을 사지 않더라도 많은 사람들이 그 혜택을 누릴 수 있다. 망가진 아이폰이나 새 아이폰이나 비슷한 가치를 지닌다. 아이폰의 진짜 가치는 그 속에 있기 때문이다. 우아한 디자인은 보너스일 뿐이다. 이 모든 것은 아이폰을 디자인한 예술가가 우리에게 준 선물이다.

상호작용의 예술

예술가들은 대부분 (머릿속 상상으로) 돌, 캔버스, 물감, 종이 위에 쓰인 글과 상호작용을 한다. 자신의 작품을 사람들에게 보여주기 전에, 어떤 변화를 일으키기 전에 이런 내면적 상호작용을 한다.

하지만 가장 본능적인 예술은 직접적이다. 사람과 사람, 경쟁자와 경쟁자, 예술가와 관람객 사이의 상호작용에서 일어나는 예술이다. 바로 우리의 모든 행동이 예술인 것이다. 모임을 이끌어가는 예술, 학생과 상담하는 예술, 인터뷰하는 예술, 화난 고객을 진정시키는 예술, 자금을 모으는 예술, 벼룩시장에서 카펫을 사는 예술, 디자이너를 다루는 예술이다.

예술이 어떤 사람의 마음을 바꾸는 일이라면, 매일같이 인간관계를 맺는 우리는 모두 예술가다. 그런 상호작용에 뛰어난 예술가에게는 어떤 일이 일어나겠는가?

중국의 그림 마을

셴젠深圳 외곽에 다펀大芬이라는 마을이 있다. 전 세계에 돌아다니는 그림 중 60퍼센트가 이 마을에서 그려진 것이라고 한다. 고흐, 다 빈치, 렘브란트 등 세계적 화가들의 명화가 이곳에서 대량으로 쏟아져 나온다.

나도 다펀에서 생산된 아름다운 그림을 두 점 가지고 있다. 하나는 귀걸이를 하고 빵모자를 쓰고 프로펠러를 손에 든 수컷 침팬지의 모습이 담겨 있고, 다른 하나는 머리에 나비 모양 리본을 단 새끼 오랑우탄의 모습이 담겨 있다. 나는 이 그림을 이베이에서 각각 7만 원 정도씩 주고 샀다(액자까지 포함된 가격이다). 그림은 며칠 뒤 집에 도착했다.

어떤 사람이 이 그림을 그렸을까? 아무도 모른다. 아무도 신경 쓰지 않는다. 누가 그렸든 상관없다. 그들은 약간 복잡한 문제를 해결하기 위해 던져진 인간 기계일 뿐이다. 매일 보잘것없는 가치를 생산해낸다.

이들은 부지런하고 재능 있는 노동자일 뿐 결코 예술가는 아니다. 그림 그리는 기계의 톱니바퀴들이다. 이런 시스템을 만들어낸 사람이나, 침팬지 그림을 최초로 그렸던 사람은 진정한 예술가일지 모른다. 하지만 내가 산 그림을 그린 사람들은 예술가가 아니다. 사실상 거대한 시스템의 무기력한 희생양일 뿐이다. 그들은 매일 일터로 가지고 가는 재능에 비해 아주 적은 돈만 받는다.

선물과 예술과 감정노동

예술은 예술가가 창조한다. 예술은 고유하고 새롭다. 예술은 현 상태를 장식하는 것이 아니라 의문을 제기한다. 예술은 변화를 유발한다.

예술은 단순한 상품이 되어서는 안 된다. 선물이어야 한다. 예술가는 아무런 보상을 기대하지 않고 널리 자유롭게 퍼져나갈 것이라고 충분히 예상되는 아이디어를 만들어내야 한다. 물론 예술의 물리적인 결과, 예컨대 그림이나 음악은 수십억 원에 팔릴 수도 있겠지만 돈을 지불하지 않은 사람들도 쉽게 즐길 수 있다.

예술은 전공자만 할 수 있는 것이 아니다. 미술관이나 무대에만 제한되는 것이 아니다. 대가 없이 줄 수 있는 고유한 아이디어는 모두 예술이다. 어린이집에 처음 아이를 맡기러 온 엄마를 행복하게 만드는 것도 예술이다. 온라인으로 포커를 즐기는 사업 모델을 만드는 것도 예술이다. 멋진 해저 터널을 구상하는 것도 예술이다.

무엇보다도 예술을 하기 위해서는 노동이 필요하다. 붓질을 하거나 타이핑을 해야 한다. 또한 어려운 일에 도전하고, 위험을 무릅쓰고, 자기 능력의 한계를 넓혀나가는 감정노동이 필요하다.

누구나 예술가가 될 수 있다. 물론 우리는 가끔 돈이라는 무한 굴레에 사로잡혀 아무 대가 없이 주는 예술의 본성을 잊고 살기도 한다. 감정노동을 어렵다는 핑계로 내팽개치고 예술가가 되기를 포기한다.

스스로를 비참하게 만들기

일=돈.

'주는 만큼 일한다'는 태도를 공식으로 나타낸 것이다. 나는 이런 태도를 매우 싫어한다. 이런 생각이 우리를 싸구려로 만든다. 이 간단한 공식이 나를 고민 속에 빠트리는 이유는 두 가지다.

1. 자신의 가치가 진정 그렇게 낮다고 생각하는가? 겨우 하루 몇만 원에 자신의 모든 시간을, 삶을(무엇과도 바꿀 수 없는 시간을) 저당잡힐 것인가? 자신의 시간을 기꺼이 팔아넘기려고 하는 순간, 자신 안에 잠재해 있는 예술가가 되는 일은 멈추고 만다.

2. 이로써 끝난 것인가? 상호작용이 더 이상 이어지지 않는가? 주는 만큼 일한다면, 하루의 일이 끝나는 순간 서로 더 이상 줄 것도 받을 것도 없는 관계가 되는가? 이렇게 계산이 끝난다면 이 둘 사이에는 아무런 유대도 생길 수 없다. 지속적으로 관계를 맺을 필요도 없다. 일용 노동자에게 일을 주는 사람은 일일 고용자뿐이다. 추운 새벽 거리에서 자신에게 일을 줄 사람을 기다리는 신세를 면치 못할 것이다.

하루라도 자신이 하는 일의 의미를 소중하게 여겨야 한다. 오늘 하루를 생산적으로 보내야 하는 이유는 누군가가 높은 값을 지불했기 때문이 아니다. 그것이 내게 주어진 단 하나의 기회이기 때문이다. 오늘 하루는 예술을 할 수 있는, 선물을 줄 수 있는, 중요한 일을 할 수 있는 기회다. 내가 하는 일이 더 나아지고 나의 예술이 더 중요해질수록 나의 선물을 얻고자 하는 사람들은 많아질 것이다. 내 선물을 누구에게 줄지 훨씬 까다롭게 고를 수 있게 된다.

자신이 하는 일에 걸맞은 보수를 받지 못한다면, 그 일을 끝마치고 나서 유대가 형성된다는 뜻이다. 선물을 주고받을수록 사람은 더 끌리게 되고 관계는 쉽게 끊기지 않는다.

선물은 열정에서 나온다

열정이란 선물을 자발적으로 주고 싶어 하는 고집을 의미한다. 예술가는 완고하다. "나 스스로 만족하기 전에는 만족을 느끼지 못한다." 이것은 단순히 형편없는 일을 거절한다는 뜻이 아니다. 중요한 일을 고집하는 것이다. 이런 완고한 열정은 자신의 재능을 인정하지 않는 사람들 앞에서도 포기하지 않고 평정심을 유지할 수 있는 힘을 갖게 한다.

예술가들은 일생 동안 주는 데 초점을 맞춘다. 또 그들의 고집은 수입이나 직업 안정성에는 관심이 없다. 긍정적인 태도로 자신의 재능을 활용하는 길을 찾을 뿐이다. 열정적인 예술가가 되기 위해서는 지적 성실성에 대한 강렬한 끌림이 필요하다. 돈을 벌기 위해 그런 일을 하는 것이 아니다. 돈으로 교환하는 행위에는 자신이 쏟은 최선의 노력을 희석해버리는 요소가 들어 있기 때문이다.

에드 서트는 건축 일을 하는 아버지 덕분에 어릴 적부터 집 짓는 법을 배웠다. 한번은 새로운 집의 골조를 짜기 위해 수없이 못질을 하다가 손이 퉁퉁 붓기도 했다. 그는 클렘슨대학 풍력 하중 테스트 센터Wind Load Test Facility에서 건축학과 더불어 목재에 바람이 미치는 영향을 연구했다. 그런 과정에서 카리브해 지역을 방문해 허리케인 매릴린Marilyn 때문에 집 수천 채가 파괴된 현장을 직접 목격했다. 이 무서운 바람은 섬사람들의 삶을 바꾼 것 못지않게 수트의 삶도 바꾸었다.

이때까지 사람들의 관습적인 지혜는 단순했다. 허리케인에서 살아남을 확률을 높이려면, 아주 비싼 재료를 사용해 비싸게 집을 지어야 한다고 생각했다. 집을 그렇게 짓지 못할 바에는 어차피 날아가버리니 싸구려 목재로 대충 짓는 것이 현명했다.

"모든 것이 너무나 완벽하게 파괴된 현장은 거의 초현실적인 느낌을 자아냈다." 〈파퓰러 사이언스Popular Science〉는 이렇게 보도했다. 서트는 이렇게 회고한다. "거리에는 군인들이 오갔고 머리 위에는 헬리콥터가 날아다녔죠."

지붕이 날아가고 벽이 무너진 폐허 속을 누비고 다니면서 서트는 이런 파괴를 대부분 피할 수 있었다고 깊이 확신하게 되었다. "이 집 저 집 다녀보면서 집이 무너진 원인은 나무가 아니라 나무와 나무를 연결하고 고정해주는 못이라는 사실을 깨달았습니다."

이후 11년 동안 그는 수백만 사람들의 운명을 바꾸어줄 못을 만들어내기 위해 밤낮으로 연구에 전념했다. 서트는 건축에서 가장 중요한 부품이 바로 못이라는 통찰을 갖고 있었다. 하지만 10년이 넘는 고집과 끈기가 없었다면 그의 통찰은 아무런 빛을 보지 못했을 것이다.

노력 끝에 서트는 수십억 원을 벌었다. 물론 돈이 그의 열정에 대한 보상이라고 생각할지도 모른다. 하지만 나는 그가 처음부터 어떤 대가를 바라고 그런 일을 했다고 생각하지 않는다. 열정은 돈을 만들어내지 못한다. 수백만 사람들에게 도움을 주는 차이를 만들고 문제를 해결하고 변화를 창조할 뿐이다. 서트는 예술가다. 매뉴얼을 따르지 않고 차이를 만들기를 선택하는 사람이다.

잠깐! 지침 따르기를 그만두고 예술가가 되는 길에 들어섰다고 당당하게 말할 수 있는가? 당신은 새로운 아이디어를 꿈꾸고 그것을 실현하는 사람인가? 상호작용을 하는 새로운 방법, 감정을 전달하는 새로운 길, 관계를 맺는 새로운 통로를 찾는 사람인가? 톱니바퀴가 아니라 인간으로서 행동하는 사람인가? 그런 사람이 나라고 당당하게 이야기할 수 있는가?

"그렇다!"

가난한 마음

내가 당신에게 무언가를 준다면, 나는 그만큼 손해를 본다. 당신이 가진 것이 늘어날수록, 내가 가진 것은 줄어들 것이다. 내가 더 많이 나눌수록, 나는 더 많이 잃을 것이다.

돈, 아이디어, 시간에 대해 우리는 오랫동안 이런 사고방식으로 접근했다. 오랫동안 그렇게 가르침을 받았다.

그러나 디지털 시대에 접어들면서 우리의 믿음은 위협받고 있다. 내가 만든 전자책을 당신이 읽는다면 우리는 모두 이긴 것이다. 아이디어를 공유하는 것도 마찬가지다. 관심은 소중하다. 내 아이디어에 기꺼이 관심을 보인다면 우리는 모두 발전한다.

여기서 멈추지 않는다. 어떤 것을 줄 때, 주는 사람은 받는 사람보다 더 많은 혜택을 누린다. 너그럽게 나누어줌으로써 우리는 어마어마한 부자가 될 수 있고, 상품과 서비스를 공동체 전반에 퍼트림으로써 모든 사람이 혜택을 누린다.

지금까지 우리는, 내 것은 내 것일 뿐이라고 배웠기 때문에 그런 행동을 하지 못한다. 가진 것이 많지도 않은데 어떻게 나누어줄 수 있겠는가? 그럼에도 성공한 사람들은 매일 자신의 전문 지식을 나누어주고 자신의 생각을 퍼트리기 위해 경쟁한다.

예술가가 되어야 하는 진짜 이유

선택의 여지 없이 예술가가 되는 사람도 있다. 타고난 성품이 그렇고, 자신이 하는 일이 그렇기 때문이다. 그들은 이미 예술가가 되는 데 필요한 모든 자질을 가지고 있다. 그런 사람들에게는 내가 별다른 도움을 주지 못할 것이다.

하지만 대다수의 사람들이 그렇지 않다. 바로 당신도 그럴 수 있다. 선뜻 받아들이기 어렵다. 가족을 부양하기에도 어려워 보이고, 심지어 세상을 바꾸는 타당한 방식으로도 보이지 않는다.

예술의 역할은 계속 바뀐다. 어쨌든 예술의 가장 중요한 기능은 나를 차별화해준다는 것이다. 예술은 생계가 아니다. 실질적이지 않다. 돈을 많이 벌어다 주는 것도 아니고 심지어 세상을 바꾸지도 못한다.

지난 100여 년 동안 자본주의는 넘쳐나는 현금을 만들어냈고 (물론 그 엄청난 현금 더미는 불공평하게 분배되어 있지만) 예술 작품에 돈을 쓰는 사람들도 하늘을 찌를 듯 늘어났다. 예술 작품에 순수한 수요를 가진 사람들뿐 아니라 예술을 투자 대상으로 삼는 사람들도 상당히 많아졌다. 그 결과 예술은 자본주의와 가장 가까운 영역으로 확장되었다. 문화 산업은 가수, 배우, 화가, 극작가 등 다양한 예술가들을 대중적인 스타로, 백만장자로 만들어주었다. 하지만 그들은 여전히 자신의 영역에만 머물러 있다.

문화 산업이 본격적으로 산업 안으로 침투하기 시작하면서, 예술가들도 경제의 외곽에서 중심으로 옮겨 들어가고 있다. 이제는 제철소 용광로까지 디자이너가 설계하는 시대가 되었다. 달걀 껍데기에 디즈니 캐릭터를 새겨서 팔기도 한다. 음식, 여행 가방, 휴대전화, 볼펜, 보험 가입 서류 등 모든 것이 디자인과 예술과 통찰에 따라 달라지고 있다. 예술이 인간에 관한 것이라면, 상거래는 상호작용에 관한 것이 되었다. 상거래도 이제 예술이다.

자기 안에 있는 예술가를 포용해야 하는 이유는 역설적이게도, 이것이 안정을 향한 가장 분명한 길이 되었기 때문이다. 해고의 시기가 왔을 때 가장 안전한 일자리는 예술가다. 쉽게 아웃소싱할 수 없고 쉽게 대체할 수 없는 린치핀이기 때문이다.

두부 파는 일을 하기 위해서 예술가가 되어야 할까?

재미있는 질문이다. 그림, 조각, 음악 같은 것만 예술이라고 생각한다면 납득하기 힘들지도 모른다. 예술은 일과 다르다고 믿는다면, 다른 노력과 다른 자질이 필요하다고 믿는다면, 두부를 파는 예술은 상상하기 힘들 것이다.

나는 예술을 그렇게 보지 않는다. 자신이 하는 일을 통해 사람들을 바꾸고, 세상을 있는 그대로 바라보고, 시장을 바꿀 수 있는 이야기와 이미지와 상호작용을 만들어내는 능력을 예술이라고 생각한다. 따라서 두부를 판다고 해도 그 일을 더 잘하기 위해서는 예술가가 되어야 한다.

몇 년 전만 해도 마케팅 효과를 예상하고 측정할 수 있는 산업적 해법이 있다고 주장하는 사람들이 있었다. 엄청난 양의 쿠폰을 뿌리고 쉴 새 없이 광고를 퍼붓고 유통망을 최대한 확보하고 공격적인 가격 정책을 펼쳐나가면 틀림없이 브랜드를 키울 수 있다고 주장했다. 하지만 지난 10년 동안 보았듯이, 책에서 이야기하는 마케팅 기법은 그 무엇도 의도한 대로 작동하지 않았다.

이제는 존스 소다Jones Soda 같은 소규모 기업의 브랜드가 큰 성공을 거두는 일이 훨씬 흔하게 일어난다. 존스 소다가 정점에 다다랐을 때의 기업 가치는 자그마치 3,000억 원이 넘었다. 그런 가치 중에 무엇도 책에 나오는 규칙에 따라 만들어지지 않았다.

존스 소다의 설립자 피터 판 스톡Peter van Stolk은 철저한 예술가다. 판 스톡은 이렇게 말한다. "나는 음료 산업에 몸담고 있지만 다른 음료 업체들이 어떤 일을 하는지 신경 쓰지 않습니다. 아무런 관심도 없습니다. 그들은 각자의 방식대로 계속 일을 해나갈 것입니다. 우리는 우리 방식대로 사업을 해왔을 뿐입니다. 물론 다른 사람들이 하는 일을 알아야 하겠지만 그들을 따라 해서는 안 됩니다."

어떤 예술이 그런 성공을 만들어냈을까? 그는 마케팅 책에 적혀 있는 모든 규칙을 깼다. 여러 고객의 사진을 받아서 음료수 병에 붙여 팔았다. 으깬 감자 맛 음료를 만들었다. 고객들이 찾아오면 문 앞까지 직접 나가서 맞이했다. 갈수록 사람들이 더 많이 찾아왔다. 한번 생각해보라. 펩시 공장을 찾아가는 사람이 도대체 몇 명이나 있겠는가?

이런 모습이 마케터의 행동처럼 보이는가? 이것은 예술가의 행동이다. 아마도 지금까지 두부에 사랑스러운 브랜드를 붙이지 못한 이유는, 아직 두부 파는 일에 나선 예술가가 없기 때문일 것이다. 그런 사람이 나타나는 순간, 두부 시장은 전혀 새로운 혼돈에 빠질지도 모른다.

셰익스피어라면 블로그를 했을까?

예술가를 예술가답게 보이도록 만드는 도구가 따로 있을까? 아니면 예술가들은 자신에게 주어진 도구를 이용해 예술을 할까?

셰익스피어는 연극을 발명하지 않았다. 원래 있던 예술 장르를 활용했을 뿐이다. 제롬 데이비드 샐린저Jerome David Salinger는 소설을 발명하지 않았다. 그저 몇 편 썼을 뿐이다. 그들이 사용한 도구는 이미 존재해왔다.

우리는 특정한 장르의 예술에 맞추어 태어난 것이 아니다. 우리 유전자는 어떤 기술이나 도구를 활용할 수 있는지 전혀 모르는 상태에서 태어나기 때문이다. 원시시대에 태어난 사람은 동굴에 벽화를 그리고 돌을 조각했을 것이며, 오늘날 태어난 사람은 극작가, 화학자, 양자역학 과학자가 될 것이다. 어떤 도구를 반드시 찾아야 하는 것이 아니라 자신이 처한 환경에서 각자 예술을 했다.

전통 기술이나 도구나 시스템을 새로운 방식으로 활용한다면 그것이 바로 예술이다. '어디에서 예술을 해야 하는가?'라는 질문에 대한 해답을 단순히 몇 가지 항목 중에서 고를 수 있는 시대는 이제 끝났다. 우리 사회는 무수한 가능성을 열어주고 있다.

열정이 생기지 않는다는 핑계

아마존을 만든 제프 베이조스는 인터넷이 존재하기 전에 무엇을 했을까? 열정 없이 빈둥거리는 한량이었을까? 스파이크 리는 카메라를 발견하기 전에 현 상태에 안주하며 한가롭게 노닥거렸을까?

열정은 특정한 프로젝트에 대한 것이 아니다. 열정은 사람에 대한 것이다. 열정적인 사람들은 열정적으로 행동함으로써 자신의 존재감을 끌어낸다.

문제는 엉터리 프로젝트나 마음에 안 드는 상사가 아니다. 열정을 느낄 수 있도록 만들어주는 것을 어떻게든 스스로 찾아내야 한다. 열정이 있는 사람들은 그렇게 자신의 열정을 유지해나간다.

열정과 예술이 결합할 때 비로소 린치핀은 탄생한다.

사람들을 감동시키기

사람들에게 자신을 드러내 보이는 것은 예술이다. 자신이 하지 않아도 될 일을 나서서 관계를 맺는 것은 선물이다. 할 말만 하고 자리를 뜰 수도 있지만 그 사람을 감동시킴으로써 그들의 삶에 영원

186

한 차이를 만들어낼 수 있다.

이런 행동은 위험을 무릅써야 할 뿐 아니라, 무작정 요구할 수 있는 것도 아니다. 이런 행동을 하기로 마음먹을지는 스스로 판단해야 한다. 마음에서 우러나와야 한다. 당황스럽게 만들지 않으면서 사람을 울리는 예술도 있다.

선물은 누구를 위한 것인가

어떤 잡지사가 유명 인물의 사진을 찍어오라고 사진작가에게 의뢰했다면 잡지에 실을 수 있을 만한 사진에 대해서만 돈을 준다. 잡지사는 일정한 수준의 사진을 가져오기를 기대한다. 이것이 공정한 거래다. 하지만 사진작가가 그런 기대 수준보다 훨씬 더 큰 노력을 기울인다면 그것은 선물이 된다. 사진작가가 잡지사에게, 또한 잡지 구독자에게 주는 선물이다.

애니 리버비츠Annie Leibovitz는 이런 선물로 자신의 경력을 쌓았다. 그는 잡지에 실을 유명인의 사진을 찍는 일을 했다. 하지만 그는 자신의 한계를 계속해서 밀고 나갔다. 이전에 그가 찍었던 사진을 기대하고 의뢰했던 클라이언트들이 난감해할 만한, 또 사지 않을지도 모르는 사진들을 계속 찍어냈다. 시간이 가면서 그가 베푼 선물은 계속 쌓였고 자연스럽게 명성도 점점 높아졌다.

선물을 주는 이유는 두 가지다. 첫 번째로는 호혜 관계가 성립

된다(나는 이런 이유에는 별로 흥미를 느끼지 못한다). 내가 베풀면 그만큼 상대방이 되돌려주리라고 기대하는 것이다. 하지만 이런 태도는 상대방을 조작하려는 것이다. 경력을 쌓는 방법이 아니다. 사회학자 마르셀 모스Marcel Mauss는 원시사회가 이런 호혜주의를 바탕으로 유지되었다고 말한다. 문제는 자본주의사회에서 이런 호혜주의 본능이 쉽게 남용된다는 것이다.

두 번째 이유는 매우 멋지다. 선물은 예술을 만들도록 부추긴다. 선물이란 되돌려받기 위해 베푸는 것이 아니다. 호혜 관계를 염두에 두고 주는 것은 이미 선물이 아니다. 나는 초상화가 척 클로즈Chuck Close에게서 초현실적인 그림을 선물로 받았다. 그런 기쁨에 대한 보답으로 나는 돌려줄 것이 없었다. 되돌려받고자 하는 마음을 갖는 순간 그것은 선물이 아니다. 이런 사실은 예술가에게 여유를 준다. 스스로 책임질 수 있는 여유, 실험할 수 있는 여유, 기쁨을 찾을 수 있는 여유를 준다. 그림을 그릴 때 마감에 쫓길 필요도 없고 자신의 작품을 사는 사람의 마음에 드는 결과물을 만들기 위해 노력할 필요도 없다. 자신의 마음을 담을 뿐이다.

여기서 내가 하는 주장의 핵심은 단순하다. 우리는 어떤 일을 하든 예술가가 될 수 있다. 선물이 작아도 상관없다. (요청에 따라 일하는 것도 아니고, 매번 똑같은 방식으로 일하는 것도 아니고, 모든 사람을 만족시키기 위해 일하는 것도 아니다.) 자신의 이기적인 충동을 기꺼이 유보할 수 있다면 고객이나 상사, 동료는 물론 지나가는 사람에게도 선물을 줄 수 있다.

선물은 받는 사람뿐만 아니라 주는 사람에게도 큰 기쁨을 안겨준다.

예술은 누구를 위한 것인가

어떤 예술가들은 자신을 바꾸기 위해서 작업한다. 예술을 만드는 과정과 그 결과는 오로지 그것을 만든 사람을 목표로 한다. 숲속을 걸어가면서 휘파람을 부는 것도 일종의 예술이다. 다람쥐가 박수 쳐주기를 바라며 휘파람 부는 사람은 없다.

하지만 우리는 대부분 다른 사람을 위해서 예술을 한다. 내 예술을 보고 듣고 만지는 사람들을 바꾸고 싶어 한다. 관객들을 더 즐겁게 만들고 더 참여하게 만들고 고객으로 만들고자 한다.

자신이 어떤 사람을 위해서 일하고 있는지 알아야 한다. 두 가지 이유 때문이다. 하나는, 관객을 알아야 자신이 하는 일의 타깃을 설정할 수 있고 효율적인 피드백을 얻을 수 있다. 다른 하나는, 어떤 사람을 무시해도 좋은지 알려준다.

모든 사람을 위해 예술을 하기란 불가능하다. 목표가 너무나 많으면 혼란스럽고 끊임없이 잡음이 일어난다. 모든 사람을 위한 예술은 평범하고 개성 없고 비효율적이다.

자신의 관객을 정확하게 설정하지 않는다면 그렇게 만든 예술

189

은 형편없고 괴팍한 비평가들의 먹잇감으로 전락하고 말 것이다. 그것은 낭비일 뿐이다. '자신이 선택한' 관객에 초점을 맞추고 그들의 이야기에 귀 기울여라. 다른 사람은 배제해라. 그대로 밀고 나가라. 그들을 행복하게 만들어라. 다른 사람들이 뭐라 하든 신경 쓰지 마라.

구글의 블로그 서비스 블로거Blogger를 설립하고 이후 엑스를 설립해 큰 성공을 거둔 이브 윌리엄스Ev Williams는 이렇게 말한다.

"핵심은 바로 멋진 일을 하는 것이다. 메아리에 취해서는 안 된다. 메아리에서 빠져나오기가 아마도 가장 어려울 것이다. 거기서 빠져나와야만 독창적인 일을 할 수 있다.

많은 것들이 진화한다. 새로운 기술이 성공하면 거기에 딸린 하위문화가 수없이 생겨나고 기발한 생각이 떠오른다. 그런 것을 이용해 새로운 사업을 시작할 수 있을지도 모른다. 하지만 대개 그런 것들은 이미 수많은 사람들이 매달려 시간을 탕진했을 가능성이 높다. 나 역시 그런 잔머리를 굴리며 시간을 허비한 적이 있다. 나는 성공을 거둘 때마다 이렇게 생각한다. '기본으로 돌아가자. 내가 원하던 것이 뭐였지? 내가 세상에서 보고 싶었던 것이 뭐였지?' 그리고 그것을 만든다."

엑스는 처음에 성공하지 못했다. 사람들이 찾지 않았다. 서비스의 핵심이 무엇인가? 사업 모델은 무엇인가? 그러던 중 소문이 퍼지기 시작하면서 엑스는 역사상 가장 빠르게 성장한 커뮤니케이션 매체가 되었다. 기존의 모델을 따르기보다는 그것을 부수었기 때문이다.

어떤 예술가들은 창조한다.

어떤 예술가들은 자신의 작업에 돈을 대줄 후원자를 찾는다.

어떤 예술가들은 상사를 찾는다. 자신에게 돈을 줄 뿐 아니라 무엇을 해야 하는지 지시도 해줄 사람을 찾는다. 하지만 그렇게 되는 순간 그 사람은 더 이상 예술가가 아니다.

예술가의 일은 우리를 바꾼다. 상사가 있다면 우리는 상사를 바꾸기보다는 상사를 기쁘게 하는 데 초점을 맞추어 일할 것이다. 자신이 일할 대상, 자신을 지켜보아줄 사람, 자신에게 돈을 지불할 사람을 찾는 것도 나쁘지 않다. 하지만 그 사람을 상사처럼 대하는 순간, 자신의 행동과 결과물에 대한 책임을 떠맡을 사람으로 대하는 순간, 우리는 더 이상 예술가가 아니라 톱니바퀴가 된다.

노력이 아니라 결과를 보라

우리는 지금 예술을 경연하는 것이다. 누가 더 노력했는지 경쟁하는 것이 아니다. 고객의 관심사는 오로지 자기 자신일 뿐이다. '내가' 어떻게 느끼는지, 물건이나 서비스나 상호작용이나 작동 방식이 나를 더 낫게 바꾸는지 관심을 가질 뿐이다.

어디서 만들었는지, 어떻게 만들었는지, 만들기가 얼마나 힘들었지 전혀 알 필요가 없다. 그렇기 때문에 감정노동이 육체노동보다 훨씬 가치 있는 것이다. 감정노동은 수용자를 바꾼다. 우리는 고객의 반응에 관심을 가져야 한다.

MBA가 특별하지 않은 이유

어떤 조직에서든, 누구도 시키지 않은 감정노동이라는 선물을 사심 없이 나누어주는 의욕에 찬 사람들에게 미래가 달려 있다. 그저 자신이 맡은 수량을 채우기 위해 노력하고, 눈에 보이는 만큼만 대충 하고 넘어가려는 사람이 많을수록 더욱 형편없는 조직이 될 것이다.

기업의 고위 임원들은 이런 문제를 해결하기 위해서 오랜 시간 씨름해왔다. 사업을 개척하는 책임을 맡은 부사장을 고용할 때 우리는 그 사람이 심부름꾼이 되어주기를 바라지 않는다. 그저 사장이 만들어준 할 일 목록을 하나씩 해결하라고, 어떤 결정이든 무조건 물어보고 실행하라고 하지는 않을 것이다. 그 사람에게 그토록 많은 돈을 주는 이유는 사업을 혁신하고 새로운 기회를 만들고 관계 맺기 어려운 사람들과 관계를 맺고 성공으로 가는 험난한 길을 헤치고 나가라는 뜻이다.

하지만 하급 직원들에 대한 태도는 완전히 달라진다. 경영진은 이들을 기계처럼 다루면서 낮은 보수를 준다.

진실은 전혀 다르다. 군대나 맥도날드 같은 거대한 조직에서도 직원들을 인간적으로 대할수록 분명히 더 나은 결과가 나온다는 사실이 밝혀졌다. 미군이 이라크에서 수행한 가장 어려운 임무 중 하나는 병사들에게 이라크 국민들을 잠재적인 파트너로 대하도록 가르치는 것이었다. 자신이 맡은 임무를 유연하게 적용하는 법, 알 수 없는 거대한 위험 앞에서 인간적으로 행동하는 법을 가르치는 것이었다. 미사일을 쏘는 법은 쉽게 가르칠 수 있었지만 두려움을 앞에 두고 위험을 무릅쓰도록 하기는 매우 어려웠다.

디지털 시대가 될수록 경영진은 즐거워한다. 모든 일을 수치화하고 기계화하고 인터넷으로 즉각 공유한다. 이런 일은 모두 스프레드시트의 네모 칸에 집어넣을 수 있다. 문제는 경쟁자들도 모두 똑같은 스프레드시트를 쓴다는 것이다. 결국 비슷비슷한 사업 모델하에서 여러 경쟁자들과 시장을 나누어 먹을 수밖에 없고, 비약적으로 성장할 기회는 꿈도 꾸지 못한다.

수치화하기 쉬울수록 그 가치는 작다.

일이냐 예술이냐

누군가 시킨 대로 한다면 그것은 일이다. 공장에 시간 맞추어 출근하고 지침을 따르고 스펙에 자신을 끼워 맞추고 관리받고 감독받는 것이다. 힘들거나 고도의 기술이 필요하다고 해도 그저 일일 뿐이다. 언제든 나보다 더 잘하고 더 빠르고 더 싸게 일할 수 있는 사람이 있기 마련이다.

어떻게 하라고 누구도 분명하게 지시하지 않은 일을 한다면 그것은 예술이다. 예술은 스스로 책임지는 행동이다. 현 상태에 도전하고 사람들을 바꾸는 행동이다.

나는 예술하는 과정을 일이 아니라 '작업the work'이라고 부른다. 물론 자신이 하는 일을 마음만 먹으면 작업으로 만들 수 있다. 이것이 바로 린치핀이 되는 법이다. "일은 작업과 다르다."

일을 하면서 보내는 시간이 곧 선물을 주고 관계를 맺고 새로운 것을 발명하고 기쁨을 찾는 시간이 될 수 있을까? 그러기 위해서는 무엇이 바뀌어야 할까? 외적인 환경이 변해야 하는가, 아니면 내적인 결심이 변하면 되는가?

나는 그동안 무수한 분야에서 예술하는 사람들을 만났다. 레스토랑 직원, 작가, 음악가, 의사, 간호사, 변호사 등 모두 자신이 하는 일에서 예술을 찾았다. 일은 작업이 아니다. 작업은 마음과 영혼으로 하는 것이다.

감정노동에 대한 몇 가지 질문

나는 집에서 꼭 필요한 사람인가?

내가 없어도 가정은 화목할까?

나는 직장에서 꼭 필요한 사람인가?

내가 어떤 자리에서는 꼭 필요하고 어떤 자리에서는 쉽게 대체될 수 있는 이유는 무엇일까?

나는 멋진 이성과 데이트를 할 때 매력적으로 행동하는가?

직장에서 회의를 할 때는 왜 그렇게 하지 못하는가?

일터만 벗어나면 그토록 자연스럽게 감정노동을 발휘하면서, 일터에서는 그런 에너지를 숨기는 이유는 무엇인가?

예술가는 낙관주의자

이유는 간단하다. 예술가들에게는 상황을 개선할 수 있는 기회가 있기 때문이다.

보통 사람들은 가끔 희생양이 되는 선택을 하기도 한다. 상황의 파도에 밀려 이리저리 떠다니는 부랑자가 되기도 한다. 예술가가 되겠다고 선택하기 전까지는 이렇게 휩쓸리는 운명에서 벗어날 수 없다.

예술가는 선물, 혁신, 사랑을 통해서 새로운 이야기를 만들어내는 힘이 자신에게 있다는 사실을 분명하게 이해한다. 기존의 이야기와는 전혀 다른 이야기를 만들어낸다.

낙관적인 태도는 인간의 가장 중요한 특성이다. 그런 태도로 인해 우리는 생각을 발전시키고 상황을 개선하고 더 나은 미래를 희망할 수 있기 때문이다. 그리고 예술가는 누구나 이런 낙관적인 태도를 지니고 있다. 예술가는 진정으로 더 나은 세상을 만들기 위해서 일하기 때문이다.

압박 속에서 운영되는 조직들이 발전하지 못하고 무너지는 것은 바로 이 때문이다. 구성원들 누구나 현재 시스템이 작동하지 않는다는 사실을 알고 있지만, 새로운 시스템을 받아들인다 하더라도 완벽하지 않을 것이 뻔하기 때문이다. 현재의 압박 속에서 받는 고통 때문에 미래에 대해 생각할 여유가 없다. 결국 그런 조직은 현 상태에서 벗어나지 못한다.

낙관적인 태도는 예술가, 변화관리자, 린치핀, 이기는 사람을 위한 것이다. 반면에 불평과 두려움은 스트레스를 받는 조직에 온다. 미래는 자신이 스스로 선택하는 것이다. 낙관을 하든 불평을 하든 생각하는 대로 실현되기 때문이다.

열정 퍼트리기

열정이란 자신의 예술에 쏟는 관심을 말한다. 자신이 가진 것을 베풀기 위해, 훌륭한 선물을 만들기 위해, 사람들을 변화시키기 위해 쏟는 관심이다.

열정은 예술 그 자체를 만들기 위해, 또 그렇게 만든 예술을 전달하는 방식을 개선하기 위해 쏟는 끈기와 활력을 말한다. 자신의 예술에 대한 열정이 큰 만큼 자신의 예술을 '퍼트리고자 하는' 열정도 크다는 뜻이다. 따라서 자신의 예술이 널리 퍼져나갈 수 있도록, 자신이 아끼는 요소들을 기꺼이 포기하는 것도 열정이다.

동시에 열정은 진정으로 중요한 부분은 절대 타협하지 않음으로써 자신의 예술에 강한 애착을 갖게 만든다. 물론 자신의 예술에 진실하기 위해서 자신의 예술이 퍼져나가지 못하도록 막는 일부분을 희생하는 것은 역설이다.

무엇을 포기하고 무엇을 고집할 것인지 결정하는 일도 예술의 일부다. 내가 아는 어느 작가는 자신이 쓴 책이 팔리지 않기를 원한다. 작품의 본질을 꺾는 것보다는 그 편이 훨씬 낫기 때문이다. 그는 자신의 기술에 대한 열정이 있지만 자신의 생각을 퍼뜨리는 데에는 아무런 열정도 느끼지 않는다. 자신의 아이디어가 퍼져나가지 않으면 선물을 주지 못한다는 뜻이다. 이것은 예술이 아니라 단순한 노력에 불과하다. 아무도 받아들이지 않는 예술은 미완성 작품일 뿐, 온전한 예술이 되지는 못한다.

예술이라는 두려움

당신이 창조하고자 하는 예술은 얼마나 강력한가? 자신이 타고난 유전자와 양육 방식과 문화적 관습이 예술을 퍼트리고자 하는 행동을 가로막는가?

하퍼 리Harper Lee는 《앵무새 죽이기》를 쓰기 위해 태어났을까? 유전적 재능과 부모의 양육 방식이 뒷받침되어 그런 기념비적인 예술을 만들어낼 기회를 만난 것일까?

이 책의 첫머리로 돌아가보자. 사람은 누구나 적어도 한 번은 천재였던 적이 있다. 누구나 한 번은 어려운 상황을 헤쳐 나올 수 있는 날개를 찾고 발명하고 창조했다. 그런 일을 한 번 해냈다면, 또다시 할 수 있다.

예술은, 적어도 내가 정의한 예술은, 자신의 인간성을 활용해 다른 사람의 변화를 이끌어내려는 의도적 행동이다. 그런 예술을 어떻게, 어디서 할 것인지 결정하는 일은 자신이 처한 문화적 환경에 따라 달라진다. 1,000년 전에는 아무도 소설을 쓰지 않았다. 100년 전에는 아무도 동영상을 만들지 않았다. 10년 전에는 아무도 엑스에 시를 쓰지 않았다.

예술 중에서도 창조하기 쉬운 분야가 있는 것은 명백하다. 비행기 승객들이 적절한 순간에 흐뭇한 미소를 짓도록 만드는 데 필요한 노력은 다른 예술에 비해 상당히 적다. 반면 아카데미상을 받을 수 있는 영화를 만드는 일은 선택된 소수만 할 수 있다. 위대한 소설가는 태어나기도 하지만 만들어지기도 한다. 하지만 예술가가 되기 위해서 기인이 될 필요는 없다.

나는 지금 총명한 영화감독이 되라고 이야기하는 것이 아니다. 손만 뻗으면 잡을 수 있는 예술을 창조하라고 말하는 것이다. 왜 그런 일을 사람들은 그토록 두려워할까? 그것이 알고 싶다.

당신은 왜 어제 회의에서 한마디도 말하지 않았는가? 동료들과 대화하고 상호작용함으로써 새로운 길을 찾을 수 있는 기회가 있었음에도 그렇게 하지 못하도록 잡아끈 것은 무엇인가? 1년 동안 컴퓨터에서 썩고 있는 새로운 프로젝트 제안서를 끄집어내지 못하는 이유는 무엇인가?

수많은 레스토랑 직원들이 진정한 직원으로서 탁월한 능력을 발휘하지 못한 것은 무엇 때문일까? 나는 두려움 때문이라고 생각한다. 사람들은 이런 두려움에 대해 이야기하는 것조차 두려워한다. 예술에 대한 두려움, 남들의 비웃음에 대한 두려움, 어떤 일을 하기 위해 홀로 일어서는 것에 대한 두려움 때문이다.

하지만 새로운 경제 시스템에서는 이런 두려움에 맞서야 한다. 그리고 두려움을 가차 없이 밀어낼 만큼 용감한 사람들, 예술을 창조하고 예술을 나누어줄 만큼 관대한 소수의 사람들이 더 많은 혜택을 얻게 될 것이다.

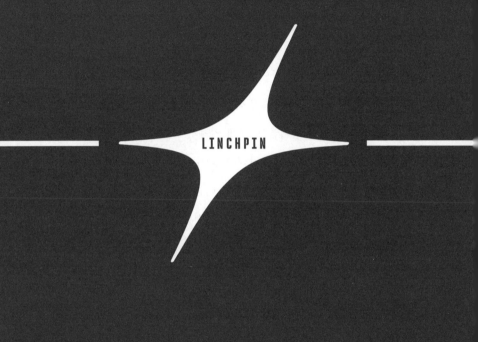

LINCHPIN

왜 튀는 것을
두려워하는가

이런 일은 왜 그렇게 힘든 것일까? 거기에는 생물학적인 이유가 있다. 우리 뇌 속 깊은 곳에 있는 아미그달라, 즉 도마뱀뇌 때문이다. 위협이나 위험으로 느껴지는 것, 자신의 속마음을 드러내는 것은 곧장 파괴해버린다. 이런 좌절에서 빠져나오는 방법은 저항을 인식하고 이름 붙이고 적극적으로 대응하는 것이다.

진정한 예술가의 조건

아직 코드가 완벽하지 않아서 시장에 내보낼 수 없다고 엔지니어
들이 고집을 부릴 때 스티브 잡스는 이렇게 말했다.

"진정한 예술가는 끝낼 줄 안다."

하지만 이 짤막한 주문은 그보다 훨씬 더 깊은 의미를 담고 있
다. 시인 브루스 아리오Bruce Ario는 이렇게 말했다.

"창조성은 생산하고자 하는 본능이다."

이것이 바로 우리가 관심을 갖고자 하는 예술이다.

세상을 바꾼 컴퓨터, 매킨토시의 아버지라고 불리는 앤디 허츠
펠드Andy Hertzfeld는 최초의 매킨토시를 세상에 내놓기 위한 과정을
꼼꼼히 기록했다. 그는 이렇게 썼다.

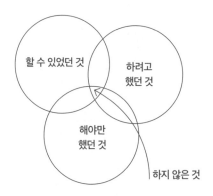

할 수 있었던 것

하려고
했던 것

해야만
했던 것

하지 않은 것

"태양은 이미 떠올랐고 소프트웨어 팀은 그제야 제각각 집으로 흩어져 쓰러진다. 우리가 일을 제대로 끝냈는지 확신할 수 없다. 그토록 오랜 시간 정신없이 일을 하고 나서 이제 할 일이 끝났다는 사실이 정말 이상하게 느껴졌다. 돈 덴먼Donn Denman과 나는 집으로 가지 않고 로비에 있는 소파에 멍하니 앉아 있었다. 7시 30분쯤 되자 회계 팀과 마케팅 팀 사람들이 하나둘 출근하는 모습이 보였다. 사람들 눈에 우리는 정말 신기한 구경거리였을 것이다. 누구든 우릴 보면 밤새 회사에서 일을 했다는 사실을 알 수 있었다(실제로 나는 3일 동안 집에 가지 못했고 샤워도 하지 못했다)."

그 순간 허츠펠드는 자신이 예술가처럼 느껴졌다. 그는 자신이 맡은 일을 이렇게 완수했다.

예술가는 현실과 동떨어진 사고를 하지 않는다. 그런 태도로 어떤 일을 한다면 규칙도 필요 없고 상호작용할 필요도 없고 촉박하

204

게 작업할 이유도 없다. 예컨대 타임머신을 만들거나 액체질소로 나이아가라 폭포를 얼리는 것은 진정한 예술이라 할 수 없다. 현실에서 벗어난 일은 그 무엇도 제대로 마무리할 수 없다.

예술가들은 현실과 비현실의 경계에서 사고한다. 그곳에서 예술이 만들어지기 때문이다. 그곳에 청중이 있고 생산수단이 있다. 또한 충격을 만들어낼 수 있다.

반드시 걸작을 만들어내기 위해서 어떤 일을 마무리하는 것은 아니다. 하지만 모든 걸작은 완벽한 마무리를 하는 순간 탄생한다. 나는 책을 100권 이상 만들어냈다. 물론 모든 책이 잘나가지는 않았다. 하지만 그 책들을 쓰지 않았다면 나는 이 책을 쓸 기회를 갖지 못했을 것이다. 피카소는 1,000점 이상의 그림을 그렸다. 그렇기 때문에 사람들이 피카소의 그림을 세 점 이상 알고 있는 것이다.

앞으로 이야기하겠지만, 우리 사회에서 가장 부족한 것은 생산하고자 하는 본능이다. 해법을 창조하면 문밖으로 내보내야 한다. 안으로는 인간적인 면을 감동시켜야 하고 바깥으로는 사람들의 관계를 맺어주어야 한다.

작업을 끝마치는 것과 세상을 바꾸는 것

작업을 마무리하는 것은 가끔 협상처럼 느껴지기도 한다. 처음에는 언제나 커다란 차이를 만들고 중요한 예술을 창조하고 최고의 작품을 만들 각오를 하지만 마감이 다가올수록 지름길을 찾아야한다. 그렇다면 일을 끝마치는 것이 그토록 중요할까?

나는 분명히 그렇다고 생각한다. 제대로 일을 끝마치는 습관은 꼭 필요한 사람이 되기 위한 오랜 훈련 과정에서 반드시 쌓아야 하는 능력이다. 실제로 몇몇 예술가들은 수 년, 수십 년 동안 한결 같이 중요한 작품들을 쉴 새 없이 쏟아내기도 한다. 이들의 생산 속도는 우리가 그저 생각만 하는 것보다 훨씬 빠르다. 그동안 우리는 두려움에 굴복하고, 우리의 꿈은 현실 어딘가에서 흐지부지 흩어지고 만다.

마감을 지키기 위한 노력은 상당히 고통스럽게 느껴질 수도 있다. 몇 시간 더, 며칠 더, 몇 주 더 여유가 있다면 좀 더 완벽한 결과물을 만들 수 있을 것이다. 하지만 시간이 가면서 일을 제시간에 마무리 짓는 것도 예술의 일부이며, 그런 마무리가 실제로 효과를 발휘한다는 사실을 알게 될 것이다.

〈새터데이 나이트 라이브Saturday Night Live〉는 매주 토요일 생방송으로 토크쇼를 진행하겠다는 거창한 약속을 내건 TV 프로그램이다. 준비가 되든 안 되든 방송 시간을 어길 수 없기 때문에 생방송 토크쇼는 상당한 모험이었다. 이리저리 핑계를 대거나 일정을 늦추거나 결정을 뒤집을 수 없었다. 물론 힘들 때도 있었지만 이 토크쇼는 큰 성공을 거두었다. 돌아보면 이런 성공으로 이끈 힘은 바로 마감을 지켜야 한다는 긴장감이었다.

세상을 바꾸겠다는 거창한 목적이 있다고 해도 마무리하지 않고 질질 끄는 것은 대개 저항이 드러나는 증상이다. 그런 저항은 가차없이 무시하라. 무슨 일이든 일정에 맞추어 마무리하라. 그래야 세상이 바뀐다.

작업을 끝낸다는 말의 의미

무언가를 시작하는 목적은 오로지 끝내기 위한 것이다. 완전히 끝낼 수 있는 일이란 없다. 하지만 우리는 반드시 끝내야 한다. 블로그에 글을 쓰고 나서 '올리기' 버튼을 누르는 것, 영업 팀에 프레젠테이션을 하는 것, 전화를 받는 것, 머핀을 시장에 내놓는 것, 추천서를 발송하는 것, 이 모든 것이 일을 마무리하는 행동이다. 일을 마무리하고 밖으로 내보내는 것은 나의 작업과 외부 세계의 경계를 허무는 작업이다.

에스프리 데스칼리에esprit d'escalier! 어떤 순간이 지난 다음에 떠오른 기발한 생각이나 말을 일컫는 프랑스어다. 에스프리 데스칼리에는 뒤늦은 통찰일 뿐이다. 따라서 그다지 가치가 없다.

혼란, 위기, 두려움을 느끼지 않고 정시에 일을 마무리해서 밖으로 내보내는 것은 결코 쉬운 기술이 아니다. 하지만 린치핀이 되기 위해서는 꼭 필요한 능력이다.

일을 제시간에 마무리하는 것이 왜 그렇게 어려울까? 나는 여

기에 두 가지 문제와 한 가지 이유가 있다고 생각한다. 문제는 일
정 관리와 협동이고, 이유는 바로 저항이다.

일정 관리

계획을 제대로 짜지 않고 마구잡이로 일을 진행하다 보면 결국 마
감 시간에 쫓겨 허겁지겁 일하게 된다. 이런 상황은 단순히 엉터리
결과물을 만들어낼 뿐 아니라 훨씬 심각한 문제를 야기한다.

투자할 가치가 있는 프로젝트에는 독창적인 영감이 필요하며
최소한 적응하는 시간이라도 필요하다. 많은 경우, 처음에는 일에
대해 어렴풋하게만 아는 상태로 시작하지만 작업이 진행될수록
세부적인 내용을 깨닫게 된다. 마감일이 가까워질수록 채찍질은
심해진다. 이런 압박감은 프로젝트가 진행되면서 생산적인 브레인
스토밍을 촉진하고 더욱 정신 차리게 만드는 역할을 한다. 마감에
임박해서 유저 인터페이스를 완전히 바꾸기도 하고 소개글을 다
시 쓰기도 한다. 때로는 약간의 변형으로 그치기도 하지만 전체를
뒤집어야 하는 상황도 있다.

이런 압박감은 꼭 필요하다. 하지만 문제는 이것이다. "언제 채
찍질을 해야 하는가?"

전형적인 아마추어는 마감이 가까워지면서 채찍질을 시작한다.
마감이 다가올수록 더 많은 사람들이 합류하고 더 많은 회의를 하

고 CEO들이 더 많이 관심을 갖는다. 왜 그래야 하는가? 아무런 결과도 없고 어떤 일을 다시 해야 하는지 알지 못하는 때부터 일찍 참여하면 안 되는가?

모든 사람들이 일찍 관심을 가져야 하는 이유는 간단하다. 채찍질을 늦게 하면 제때 마감하지 못한다. 채찍질을 늦게 하면 제품의 질이 떨어지고 버그가 생길 것이다. 전문가들은 언제나 채찍질을 일찍 시작한다. 프로젝트가 마무리될수록 적은 사람이 참여하고 적은 변화만 허용된다.

목표한 일정에 마감하지 못하는 모든 프로젝트는 뒤늦은 채찍질의 희생양이다. 처음부터 채찍질하는 훈련을 하지 않았기 때문이다. 그들은 저항의 희생양이 되고 만다.

협동

세 사람이 서로 인사할 때 악수를 몇 번 해야 할까? 세 번만 하면 된다. 갑은 을과, 을은 병과, 병은 갑과 악수를 하면 된다.

네 사람이 서로 인사할 때는 악수를 몇 번 해야 할까? 여섯 번을 해야 한다. 한 사람이 늘었을 뿐인데 악수를 하는 횟수는 두 배로 뛴다.

다섯 사람이 서로 인사할 때는? 열 번을 악수해야 한다.

어떤 일을 함께하는 사람의 수가 늘어날수록 그 일은 기하급수적으로 어려워진다. 가진 것이 많은 조직은 중요한 프로젝트를 추진할 때 그것을 최대한 크게 벌린다. 별로 관심 없는 사람들까지 모두 끌어들임으로써 정말 좋은 프로젝트를 망쳐버리고 만다. 남들이 다 참여하는데 자기 혼자 빠져 있으면 질책받을 수도 있기 때문이다.

그런 프로젝트는 채찍질을 한다고 해도 제대로 작동하지 않는다. 여자가 아홉 명이 있다고 해서 한 달 만에 아기를 낳을 수는 없는 노릇이다. 아무리 긴밀히 협동한다고 해도 불가능한 일이다.

신생 기업들이 새로운 시장에 뛰어들어 거대한 회사를 상대로 이기는 이유는 간단하다. 작은 기업들은 협동할 사람이 적기 때문에 채찍질을 덜 해도 된다. 또 단위면적당 린치핀이 더 많다. 다른 일에 신경을 쓸 여유가 없으며 잃을 것도 별로 없다.

협동의 문제를 해결하는 방법으로는 두 가지를 들 수 있다. 우리의 저항에 맞서는 것이기 때문에 불편할지도 모른다.

1. 프로젝트에 참여하는 사람의 수를 제한하라. 다시 말해 사람을 배제하기 위한 공식적인 제도를 만들어야 한다. 선의를 가지고 도와주려 하는 사람도 확고히 배제해야 한다. 모든 일에는 비밀주의를 적용해야 한다. 약속된 시간에 거대한 프로젝트의 위용을 깜짝 보여줌으로써 사람들에게 놀라움을 줄 것인지, 많은 사람들을 참여하게 해서 평범한 프로젝트를 서서히 만들어낼 것인지 선택할 수 있다면 무엇을 선택하겠는가? 둘

중 하나를 선택해야 한다.

2. 프로젝트의 책임을 한 사람(린치핀)에게 맡겨야 한다. 두 사람에게 공동책임을 주거나 태스크포스나 위원회를 만들어 이끌어서는 안 된다. 한 사람이 이끌어야 한다. 프로젝트에 그의 이름을 붙여야 한다. 그 사람이 모든 것을 결정해야 한다.

뒤늦게 허둥대지 말고 미리 겁을 먹고 조심하라. 뒤늦게 용기 내지 말고 일찍 뛰어들라. 나중에 몰아치지 말고 지금부터 채찍질을 하라. 뒤늦게 몰아치는 채찍질에는 너무나 많은 비용과 손실이 발생한다.

저항: 도마뱀뇌

도마뱀뇌는 굶주리고 겁이 많고 화내고 충동적이다.

도마뱀뇌는 식량과 안전만을 원한다.

도마뱀뇌는 싸워야 할 경우에는 죽을 때까지 싸우겠지만 대부분 도망친다. 피의 복수를 하듯 아무 거리낌 없이 화를 낸다.

도마뱀뇌는 다른 사람들의 생각을 신경 쓴다. 무리에서 살아남기 위해서는 지위가 중요하기 때문이다.

다람쥐는 도토리를 찾으러 돌아다니면서도 여우 눈에 띄지 않기 위해 조심한다. 포식자의 기척에 귀 기울이며 다른 다람쥐들의 행동을 관찰한다. 그것이 다람쥐가 할 수 있는 전부다.

"닭이 길을 건넌 이유는 무엇일까?" 이 질문에 대한 우리가 할 수 있는 유일한 대답은 이것이다. "도마뱀뇌가 그렇게 시켰기 때문이다." 야생동물이 야생의 행동을 하는 것은 도마뱀뇌가 그렇게 작동하기 때문이다.

도마뱀뇌는 단순히 개념적인 이야기가 아니다. 우리 몸에 실제로 있다. 우리 몸의 척수 맨 윗부분에 있다. 도마뱀뇌는 생존을 위해 싸운다. 물론 생존과 성공은 같지 않다.

우리가 두려워하는 것은 도마뱀뇌 때문이다. 자신이 충분히 할 수 있는 예술을 하지 않는 것도, 일을 마무리하고 바깥 세상으로 내보내지 않는 것도 도마뱀뇌 때문이다. 도마뱀뇌는 저항의 원천이다.

정령과 저항

우리를 미치게 만들기도 하고 특별하게 만들기도 하는 우리 마음에는 두 가지 구별되는 부분이 있다. 정령과 저항이다.

정령은 훌륭한 생각, 혁신적인 통찰, 너그러움, 사랑, 관계, 다정함의 원천이다. 반면 저항은 정령과 다르게 세상을 욕하는 데 모든 시간을 쏟는다. 저항은 도마뱀뇌 안에 산다.

나는 엘리자베스 길버트Elizabeth Gilbert의 테드TED 강연에서 정령에 대한 이야기를 처음 들었다(테드 웹사이트에서 지금도 이 강연을 볼 수 있다). 강연을 듣고 나서 그 강연의 원천이 된 루이스 하이드Lewis Hyde의《증여론The Gift》을 읽었다.

정령을 그리스어로 '다이몬daemon'이라고 한다. 로마인들은 이것을 '게니우스genius'라고 불렀다. 그리스인들은 정령이 개개인 속에 각각 존재한다고 생각했다. 우리 안에 사는 정령은 예술이나 글 같은 수단을 통해 자신의 모습을 드러내고자 끈질기게 노력한다. 정령이 자신의 모습을 드러내고 싶다고 느낄 때 위대한 작품이 탄생한다. 그런 경우에만 행운이 찾아오는 것이다.

길버트는 작가들의 삶이 "실패의 쓰디쓴 재를 입안에 가득 문 채 좌절한 꿈의 쓰레기더미" 위에서 끝날 수 있다고 경고한다. 또한 창조적인 모험이 왜 우리의 정신건강을 위협하는지 묻는다. 글이 써지지 않는 상태를 일컫는 '라이터스 블록writers' block'이라는 말은 있어도 엔지니어의 고뇌를 일컫는 말이 없는 것은 무엇 때문일까? 이런 번민은 정령과 저항이 충돌함으로써 생긴다. 사회는 예술가에게 천재적일 것을 요구하면서도 사회의 틀 안에서 천재성을 키워나가도록 요구한다. 이는 전혀 다른 임무다.

물론 번뇌는 내 생각과 외부 세계 사이의 갈등을 의미한다. 하지만 그보다 눈에 띄지 않고 안전하기를 원하는 자신의 일부와 세상을 향해 소리 지르고 싶어 하는 정령 사이의 투쟁이 바로 번뇌다. 매뉴얼을 따르면 번뇌할 필요가 없다. 저항에 곧바로 굴복하는 것이기 때문이다.

예술가는 정령이 말하는 것을 글로 쓴다. 자기계발서의 고전이
된《최고의 나를 꺼내라The War of Art》에서 스티븐 프레스필드Steven
Pressfield는 정령이 움직일 수 있도록 놓아주지 못하는 우리의 성향
을 '저항resistance'이라고 불렀다.

정령의 적은 저항이다. 정령이 통제하지 못하는 도마뱀뇌는 맡
은 일이나 하도록, 잠자코 앉아 있도록 만든다. 내면의 천재성이 밖
으로 나오지 못하도록 틀어막기 위해서 이러저러한 구실, 질병, 긴
급 상황, 산만함을 만들어낼 것이다. 저항은 두려워한다. 아이디어
가 터져 나올 때, 선물을 받았을 때, 마법이 일어났을 때, 내가(그리
고 저항 자신이) 처할 상황을 두려워한다.

우리는 저항이 존재한다는 사실을 안다. 무수히 느꼈을 것이다.
물론 그런 어렴풋한 느낌에 특별한 이름을 붙이지 않았을 것이고,
모든 증상을 인지하지 못했을 것이다. 하지만 그것이 자신의 일부
라는 사실을 확신할 수는 있다. 나는 지금껏 무수한 저항이 개인,
팀, 기업을 파괴하는 모습을 보았다. 저항은 불손하고 영악하다. 온
갖 질병으로 몸을 힘들게 만들고 어떤 일이든 질질 끌게 만든다.
무엇보다도 합리화를 만들어낸다. 끊임없이 자신을 합리화한다.
어쩌면 지금 당신도 경험하고 있을지 모른다.

저항은 100만 년 동안 지속되어왔다. 도마뱀뇌는 쉽게 물러서
지 않는다. 정령이 머무는 신新피질은 진화론적 측면에서 최근에야

발달한 부분이다. 그래서 정령은 강하지 못하다. 기회가 있을 때마다 도마뱀뇌는 우리 입을 다물게 만들 것이며 저항이 결국 이길 것이다.

저항은 길버트를 거의 녹초로 만들었다. 《먹고 기도하고 사랑하라Eat, Pray, Love》가 수백만 권이 팔려나가자, 이제 어떤 책을 써야 할지 두려웠다. "사람들은 내게 운명의 굴레를 뒤집어씌웠죠. 다음 작품은 무엇을 쓰실 건가요? 전작보다 더 큰 성공을 거둘 수 있을 것이라고 생각하시나요? 너무나 큰 성공을 거두어 부담되지는 않나요?" 도마뱀뇌는 거들먹거리고 화를 내고 두려워한다. 그를 좌절하게 만들었다.

길버트는 다음 책을 썼다. 제시간에 원고를 완성하고, 제본하기 위해 출력소로 갔다. 그 자리에 서서 자신이 쓴 책을 읽었다. "글을 쓸 때 느끼는 단순한 걱정이나 불안과는 달랐어요. 두 번 생각할 필요도 없는 명백한 사실이었죠."

결국 도마뱀뇌가 이겼다. 그는 책을 통째로 쓰레기통에 던져버렸다. 마감 시간을 넘기고 다시 쓰기 시작했다. 새로운 원고를 쓰는 데 1년 넘는 시간이 걸렸다.

다행히 두 번째 책을 그렇게 써내려갔다. 굴복하지 않고 도마뱀뇌를 이길 수 있는 또 다른 방식을 찾았다. 하지만 어떤 종류의 일을 하든, 얼마나 큰 성공을 하고 환호를 받든, 도마뱀뇌는 다시 찾아올 것이다. 거기에 어떻게 대처하느냐는 우리 몫이다.

저항은 어떻게 진화하는가

저항은 사실 처음부터 자리 잡고 있었다. 우리 뇌에서 가장 처음 진화한 부분, 자궁에서 가장 처음 나타나는 부분, 100만 년 전부터 있었던 부분이 바로 도마뱀뇌다.

도마뱀뇌는 싸우거나 도망치는 일을 한다. 분노나 생존의 문제에 관여한다. 이것이 바로 도마뱀뇌가 하는 기능의 전부다. 지금도 긴급한 상황이 발생할 때마다 도마뱀뇌는 작동한다.

생존 본능을 비롯해 야생동물의 특성을 발현하도록 만드는 몇 가지 작은 뇌들이 척수 맨 꼭대기에 있다. 이 부분을 통틀어 기핵 basal ganglia이라고 부른다. 기핵에는 '아미그달라'라는 부분이 있는데, 마치 아몬드 두 개처럼 생겼다. 바로 이 아미그달라가 화나고 두려워하고 각성하고 배고프고 복수심에 불타오를 때 우리 뇌를 완벽하게 장악한다.

크게 생각하고 너그러워지고 대화하고 양심을 느끼고, 무엇보다도 예술을 할 수 있도록 우리 뇌가 진화한 것은 최근이다. 뇌 사진을 찍었을 때 우리 눈에 보이는 주름진 잿빛 표면은 최근에 만들어졌다. 그래서 이 부분을 신피질이라고 부르는 것이다. 신피질은 크기만 클 뿐 강력하지 못하다. 아미그달라에서 소리를 지르면 순식간에 움츠러든다. 모든 기능이 마비되어버린다. 도마뱀이 뇌를 점령하고 자신을 보호하기 위해 노력한다.

이때는 도마뱀이 잠들 수 있는 환경을 만들어야 한다. 도마뱀뇌는 꺾을 수 없다. 달래야 한다. 도마뱀뇌는 생존과 분노와 욕정을 갈망한다. 나머지 뇌는 문명을 창조한다.

이것은 은유이기도 하지만 생물학이기도 하다. 도마뱀뇌는 우리가 지금처럼 살아남을 수 있도록 도와주었다. 반면 신피질은 행복하도록, 성공하도록, 다른 사람들과 관계를 맺어 사회를 구성하도록 도와준다.

그래서 이 두 부분은 끊임없이 싸운다. 하지만 긴급한 상황이 덮치는 순간 도마뱀뇌가 압도한다. 새로운 습관과 더 나은 행동 패턴을 스스로 길들이지 못한다면 도마뱀이 밖으로 빠져나오지 못하도록 막을 수 없을 것이다.

(뇌의 진화와 문명의 발전)

생물학적인 내용을 여기서 아주 간단하게 압축해 설명하고자 한다. 우리 뇌에서 작동하는 네 가지 주요한 시스템이 있다. 여기서 '시스템'이란 뇌의 생물학적 구조를 일컫는 말이기보다 뇌에서 어떤 일이 일어나는지 쉽게 설명하기 위해 사용한 개념이다. 1에서 4로 갈수록 시스템은 더욱 문명화하지만 그 영향력은 떨어진다.

1. 뇌간: 호흡을 비롯한 무의식적 생존 기능을 통제한다.
2. 변연계: 도마뱀뇌. 분노, 복수, 성욕, 두려움을 통제한다.

3. 소뇌: 협력과 운동신경을 통제한다.

4. 대뇌: 우리 뇌에서 가장 최근에 생겼고 가장 진화한 부분이지만 1~3의

지배를 받는다.

대뇌는 다시 네 부분으로 나눌 수 있다.

① 전두엽: 추론, 계획, 말하기, 동작, 문제 해결

② 두정엽: 동작, 방향감각, 인지, 자극 인식

③ 후두엽: 시각(도마뱀뇌와 합리적 마음을 통합하는 중요한 기능을 하는

안와전두피질도 포함)

④ 측두엽: 듣기, 기억하기, 말하기

우리는 물에 빠진 상태에서 이야기할 수 없다. 심장마비가 오는
상황에서 사랑에 빠질 수 없다. 롤러코스터 위에서 구토를 하면서
멋진 시를 쓸 수 없다.

은유는 이와 같다. 진화단계에서 오래된 뇌 시스템일수록(즉 뇌
간에서 가까울수록) 젊은 시스템의 작동을 억제하는 힘이 세다. 변연
계에 속한 도마뱀뇌는 그중에서도 가장 목소리가 큰 뇌다. 뇌간이
고장 나 심장마비에 걸리거나 심각한 어지럼증을 겪는 일은 흔치
않겠지만(그렇기를 바란다), 아미그달라가 소리를 질러 우리 뇌 속의
모든 문명화된 행동을 마비시키고 지배함으로써 우리를 가두어버

리는 경험은 자주 일어난다.

1960년대 예일대학과 미국 정신건강 연구원National Institute of Mental Health에서 의사이자 신경과학자로 일하던 폴 매클레인Paul McLean은 '3중뇌triune brain'라는 이론을 내놓았다. 이는 도마뱀뇌 뒤에 무엇이 있는지 생각하게 만든다. 도마뱀뇌와 이성적인 뇌를 통합하는 안와전두피질의 기능을 연구한 안토니오 다마지오Antonio Damasio의 작업과 연계해 생각해보면 우리 뇌의 두 부분이 끝없이 투쟁하고 협력하는 모습을 볼 수 있다.

두 개의 뇌를 가진 사람

바로 내가 그런 사람이다. 물론 당신도 마찬가지다.

사람들은 왜 자기파괴적인 일을 할까? 왜 어떤 사람들은 1주일 동안 공들여 작업한 문서를 미리 저장해놓지 않아 모두 날려버리는 것일까? 왜 기업가들은 성공의 문턱까지 다다른 일을 한순간의 두려움으로 모두 망치는 것일까?

바로 우리가 인간이기 때문이다. 우리 머릿속에는 하나가 아니라 두 개의 목소리가 존재한다. 척수에 가까이 있는 뇌가 바깥에 있는 뇌보다 훨씬 강력한 화학물질을 분비한다. 그래서 격렬한 감정이 모든 일을 뒤엎는 상황이 자주 발생한다.

심각한 단기 기억상실증으로 고생하는 환자가 있었다. 5분만 지나면 아무것도 기억하지 못했다. 매일 아침 눈을 뜰 때마다 새로운 삶이 시작되었다. 자신의 이름과 먼 과거에 있었던 일은 기억했지만 최근 1~2년 사이에 일어난 일들은 전혀 기억하지 못했다.

매일 그는 진찰을 받았다. 하지만 매번 의사를 만날 때마다 처음 만나듯이 자신을 소개하고 악수했다. 어느 날 의사는 약간 비윤리적이라고도 볼 수 있는 실험을 했다. 자신의 손에 압정을 숨긴 채 악수한 것이다. 압정에 찔린 그는 깜짝 놀랐다. 의사는 이유를 설명했다. 물론 잠시 후 그는 모든 것을 잊어버렸다.

하지만 다음 날 의사와 악수하기 위해 손을 내미는 순간, 그는 움찔하는 모습을 보였다. 어떻게 압정에 찔린 사건을 기억해냈을까? 단기 기억상실증은 분명했다. 속이는 것이 아니었다. 하지만 그는 고통을 회피하는 데 필요한 정보는 기억했다.

이것은 아미그달라가 작동하고 있다는 뜻이다. 다른 뇌는 작동하지 않더라도 아미그달라는 자신만의 기억력을 가지고 생존 시스템을 유지하고 있었던 것이다. 가장 기본적인 생존이 위기에 처할 때 도마뱀뇌는 즉각 행동으로 뛰어든다. 이런 각성이 일어나면 우리 뇌의 다른 부분은 작동하지 못한다. 이런 상황에 대비하지 않았을 경우에는 더욱 그렇다.

그래서 우리는 갈등한다. 당장 편안한 것과 해야 하는 것 사이에서 갈등한다. 목에 암이 자라고 있다는 사실을 알면서도 계속 담배를 피우겠다고 고집하고, 자신이 고도비만이라는 사실을 알면서도 도넛을 더 먹겠다고 고집 피우는 것은 바로 이 때문이다. 아미그달라에서 솟아나는 탐욕과 두려움에 맞서는 훈련을 하지 않고서는 굴복할 수밖에 없다.

무능한 영업자가 있다. 어떤 사람은 끝까지 밀어붙여 계약을 체결하고 수익을 만들어내는 반면에, 어떤 사람은 몇 년 동안 열심히 노력하고 공을 들이고 수백만 원을 들여 멀리 출장까지 갔음에도 결국 포기하고 만다. 무엇 때문일까? 이것 역시 두 뇌가 싸우기 때문이다. 아미그달라는 위협받는다고 느끼는 순간 재빠르게 도망친다.

나약한 관리자가 있다. 왜 그토록 많은 상사들이 부끄러움을 타며 의미 있는 비판이나 가치 있는 리더십을 뒤로하고 도망치는 것일까? 사람들을 직접 만나 차이를 만드는 일을 하기보다, 자신의 지위나 사무실 문 뒤에 숨는 것은 무엇 때문일까? 답은 마찬가지다. 아미그달라는 사람들을 마주하는 것을 두려워한다. 그것은 위협이고 스스로를 위험에 노출하는 것이기 때문이다.

마감에 쫓기는 사람이 있다. 여러분 주변에도 늘 마감을 어기는 사람이 한 명쯤은 있을 것이다. 시간을 끌어 다급한 상황을 만들고 이로써 모든 감정을 압도하는 아드레날린을 분출함으로써 일에 몰두한다. 이런 행동은 절대 효율적이지도 믿음직하지도 않다. 하지만 그들은 대개 이런 습관을 버리지 못한다. 이유는 간단하다. 자신이 맡은 일을 끝내지 못할 수 있다는 약간의 공포만으로는 별다른 동요를 일으키지 못하기 때문이다. 절박한 상황이 되어야만 일을 정신없이 밀어붙인다. 도마뱀뇌는 충동적이지만 이런 사람들에게는 큰 위험을 선택하고 그것을 회피할 수 있는 힘을 주기도 한다.

실제로 우리가 가치 있게 여기는 행동을 나열해보라. 그런 행동은 대부분 두려움, 복수, 정복같이 도마뱀뇌의 반사작용에 힘입어 실행하는 것이 아니라 의식적 마음, 너그러운 마음에 힘입어 실행하는 것이다.

(눈을 마주치는 행동과 도마뱀뇌)

로테르담 동물원은 고릴라 우리에 들어가는 사람들에게 특수한 안경을 나누어준다. 이 안경은 3D 영화를 볼 때 쓰는 것과 비슷하지만, 우리의 시각을 조작하기 위한 것이 아니라 고릴라의 시각을 조작하기 위한 것이다. 이 안경에는 옆을 바라보는 눈이 그려져 있어서 사람들이 자신을 바라보고 있다는 사실을 고릴라가 알지 못한다. 고릴라의 눈을 똑바로 쳐다보면 고릴라는 위협을 느끼고 화를 내며 자칫 공격적인 행동을 할 수 있기 때문이다.

눈빛을 마주치는 것은 그 자체만으로도 도마뱀뇌를 흥분 상태에 몰아넣을 수 있다. 많은 사람들 앞에서 두드러지게 만들 대상, 더 나아가 비난할 대상을 찾는 사람과 눈을 마주쳤다고 상상해보

라. 얼마나 무서운가?

수많은 사람들이 가장 무서워하는 것 중 하나로, 사람들 앞에서 이야기하는 것을 꼽는다. 대중 앞에서 연설하는 것은 도마뱀뇌가 상상할 수 있는 최악의 상황 중 하나다.

도마뱀뇌는 생각하지 못한다

알코올의존자들에게 중독에서 빠져나오라고 설득하기는 힘들다. 10대 아이들에게 충동적인 행동의 결과를 미리 깨우쳐주기는 어렵다. 화난 CEO에게 불타는 복수심을 자제하라고 이야기하기는 거의 불가능하다.

내가 아는 한 CEO는, 투자자들 앞에서 프레젠테이션을 하다가 파트너 기업의 웹사이트를 클릭했는데 낯 뜨거운 포르노 사진들이 뜨는 바람에 당황한 적이 있다. 허둥지둥 페이지를 넘기긴 했으나 이미 프레젠테이션은 망한 뒤였다.

프레젠테이션을 마치자마자 그는 그 파트너와 맺은 계약을 취소할 것을 명령했다. 3일 동안 모든 직원이 매달려 시간과 돈을 쏟아부었다. 어떤 타협도 없었다. 무조건 거래를 끊는 것이 목표였다! 이 얼마나 낭비인가? 이미 다 끝난 문제를 해결하겠다고 자기 회사의 엄청난 시간과 돈과 선의를 쏟아부은 것이다.

도마뱀은 듣지 않는다. 도마뱀은 다른 것에 신경 쓰지 않는다.

그래도 우리가 인간에 희망을 거는 이유는 도마뱀뇌가 아닌 문명화된 뇌를 가지고 있기 때문이다. 이들은 긍정적인 결과를 만들어내는 데 깊은 관심을 갖기 때문에, 도마뱀이 튀어나오지 않을 수 있는 조직을 구성할 것이고 저항을 누그러뜨리는 시스템을 발명해낼 것이다.

저항의 신호를 무시하라

"봐, 그건 절대 안 될 거라고 했잖아."

훌륭한 아이디어를 제시해도 사람들은 싫어한다. 비웃고 위협하고 꺼져버리라고 말한다. 이럴 때 우리 무의식은 이렇게 말할지 모른다.

"그러길래 내 말을 들었어야지. 꼴좋다."

"그런 짓은 처음부터 하지 말라고 했잖아."

이 말은 누가 누구에게 하는 것인가? 바로 도마뱀뇌가 문명화된 뇌에게 하는 말이다.

이것은 저항의 목소리다. 정령을 가르치려고 한다. 다음에는 더 조심하라고 다그친다. 도마뱀은 천재성을 싫어한다. 짓밟아버리고 싶어 한다. 이런 목소리가 들려오면 귀 기울이지 마라. 저항이 작동하기 시작했다는 신호일 뿐이다. 이런 압박에 넘어가지 않도록 더욱 부지런히 자신을 방어해라.

학교에 간 도마뱀

물론 저항은 학교를 사랑한다. 학교가 순응을 가르치는 곳이라면, 더 순응할수록 더 나은 일자리를 얻을 것이라고 위로할 것이다. 저항은 그런 상황에 만족을 느낀다. 학교가 사람들을 틀 속에 끼워 맞추는 곳이라면 저항은 즐겁게 동의할 것이다. 학교가 세상으로 나가야 하는 시간, 위험으로 자신을 내모는 시간을 늦추어주는 곳이라면, 저항은 학교를 떠나지 않고 영원히 머물고 싶어 할 것이다.

자질이 부족하다고, 학점이 높지 않다고, 자신이 다니는 학교가 별로 좋지 않다고 이야기하는 것은 도마뱀뇌다. 좋은 학교에 들어갈 만한 능력이 되지 못한다고 무조건 포기하라고 이야기하는 것도 도마뱀뇌다. 예술이나 리더십이나 관계는 신경 끄고 학점에만 신경 쓰라고 이야기하는 것 또한 도마뱀뇌다.

일터에 간 도마뱀

회사에 가면 언제나 저항에 휘둘리는 사람들이 있기 마련이다. 그들은 회의 때마다 트집을 잡고 시비를 건다. 규정집을 일일이 들추어가며 사사건건 따진다. 지나간 과거를 사랑하고 다가올 미래를 두려워한다.

인터넷에는 시간을 절약하고 생산성을 강화할 수 있는 도구들이 넘쳐난다. 일반적으로 우리를 귀찮게 하는 동료들은 새로운 도구의 사용을 원치 않는다. 더 생산적으로 일하게 되면 실제로 어떤 일을 해내고 새로운 물건을 문밖으로 내보내는 일에 훨씬 가까이 다가서게 되기 때문이다.

한 가지 놀라운 사실은 수첩에 일하는 요령과 임무를 받아 적느라 늘 바쁜 사람일수록 두려움이 많다. 바쁘게 보이는 것과 저항에 맞서 싸우는 것은 다르다. 다른 사람이 만들어준 할 일 목록을 바쁘게 해치우는 일과 자신만의 지도를 만드는 일은 전혀 다르다.

지는 것을 힘들어하는 이유

저항이 끝까지 우리를 앞으로 나아가지 못하도록 잡아당기고 마음과 영혼과 예술을 일에 쏟지 못하도록 막는 이유는 단순하다.

"실패할지 모른다."

물론 누구나 실패할 수 있다. 아니, 분명히 실패할 것이다. 물론 매번 실패하는 것은 아니겠지만, 자신이 생각하는 것보다 훨씬 많이 실패할 것이다. 그런데 실패하면 어떻게 되는가?

나의 친구 JP는 직장을 잃었다. 그는 자신이 맡은 일을 놀라울 만큼 잘했다. 자신이 가진 모든 것을 일터에 쏟아부었다. 그를 고용한 회사는 횡재한 것이나 마찬가지였다. 하지만 회사의 멍청이들은 그를 해고했다. 승진을 시켜도 모자랄 판에 해고를 한 것이다.

어떤 사람들은 이런 실패에 아파할 것이다. 영혼의 깊은 상처로 받아들일 것이다. 한 걸음 물러서고 노력을 멈추고 신경을 덜 쓰겠다고 맹세할 것이다.

JP는 반대로 나아갔다. 우선 자신이 일을 잘못한 것이 아니라 그들이 결정을 잘못했다고 생각했다. (대단한 통찰이 아닌가!) 또한, 저항이 고개를 들고 "그러길래 내가 뭐라고 했어?"라고 말하도록 허용하는 순간, 스스로 굴복하고 말 것이라는 사실을 빨리 이해했다. 저항에 한번 굴복하면 절대 회복하지 못할 수도 있다.

성공하는 사람들이 성공하는 이유는 아주 단순하다. 그들은 실패를 다르게 생각한다.

성공한 사람들은 실패를 통해 배운다. 하지만 보통 사람들이 얻는 교훈과 그들이 얻는 교훈은 조금 다르다. 처음부터 시도하지 말걸 그랬다고 후회하지 않는다. 자신은 똑똑한데 세상이 엉터리라고 한탄하지 않는다. 자신을 패배자라고 생각하지 않는다. 그들은 자신이 사용한 전략이 왜 작동하지 않았는지, 그런 전략을 사용한 대상으로 삼은 사람들이 왜 반응하지 않았는지 배운다.

지는 데 능숙한 사람은 머지않아 이기는 사람이 될 것이다. 지는 것을 무서워하면 저항에 힘을 실어줄 수 있으며, 자신은 승리할 가치가 없다는 자책감에 젖게 만들 수 있으며, 영혼의 어두운 구석으로 숨어들게 만들지도 모른다.

불편함을 자처하라

익숙한 길에서 벗어나 불편한 상황을 일부러 찾는 것은 자연스럽지 않다. 하지만 꼭 필요한 일이다.

저항은 편안함을 찾는다. 저항은 숨고 싶어 한다. 일터에서 우리는 자신을 방어할 수 있는 지위를 찾고, 시장에서 안심할 수 있는 위치를 찾기 위해 시간을(그리고 엄청난 돈을) 쓴다. 기업은 앞으로 몇 년 동안 편안하게 수익을 만들어낼 수 있는 시장의 틈새를 찾았을 때 주가가 치솟는다. 종신 재직권을 보장하는 안정적인 지위 때문에 대학 교수가 되려고 하는 사람들이 많다. 영업사원들은 잠재 고객과 솔직하게 대화를 하기보다는 정해진 각본에 따라 중얼거리는 쪽을 선택한다. 그것이 훨씬 편안하기 때문이다. 직원에게 효과적인 피드백을 직접 주는 것이 순간적으로 불편하게 느껴지기 때문에 모른 척하고 넘기는 상사들이 많다.

편안함을 누릴 수 있는 길은 언제나 사람들로 붐빈다. 그래서 그곳에서 진정한 편안함을 찾기란 매우 힘들다. 역설적으로 차이를 만들고 자신만의 발판을 찾는 사람들은 불편함을 일부러 찾는 사람들이다.

어쩔 수 없는 일이지만 우리는 자신이 처한 불편함을 늘 과장해서 떠벌린다. 비행기에서 불편한 좌석에 앉는 것을 마치 심한 부상이라도 당한 것처럼 과장한다. 다른 사람들이 무서워하는 불편함을 자처하면 진짜 보상을 얻을 확률이 훨씬 높아지기 때문이다.

불편함은 참여와 변화를 이끌어낸다. 불편함은 다른 사람들이 하고 싶어 하지 않는 것을 한다는 뜻이다. 사람들은 편안한 곳으로 숨기 바쁘기 때문이다. 불편한 행동이 성공을 이끌 때, 조직은 그에 걸맞은 보상을 할 것이고 더 많은 이득을 얻을 수 있을 것이다.

플랜 B가 미치는 영향

선의의 조언자들은 주저하지 말고 예술가가 되라고 이야기하면서, 동시에 예술가가 되는 길이 제대로 작동하지 않을 때 의지할 수 있는 비상 계획을 미리 마련해두라고 말할 것이다.

훌륭한 비상 계획을 가지고 있다면 어떤 일이 벌어질까? 그 비상 계획에 안주하게 된다. "꼭 해낼 거야"라고 말하지 않고 "최선을 다해보지"라고 말한다. 그 순간, 도마뱀이 기어 나올 문이 열린다.

저항은 예술을 파괴할 수 있는 길을 필사적으로 찾는다. 훌륭한 비상 계획을 준비하는 것은 상황이 잘못되기를 기다리는 것과 같다. 왜 힘든 길을 가는가? 왜 위험을 무릅쓰는가? 왜 편안한 대안을 두고 고생하는가? 돌파구를 찾는 사람들은 대개 잃을 것이 없는 이들이다. 비상 계획을 마련해두는 경우는 거의 없다.

좋은 아이디어는 도대체 어디 있는가

"좋은 아이디어가 떠오르질 않아요. 저는 창의적이지 못한가 봐요." 어떤 사람이 이런 말을 하면 나는 이렇게 묻는다. "그러면 나쁜 아이디어는 떠올라요?"

열 명 중 여덟아홉 명은 그렇지 않다고 대답한다. 나쁜 아이디어를 떠올려보라. 그러면 좋은 아이디어를 떠올리는 것은 놀랍도록 쉬워진다. 형편없고, 서툴고, 심지어 위험하기까지 한 나쁜 아이디어를 기꺼이 떠올리지 않는 한, 창조성에 관한 책을 수만 권 읽어보았자 소용없다.

저항은 나쁜 아이디어를 몹시 싫어한다. 위험을 무릅쓰거나 자신이 만들어낸 결과물이 다른 사람들의 웃음거리가 되니 꼼짝하지 않고 앉아서 아무것도 생각하지 않는 것이 편안하기 때문이다.

창조적인 사람이 되고 싶은가? 스스로 나쁜 아이디어를 떠올리는 훈련을 하라. 나쁠수록 더 좋다. 나쁜 생각을 더 많이 할수록 좋은 생각이 슬며시 떠오를 것이다.

천재가 되지 못하더라도 저항은 꺾어야 한다

저항의 목소리는 파워포인트 발표 자료 속 목록과도 같다. 상사들은 단순한 정리를 원하기 때문이다. 저항의 목소리는 글에 논쟁적인 아이디어를 쓰지 말라고 말한다. 선생들은 그런 것을 좋아하지 않기 때문이다. 저항은 쉴 새 없이 세상에 자신을 끼워 맞추라고 강요한다.

경제적으로 어려운 시대일수록 저항은 안정적인 일을 하는 것이 더 좋다고 말한다. 세상은 불확실성으로 가득 차 있으며, 지금 사업을 시작하는 것은 미친 짓이라고 말한다. 물론 경제적으로 좋은 시대가 와도 저항은 사업을 시작하지 말라고 이야기한다. 살아남기 위한 경쟁은 치열한 반면, 회사는 가만히 있어도 보수를 주기 때문이다. 저항은 이렇게 말한다. "멍청한 짓 하지 마라."

저항은 수시로 이메일을 확인하라고 말한다. 좋은 소식이 도착했을지도 모르기 때문이다(물론 그보다는 끔찍한 소식이 더 많을 것이다). 새로운 제품을 구상하려고 하면 시간이 없다고 말한다.

"왜 넌 자꾸 꿈만 꾸는 거야? 회의에 늦어서 또 욕이나 먹지 말라고." 저항은 매우 완강해서 주변에 있는 사람들조차 끌어내린다. 무모한 꿈은 버리라고 비아냥댄다. "프레젠테이션은 잘했어. 하지만 4분기 수치가 겨우 그 정도야? 우리는 주주들을 기쁘게 해야 한다고."

이렇게 계속 물고 늘어지는 질문은 실제로 저항의 전형적인 모습이다. 이렇게 통찰이나 예술을 짓밟기 위해서 야근하는 사람들로 가득 찬 회사도 있다. 자신의 일자리를 보존하고자 하는 이런 행동은 결국 자신들이 편하게 누울 수 있는 무덤을 파는 것과 다르지 않다.

물론, 도마뱀은 이런 책을 읽는 것 자체를 싫어한다(저자의 관점

에서 볼 때 가장 치명적인 사실이다).

인정받는 것이 불편하다면

이 책의 맨 앞에서 '우리는 모두 천재'라고 이야기했을 때 손가락

이 오그라드는 느낌이 들었는가? 공식적으로 그렇게 인정받는 것

을 불편하게 느끼는 사람이 많다. 만약 내가 천재라면 천재다운 결

과를 만들어내야 하기 때문이다.

우리는 스스로 천재가 아니라고 지금까지 세뇌당한 것이 분명

하다. 적당한 수준에서 일을 하고, 적당한 수준으로 돈을 벌고, 꼭

해야 할 일만 한다. 이렇게 세뇌당한 것은 우리가 동의했기 때문이

다. 우리의 저항은 그런 낮은 기대를 좋아한다.

저항이라는 존재를 깨닫고 인식하고 나면, 또 저항의 목소리가

어떤 것인지 알고 나면, 자신이 정말 천재라는 사실을 훨씬 쉽게

받아들일 수 있다. 차이를 만드는 통찰, 창조, 관계를 지닌 옆 사람

만큼 자신에게도 그런 능력이 있다는 것을 알게 될 것이다.

자유는 저항을 키운다

톱니바퀴 일꾼은 일터에서 거의 자유를 누리지 못한다. 작업의 결과는 수치로 측정되고 그들의 직무는 매뉴얼로 정리되어 있다. 생산을 하지 못하면 해고당한다.

그래서 톱니바퀴 일꾼은 저항과 그다지 씨름할 필요가 없다. 도축장에 일을 하러 간다면 하루 종일 닭 머리를 자르는 일을 해야 한다. 그러지 않으면 내일 일자리가 사라진다. 물론 끔찍한 일이지만 도마뱀뇌는 그런 일을 하는 동안 별다른 각성이 일어나지 않는다. 규칙에 따라 그저 반복하면 되기 때문이다.

이제 새로운 형태의 일은 훨씬 자유롭다. 직무도 불분명하고 측정하기 어렵다(우리는 대부분 이런 일에 종사하고 있다). 한 시간 동안 인터넷 서핑을 하면서 시간을 보낸다고 해도, 일을 진척하거나 새로운 관계를 맺기 위한 일을 한 것인지 아니면 그냥 시간을 때우며 논 것인지 구분할 길이 없다.

이런 자유는 멋지다. 이제는 아무도 어깨너머로 자신이 무슨 일을 하는지 감시하지 않는다. 아무도 자신이 하는 일에 스톱워치를 들이대지 않는다.

이런 자유는 해롭다. 저항이 힘을 발휘할 수 있는 조건을 만들어주기 때문이다. 쉽게 숨고, 쉽게 변명하고, 쉽게 조금만 일할 수 있게 만들기 때문이다.

클래식 음악가들은 예술가인가

클래식 음악은 우리 사회 시스템에서 저항이 어떤 역할을 하는지 잘 보여준다. 클래식 음악 연주의 규칙은 분명하고 그 결과도 측정하기 쉽다.

10~20년 동안 음악을 공부하면서 연주자들이 배우는 것은 악보에 적힌 대로 연주하라는 것이다(저항의 두려움 속에서 살아가는 것이다). 악보도 있고 자신이 맡은 악기가 내야 하는 소리도 정해져 있다. 음표대로 연주하기만 하면 팀의 일부가 될 수 있다.

이렇게 우리는 훌륭한 2류 바이올리니스트와 훌륭한 팀파니 연주자를 무수히 생산해낸다. 결국 이런 사람들은 우리 사회에 넘쳐난다. 약간의 재능을 가진(그리고 행운이 따르는) 음악가들만이 돈을 잘 벌고 꾸준히 일자리를 유지해가며 아슬아슬하게 생계를 이어나간다. 그래서 객원 지휘자들은 오케스트라에 속한 사람들의 이름조차 모르는 경우가 허다하다.

내가 아는 한 지휘자는 연주를 하면서 세계를 여행한다. 각 도시를 거칠 때마다 별로 알려지지 않았지만 능력 있는 음악가들을 고용한다. 그는 이들에게 대가를 거의 지불하지 않는다. 밖에서 대기하고 있는 사람이 이미 많기 때문이다. 찍어낸 음악가들이 넘치는 상황은 가치를 창조하거나 평균보다 나은 임금을 받을 수 있는 기대를 무너뜨린다.

하지만 요요마Yo-Yo Ma와 벤저민 잰더와 구스타보 두다멜Gustavo

Dudamel은 수많은 사람들이 찾는다. 큰돈을 벌 뿐만 아니라 온갖 재미를 누리며 산다. 틀에 자신을 끼워 맞추지 않고, 악보대로 연주하지 않고, 규칙을 깬다. 그들은 예술가다. 반면 다른 사람들은 시스템에 세뇌당하고 저항에 겁을 먹고 지침을 따른다.

표준화된 뉴스는 답이 아니다

저널리즘 역시 저항의 역할을 잘 보여준다. 쉽게 자신들의 직업을 돋보이게 할 수 있는 반면, 최종생산물의 가치(정직하고 통찰력 있는 뉴스 보도)와 그 생산물을 만드는 데 들어가는 비용을 제대로 구분하지 못하기 때문이다. 미디어경제학자 로버트 피카드Robert Picard는 이렇게 말한다.

> 보수를 넉넉히 주는 직업은 노동자들에게 독특한 기술, 능력, 지식을 요구한다. 또한 그런 일을 하는 사람들은 자신들의 노동이 대량생산되는 상품으로 취급받지 않기를 요구한다. 하지만 안타깝게도 언론 노동은 상품화되었다. 언론 노동자들은 대부분 같은 기술을 공유하고 사건에 대해 같은 접근을 하고 같은 출처를 찾고 비슷한 질문을 하며 별 차이 없는 이야기를 만들어낸다. (…)
> 언론 산업 전반에 걸쳐 뉴스를 수집하는 과정과 절차는 모두 표준화되어 있다. 뉴스 가치를 판단하는 기준도 표준화되어 있고 글을 쓰는 문체도,

글을 담는 형식도 표준화되어 있다. 결국 이상하리만치 똑같거나 거의 차이가 없는 표준화된 이야기를 만들어낸다.

하지만 언론 노동자들은 자신들이 오늘날 노동시장의 일부로 취급받는 것을 싫어한다. 치열한 정보산업 시장의 일부로 여겨지는 것은 더더욱 싫어한다. 사회에서 언론이 필요하다는 이유만으로 자신들이 창조한 가치를 정당화하기를 좋아한다. 자신들이 하는 일이 수익을 만들어내지 못한다고 하더라도, 자신들이 하는 일은 본래 선하며 따라서 충분히 보상을 받아야 한다고 생각한다.

이것이 바로 우리 조직이 직면한 상황이다. 시간이 가고 해가 가면서 물방울이 떨어지듯 매뉴얼이 만들어지고 절차가 완성된다. 이제 사람들은 규칙을 따르고 그 뒤에 숨는다. 조직은 특정한 결과를 특정한 방식으로 생산해내는 데 지극히 효율적인 형태로 변한다. 그런 다음 경쟁, 변화, 기술이 도래하고 오래된 규칙은 그 유용성이 퇴색하고 오래된 효율성은 별다른 수익을 내지 못한다.

이와 같은 위협에 처했을 때 우리의 자연스러운 반응은 더 효율적으로 바뀌려고 노력하는 것이다. 몇 장의 보고서로 상황을 요약하고 전략적인 해고를 실행한다. 조직의 틀에 맞지 않고 튀는 사람들, 오래 일해서 급여가 높은 사람들부터 해고한다. 〈뉴욕 타임스〉는 일요일자 신문의 크기를 작게 만들고 한 면에 더 많은 글자를 몰아넣음으로써 이런 문제에 대처했다.

물론 이것은 해답이 아니다. 늘 하는 일을 더 많이 하고 더 순응하고 더 평균적으로 더 측정 가능하게 만드는 것으로는 문제를 풀지 못한다. 오히려 상황을 더 꼬이게 만들 뿐이다. 저항을 기쁘게 만들수록 성공과는 멀어진다.

"이사들에게 무엇이라 보고할까?" 과감한 혁신안으로 그들을 놀라게 하기보다는 몸을 숙이는 선택을 할 것이다. 도마뱀에게 굴복한다. 그리고 천천히 죽어간다.

〈허핑턴 포스트The Huffington Post〉는 규칙을 던져버렸다. 이들은 인쇄소를 가지고 있지 않다. 어떤 문체 매뉴얼도 없다. 멋진 사옥도 없다. 대신 예술가와 변화 유발자로 인력을 채웠다. 그들은 머지않아 미국에서 다른 어떤 신문보다도 더 많은 돈을 벌어들일 것이다. 〈허핑턴 포스트〉가 성공한다면, 그것은 바로 저항에 맞섰기 때문이다.

새로운 것이 성공할지 모른다는 두려움

자신이 지금 하고 있는 일이 실패할지 모른다는 생각을 가장 큰 불안 요소라고 여기는 사람들이 많다. 물론 많은 사람들이 실패하지 않기 위해 잠을 설친다. 하지만 어떤 것이 성공할지 모른다는 두려움 때문에 앞으로 나아가지 못하는 상황도 있을까?

어떤 것이 제대로 작동한다면 그것을 해야 한다. 그 일을 반복해야 한다. 그리고 그것을 넘어서야 한다. 그것이 작동한다면 세상은 바뀔 것이다. 새로운 위협, 새로운 도전, 새로운 위기가 있다. 이것은 보편적이고 거대한 두려움이다.

1993년 덩컨 하인스Duncan Hines는 매출 규모 5,000억 원이 넘을 만큼 거대한 식품 제국으로 성장했다. 1908년 하인스가 처음 회사를 세웠을 때 그가 가진 것은 우표 몇 개와 인쇄기 하나가 전부였다. 하인스는 방문판매를 하며 먹고사는 사람이었지만, 남는 시간에는 소일거리로 집에서 레스토랑 가이드를 만들었다.

덩컨 하인스라는 한 사람의 이름이 '덩컨 하인스'라는 세계적인 식품 브랜드로 자리 잡는 데는 10년 정도의 시간이 걸렸다. 이 10년 동안 탄탄한 조직을 만들고 풍부한 자금을 조달한 경쟁자들은 그를 쉽게 쓸어버릴 수 있었다. 누구나 할 수 있는 일이었다. 당시 하인스가 하는 일이 성공을 거두리라는 사실은 누구도 의심하지 않았다. 그 역시 자신의 성공을 숨기지 않았다. 그는 자신의 목표대로 계속 일을 성취해나갔다. 아니, 그에게 도전하는 사람이 무릅써야 하는 가장 큰 위험이 바로 그가 계속 성공해나가는 것이었다. 그런 걱정이 모든 것을 바꾸었다.

50년이 지난 뒤에도 역시 똑같은 걱정과 공포가 작동할 것이다. 신문사를 운영하는 전국의 무수한 엘리트들은 왜 온라인에서 무슨 일이 일어나는지 보지 못하는 것일까? 왜 온라인을 최대한 이용할 수 있는 조직으로 개편하지 않는 것일까? 왜 거대 출판사 사이먼앤슈스터Simon & Schuster는 악착같이 아마존 킨들에 맞서 싸우는 것일까?

새로운 것을 파괴하고자 하는 유혹을 쉽게 뿌리치지 못하는 이유는, 새로운 것이 성공할지 모른다는 두려움 때문이다.

저항이 나를 압도하는 순간

어릴 적에 우리는 아름다운 예술을 무수히 쏟아냈다. 호기심과 솔직함으로 아무 거리낌 없이 질문했다. 신피질에서 쏟아내는 예술을 물리치는 법을 저항이 아직 터득하지 못한 상태였다. 하지만 커가면서 지리멸렬한 친구들의 놀림과 눈썹을 치켜뜨는 가족들의 표정과 좋은 의도로 잘 조직되었지만 해로운 규칙을 강요하는 학교를 경험하면서 저항의 힘은 더욱 강해졌다.

규율에 순응하지 않는 창조적인 뇌를 주저앉히고 입을 다물게 만들고 싶어 하는 우리 뇌의 목소리는 우연히 만들어지지 않았다.

공장에서 일해야 할 만큼 불행한 상황에서는 저항이 공식적으로 모든 것을 통제한다. 나는 그런 저항이 존재한다는 사실을 깨닫지도 못할 정도로 완벽하게 저항의 통제를 받는 보험회사 직원들, 조립라인의 노동자들, 고객 서비스 담당자들을 많이 만났다. 그들에게 이런 상황은 정상적이다. 그들은 실제로 공포에 몸을 움츠리는 것이 오히려 성숙하고 현실적인 태도라고 생각한다.

우리 사회는 생계를 위해 창조적이어야 하는 직업을 따로 정해 놓았다. 하지만 영화에서도, 시각예술에서도, 출판에서도 우리가 구축한 시스템은 실제로 창조적인 행동을 부추기기보다 단순히 그렇게 보이는 데에만 치중한다. 우리 개개인이 창조할 수 있는 예술을 끊임없이 잘라버린다. 공포 소설 편집자에게 물어보라. 그들은 분명히 어떤 사람이 '너무 지나치게 틀에서 벗어났고' 그래서 그 분야 사람들에게서 비웃음을 샀다고 이야기해줄 것이다. 문제는 어디를 가나 같은 사람에 대해 같은 이야기를 들을 수 있다는 것이다. 틀에서 벗어나는 사람은 아주 드물기 때문이다.

우리 경제는 이제 막바지 단계에 다다랐다. 평범한 사람들을 위한 평범한 물건을 대량으로 생산하는 경쟁은 거의 끝났다. 영감을 주지 않는 일을 더 싸게, 더 빠르게 해낼 수 없는 한계에 다다른 것이다.

더 평균적이고 더 빠르고 더 싸게 만드는 일은 이제 예전만큼 생산적일 수 없다.

예컨대 음악을 재생하는 상자의 가격은 얼마나 했을까? 에디슨 빅트롤라Edison Victrola는 1,000만 원, 홈 스테레오는 200만 원, 워크맨은 30만 원, 아이팟은 20만 원, MP3 메모리 스틱은 겨우 1만 원 한다. 이제는 더 가격을 내려보았자 눈에 띄지도 않는다.

새로운 아이디어를 전달하기 위해서 예전에는 배를 타고 한 달을 가야 했고, 비행기로 며칠을 가야 했고, 페덱스로 하룻밤을 기다려야 했다. 이제는 팩스로 몇 분, 이메일로 몇 초, 마침내 엑스로 즉각 알릴 수 있는 시대가 되었다. 이것보다 더 빨리 생각을 전달할 수 있는 기술이 나올까? 보내기 전에 미리 받는 기술이라도 나올까?

이제 우리가 할 수 있는 일은 예술을 만들고 베푸는 것이다. 이제 우리에게 남은 것은 돈을 지불할 가치가 있는 너그러움과 인간성이다. 또는 저항하고 파괴하는 것이다. 이런 저항은 수십 년 동안 우리를 지켜주고 보상했지만 더 이상은 그렇지 않다.

지금도 저항은 당신을 방해하고 있다

이 책에서 하는 이야기를 받아들이지 못하도록 가로막는 것은 저항이다(그렇지 않다면 내가 글을 제대로 쓰지 못하는 것이다. 물론 그렇지 않다고 확신한다). 불편해하거나 의심하거나 노골적으로 화를 낼 수도 있겠지만, 그 이유가 무엇인지 확신하지는 못할 것이다.

예술을 하면 왜 안 되는가? 예술을 하기 위해 노력하기가 왜 그토록 어려운가?

사람들은 저항을 '자본주의 사회에서 살아가기 위해 어쩔 수 없이 익혀야 하는 상식'이라고 말할 것이다. '우리가 살아가는 세상의 현실을 직시하고 인정하는 것'이라고 말할 것이다. 하지만 그것은 핑계일 뿐이다. 진심을 다해 일을 하지 못하도록 가로막는 교활한 음모일 뿐이다. 쓰레기일 뿐이다.

도마뱀뇌가 이기게 놔둬서는 안 된다.

사람들 앞에서 이야기할 때 느끼는 두려움

일상적일 뿐 아니라 위험하지도 않지만 정말 중요한 임무를 많은 사람들이 무서워하는 것은 무엇 때문일까?

그레고리 번스Gregory Berns는 《상식파괴자Iconoclast》에서 저항을 뒷받침하는 생물학적 조건에 대해 설명한다. 실제로 사람들 앞에 서서 이야기를 하는 것은 무엇이 이런 저항을 부추기는지 확인할 수 있는 완벽한 실험대다.

우리가 하는 일과 혁신을 추동하는 세 가지 생물학적 요인은 사회적 지능, 두려움에 대한 반응, 지각으로 밝혀졌다. 사람들 앞에서 이야기하는 행동은 이 세 가지 요소를 한꺼번에 각성하게 만든다. 사람들 앞에서 말을 하려면 사회적 지능이 필요하다. 사람들과 교감을 하고 그들의 관심사에 대해 이야기하고 그들을 설득할 수 있어야 한다. 이런 일은 어렵다. 유전적으로 조건화되어 있지 않기 때문이다.

사람들 앞에서 이야기하는 것은 상당한 공포를 불러일으킨다. 낯선 사람들, 권력자들이 앞에 있다. 그들이 나를 해칠 수 있다. 나를 눈여겨보는 시선은 곧 (우리의 생물학적 조건에 따라) 위험이다.

좀 더 미묘한 요인으로, 사람들 앞에서 이야기하는 것은 지각과도 연관된다. 내 이야기는 내가 세상을 어떻게 바라보는지 드러낸다. 이야기하는 주제에 대한 생각은 물론 청중에 대한 반응을 그대로 보여준다. 자신의 인식을 드러내는 것은 무섭다.

사람들 앞에서 이야기함으로써 자신의 생각을 퍼트리고 싶어하는 이성적 욕구와 그것을 무서워하는 본능적 공포의 다툼에서 우리의 생물학적 특성은 일방적으로 한쪽 편을 든다.

매뉴얼은 두려움을 잊기 위한 피난처

판매가 저조하면, 어디에 두려움이 숨어 있는지 찾아라. 마케팅 회의가 막다른 골목에 처하면, 어디에 두려움이 숨어 있는지 찾아라. 어떤 사람이 짜증을 내거나 약속을 깨거나 협력하지 않는다면, 이미 두려움이 발동한 것이다.

두려움은 인간의 가장 중요한 감정이다. 두려움 덕분에 우리 조상은 살아남을 수 있었다. 두려움은 다른 감정을 지배한다. 죽음을 피하지 못하면 다른 것은 전혀 중요하지 않기 때문이다.

정화되고 조직화된 우리 사회는 그런 공포를 떨쳐버리는 방법을 알지 못했다. 대신 그런 감정을 삶의 기괴한 구석으로 몰아넣었다. 남들에게 뒤처질까 두려운 마음에 엑스를 들여다본다. 명품 가방을 산다. 직접 지도를 만들다 망치지나 않을까 하는 두려움 때문에 매뉴얼을 따르는 평범한 일을 한다. 자신의 돈에 책임을 져야 한다는 두려움 때문에 잘못된 경제적 결정을 한다.

우리는 두려움에 대해 이야기하는 것조차 두려워한다. 그렇게 입에 담는 순간 그것이 더 현실이 되는 듯 느껴지기 때문이다.

지도 없이 살아가는 삶에 대한 두려움이 바로 사람들이 무엇을 해야 하는지 알려달라고 그토록 매달리는 주요한 이유다. 다른 사람의 지도를 따르면 그 지도가 잘못되었을지라도 자신의 실수가 아니기 때문이다. 영업할 때 대본을 그대로 암기해 고객에게 전달했는데도 물건을 팔지 못했다면 누구의 잘못일까? 지도는 이처럼 우리를 책임에서 해방시킨다. 또한 사회적인 부적 역할을 하기도 한다. 좋은 지도, 안전한 지도, 사람들이 갖고 싶어 하는 지도를 손에 넣었다고 우리는 친구와 가족에게 자랑하기도 한다.

두려운 감정이 두려운 상황을 부른다

자신의 경력에서 가장 크고 중요한 협상이 눈앞에 닥쳤다면 어떤 느낌이 드는가? 이 협상의 성패에 따라 내 운명이 달라진다고 생각하면 어떤 느낌이 드는가? 당연히 상당한 저항과 두려움을 느낄 것이다. 이런 상황은 협상을 효과적으로 이끌어가는 데 결코 도움이 되지 않는다. 실제로 협상이나 프레젠테이션을 비롯한 상호작용 과정에서 상대방이 두려워하는 기미를 감지하는 순간, 사람들은 상대방을 신뢰하지 않는다.

두려움을 강하게 느낄수록 일은 잘못될 확률이 높다.

이런 두려움을 약하게 만드는 해독제는 이길 수 있는 방법과 통로를 다양하게 준비하는 것이다. 그럴 경우 어떤 협상도, 어떤 제안도 성패를 좌우할 만큼 중대한 의미를 갖지 못한다. 목숨 걸고 성취해야 하는 일이 아니라면 목숨 걸 걱정은 하지 않아도 된다. 한 걸음 더 나아가 자신감도 충만해질 것이다. 상호작용에 더 많은 노력을 쏟을 수 있다면 성공할 확률은 훨씬 높아질 것이고 다음 상호작용에 더 많은 자신감을 쏟을 수 있을 것이다.

한 방에 모든 것을 걸 것인가, 여러 통로로 분산할 것인가? 어떤 선택을 하느냐에 따라 계속 발전할 수도 있고 계속 고통의 늪에서 허우적거릴 수도 있다. 모든 것은 나에게 달려 있다.

강연이 40회 연달아 잡혀 있는 일정에서 1회 실패했다고 해도 크게 나쁘게 여겨지지는 않을 것이다. 세 가지 훌륭한 일자리 중에서 하나를 고를 수 있는 상황이라면 면접에 좀 더 편안하게 임할 수 있을 것이다.

"물론 그러면 좋겠지." 이런 말이 튀어나올지도 모른다. 하지만 여기서 핵심은 '좋은 상황'이 아니다. 이런 상황을 만들기 위해서는 노력을 해야 한다는 것이다. 저항이 우리를 쓰러뜨리기 전에 우리가 먼저 저항을 쓰러뜨릴 수 있는 무기는 바로 노력과 계획이다.

린치핀이 소중해지고 톱니바퀴가 하찮아진 세상에서는 억제되지 않는 불안이 목표 달성을 가로막는 단 하나의 거대한 장벽처럼 보인다. 대안이 있는 상황이라면, 그 누구도 불안 속에서 허우적거리는 사람을 고용하지도, 함께 일하지도, 믿지도, 따르지도 않는다. 그런 사람은 독이다. 그런 사람을 불안에서 끄집어내기 위해 누구도 소중한 시간을 허비하고 싶어 하지 않는다. 무엇보다도 자신이 맡은 임무에 대해 불안해하는 한 결국 원하는 일을 하지 못한다.

안전지대의 역설

저항은 구석에 쭈그리고 앉아 모든 위협을 피하라고 말한다. 위험을 무릅쓰지 말고 숨어 있으라고 말한다. 어쨌든 안전하게 느껴지기 때문이다.

문제는 이렇게 숨을수록 위험이 더 커진다는 것이다. 소동을 덜 일으킬수록 실수하고 무시당하고 실패에 노출될 확률은 더 커진다. 거창한 아이디어를 숨기고 마지못해 일하는 시늉만 해도 필요한 것을 얻을 수 있는 경제를 구축하기 위해 우리는 지금까지 노력했다. 하지만 이제 그런 시스템은 제대로 작동하지 않는다.

저항은 자신을 거스르는 도구를 파괴한다

시간 관리에 대한 책을 읽으면 제시간에 일을 해치우는 데 도움이 될지도 모른다. 창조적인 사고에 대한 책을 읽으면 아이디어를 떠올리는 데 도움이 될지도 모른다. 영업 세미나에 참가하면 물건을 더 많이 파는 데 도움이 될지도 모른다.

이 책에서 이야기하는 많은 것들을 실행하는 데 도움이 되는 구체적인 방법을 가르쳐주는 책이나 강좌를 주변에서 쉽게 찾을 수 있다. 하지만 수많은 책이 팔려나가고 수많은 강좌에 사람들이 몰린다고 해도 성공하는 사람은 별로 많지 않다.

책이나 강좌의 내용이 엉터리이기 때문이 아니다. 우리 생각보다 저항이 훨씬 강하기 때문이다.

하지만 용기 있게 이런 사실을 이야기하는 사람은 많지 않다. 대신 자기계발서는 모두 쓸모없다고 도매금으로 멸시한다. 자신을 더 잘 내세울 줄 아는 사람을 냉소적으로 조롱한다. 명문 대학을 졸업하지 못한 선생들을 따돌린다. 이 모든 것은 저항이 만들어낸 영리한 조작이다. 그리고 이런 계획은 대개 성공적으로 작동한다.

냉소적인 사람의 이야기에 귀 기울이지 마라. 그들이 냉소적인 데는 다 이유가 있다. 이미 오래전에 그들은 저항에 패배했다. 저항이 귀 기울이지 말라고, 읽지 말라고, 참석하지 말라고 하면 무조건 거꾸로 해라. 성공한 사람들이 책을 더 많이 읽는 것은 결코 우연이 아니다.

도마뱀뇌가 보내는 신호들

저항은 언제 어디서나 존재한다. 저항이 지향하는 목표는 안전을 보장하는 것이다. 눈에 띄는 것은 위험하다. 사람들에게 비웃음을 살 수 있다. 때로는 죽음으로 이어질 수도 있다. 변화는 위험하다. 변화는 알고 있는 것에서 알 수 없는 것으로 이동하는 것이기 때문이다.

저항은 영악하다. 저항은 두 가지 방식으로 작동한다. 자신을 틀에 끼워 맞추어 보이지 않게 만들거나, 긍정적 변화가 일어날 확률을 떨어뜨림으로써 제자리에 머물고 실패하도록 만든다.

도마뱀뇌가 작동하고 있다는 신호를 살펴보자.

- 마감에 신경 쓰지 않는다. (늦는 것은 포기로 가는 첫걸음이다.)
- 늑장 부린다. 완벽하지 않으면 내보낼 수 없다고 고집한다.
- 일찍 끝내버린다. 거부당하기를 바라는 마음으로 다듬어지지 않은 아이디어를 내보낸다.
- 모임이나 행사에 갈 때 입고 갈 옷을 과도하게 신경 쓴다.
- 온갖 변명을 한다. 돈이 없다고 변명한다.
- 모든 사람이 자신을 좋아하고 지지하도록 만들겠다는 목표로 과도하게 관계를 맺는다.
- 고의적으로 도발적인 행동을 해 따돌림을 자초한다.
- 새로운 기술을 배우는 데 전혀 흥미가 없다.
- 강박적으로 데이터를 모으는 데 시간을 쏟는다. (제프리 아이젠버그 Jeffrey Eisenberg에 따르면 기업의 79퍼센트가 인터넷 트래픽을 철저히 모니터하는 반면, 이 중 30퍼센트만 그 자료를 분석해 사이트를 개선한다.)
- 무뚝뚝하다.
- 곧바로 실천하기보다 위원회를 먼저 찾는다.
- 스스로 이끌기보다는 자신을 끌어줄 사람을 찾는다.
- 동료들의 업적을 과도하게 비판하는 반면 자신의 일에는 터무니없이

LINCHPIN

왜 뛰는 것을 두려워하는가

관대하다.

- 누구라도 받아들이기 힘들 기이한 제품을 일부러 만들어낸다.
- 기준에 너무 딱 맞아 눈에 띄지도 않을 평균적인 제품을 만들어낸다.
- 질문을 하지 않는다.
- 질문을 너무 많이 한다.
- 자신과 다른 방식으로 일하는 사람을 비판한다. (만약 다른 사람이 성공하면 자신이 일하는 방식을 바꾸어야 하지 않겠는가?)
- 어제 일은 오래되었다고 폐기하고 다음 '한 방'을 찾아 헤맨다.
- 현 상태에 대해 밑도 끝도 없는 감정적 집착을 보인다.
- 새로운 접근 방식의 부작용을 스스로 발명해내고 걱정한다.
- 지루해한다.
- 일은 제쳐두고, 다른 사람에게 기를 쓰고 복수하거나 가르치려 든다.
- 마감일이 다가올수록 작업이 늦어지고 강박적으로 일을 점검한다.
- 내일이 오기만 기다린다.
- 누군가가 자신의 아이디어를 훔쳐갈 것이라고 괜한 걱정을 한다.
- 능률을 올리는 방법을 찾았음에도 활용하지 않는다.
- 배우는 기술보다 타고난 재능이 중요하다고 믿는다.
- 자신에게는 재능도 능력도 없다고 단언한다.

이 목록은 성공을 향해 나아가는 길을 위아래로, 좌우로 비껴가고자 하는 행동을 모은 것이다. 모두 저항이 작동한 결과다. 이

런 상황을 벗어나기 위해서는 다음과 같은 말을 크게 외치면 도움
이 될 것이다.

"저항 때문에 이렇게 하고 있는 거야."

"도마뱀뇌가 지금 나를 불안하게 만들고 있어."

"지금 내가 화가 난 건, 화가 나서 일을 못하기 때문이야."

이렇게 분명하게 소리 내어 말하면 도마뱀뇌는 부끄러워하며
숨어버린다. 생각만으로 해서는 안 된다. 말로 해라.

저항이 만들어낸 변명들

"나는 좋은 아이디어를 떠올리지 못해."

그렇다면 나쁜 아이디어는 떠오르는가? 나쁜 아이디어를 충분
히 떠올릴 수 있다면 좋은 아이디어도 자연스럽게 떠오를 것이다.
성공한 사람들이 한결같이 말하듯 아이디어를 떠올리는 것은 어
렵지 않다. 어려운 것은 마감을 지키는 것이다.

"무엇을 해야 할지 모르겠어."

물론 그럴 것이다. 문제는, 왜 그것이 문제가 되느냐다. 실제로
자신이 무엇을 해야 하는지 아는 사람은 아무도 없다. 가끔 좋은
영감이나 아이디어가 떠오르는 경우도 있지만, 그것은 특별한 예
외일 뿐이다. 저항에 맞서는 기술은 상황이 어떻게 될지 분명하지
않을 때 필요한 것이다.

"명문 대학을 나오지 못했어."

MIT의 강좌는 이제 온라인에 모조리 공짜로 올라와 있다. 마음만 먹으면 누구나 배울 수 있다. 동네 도서관에 가보면 필요한 지식, 온라인에 나오지 않는 지식을 모두 찾을 수 있다. 한때는 지식에 접근하기 힘든 장벽이 있었다. 이제는 달라졌다.

"상사가 나를 가만두지 않을 거야."

물론 상사는 부하직원이 마음대로 할 수 있게 놓아두지 않는다. 왜 그래야 하는가? 상사에게 자유롭게 일할 수 있게 해달라는 것은 이런 의미다. "정신 나간 짓을 좀 하고 싶어요. 물론 생각대로 되지 않으면 비난이 쏟아지더라도 모두 감수해주셔야 하고요. 좋은 결과가 나오면 그때는 저한테 공이 돌아오게 해주셔야 해요."

절대! 아무도 달가워하지 않는다. 꼭 필요한 사람이 되기 위해서 완벽한 상사가 필요하지는 않다. 하지만 꼭 필요한 사람이 되면 스스로 더 나은 상사가 될 것이다.

"글쎄, 그건 당신 이야기일 뿐이고."

성별, 인종, 건강, 종교, 국적, 장애, DNA, 발 크기 때문에 나와는 거리가 먼 이야기일 뿐이라고 생각하는가? 지금 이런 말 뒤에 도마뱀이 혀를 날름거리는 모습이 보이지 않는가? 얼마나 많은 반증 사례를 들려주어야 이런 변명을 집어치우겠는가?

일을 끝내기 위한 의식

기업가 브리 페티스Bre Pettis는 다음과 같은 선언을 자신의 블로그에 올려놓았다.

1. 어떤 일을 하든, 그것의 완성 과정에는 세 가지 상태가 있다. 알지 못하는 상태, 실천하는 상태, 완수한 상태.
2. 어떤 일이든 미완성일 뿐이라는 점을 인정하라. 그러면 일을 끝마치는 데 도움이 될 것이다.
3. 일을 수정하는 단계는 없다.
4. 지금 무엇을 하고 있는지 아는 것과 지금 무엇을 하고 있는지 아는 척하는 것은 별 차이가 없다. 지금 무엇을 하고 있는지 잘 모른다고 하더라도 잘 아는 척하고 행동하라.
5. 지체하는 습관을 버려라. 어떤 아이디어를 완수하는 데 1주일 이상 걸리면 그냥 포기하라.
6. 일을 마치는 것의 핵심은 일을 끝내는 것이 아니라 다른 일을 하기 위한 발판을 마련하는 것이다.
7. 일단 완수하고 나면 던져버려도 된다.
8. 완벽주의를 조롱하라. 지루할 뿐만 아니라 아무 일도 하지 못하게 가로막는다.
9. 자신의 손을 더럽히지 않는 사람은 나쁜 사람이다. 일을 제대로 하면 자연스럽게 올바른 사람이 된다.

10. 실패도 일을 해낸 것으로 간주하라. 그러니 실수를 하라.

11. 파괴도 일을 해내는 것의 일부다.

12. 아이디어가 떠오르면, 인터넷에 올려 사람들에게 퍼트려라. 인터넷은
    자신의 일을 완수하는 것을 도와주는 유령과 같다.

13. 일을 해내는 것은 더 많은 일을 할 수 있는 엔진이 된다.

작업과 일의 차이

진짜 일, 돈 버는 수단, 자신의 분명한 열정은 바로 '작업'이다. 작업
은 정령을 키우고 확장하고 찬미한다.

작업은 상황을 바꾸는 예술을 만드는 것이다. 진정으로 꼭 필요
한 사람이 되기 위해 필요한 통찰과 인간성을 드러내는 것이다.

작업은 일과 다르다. 일은 지침을 따르는 것이고 작업은 차이를
만드는 것이다. 작업은 마감을 지키는 것이다. 세상으로 내보내 변
화를 일으켜라.

일을 완수하기 위한 채찍

성공한 예술가들이 계발하는 습관은 단순하다. 처음부터 엄청난
채찍질을 가하는 것이다. 시작은 곧 끝을 향해 간다는 뜻이기 때
문이다. '아마도' '어쩌면' 같은 안이한 생각을 하기보다는 무조건

달린다.

시간과 예산에 맞추어 제품을 생산하고자 한다면 우리가 해야할 일은 시간과 돈이 모두 소진될 때까지 작업하는 것이다. 그렇게 일을 완수하라.

핑계 대고 변명하고 반항할 여유가 없다. 마감일이 되면 무조건 내보내라.

저항을 뚫고 나아가라

손쉽게 수익을 만들어내고, 자신의 성질대로 해치우고, 이기적으로나 근시안적으로 일을 하고자 하면 저항의 목소리를 듣지 못할 확률이 크다. 도마뱀뇌는 자신이 원하는 것을 얻으면 절대 우리를 잡아끌지 않는다.

상사에게 소리 지르고 싶다. 도저히 참을 수 없다. 하지만 그렇게 해서는 안 된다고 무언가가 속삭인다. 이것은 저항이 아니다. 상사에게 소리 지르지 말라고 이야기하는 것은 도마뱀뇌가 아니라 양심이다.

세금을 속여서 신고하기 전에, 다이어트에 흥미를 잃기 전에, 애인 몰래 바람을 피우기 전에 이런 감정을 느낄지 모른다. 그런 감정에 귀 기울여라. 그것은 저항이 아니다. 양심이다. 양심의 목소리가 들려올 때마다 또는 등 뒤에서 엄마의 목소리가 들릴 때마다 그것이 우리 몸을 마비시키는 저항의 목소리와 다르다는 사실은 누구나 알 수 있다.

저항, 핑계, 두려움, 유혹을 느낄 때 자신이 어떤 상황에 처해 있다는 사실을 알 수 있다. 저항의 바람이 어느 방향에서 불어오든 우리는 그곳을 향해 나아가야 한다. 우리는 저항에 맞서 뚫고 나아가야 한다. 천재성이 마음속에 품고 있는 돌파구가 분명하게 눈앞에 나타날수록 바람은 더 거칠게 불 것이고 저항은 더 강하게 몸부림칠 것이다.

나는 이 책을 쓰다가 열두 번을 멈추었다. 하지만 매번 이 책을 다시 잡도록 만든 힘은 저항이었다. 나의 도마뱀뇌가 이 책을 쓰는 것을 두려워한다는 사실을 깨달았고, 이런 사실이 이 책을 써야 하는 가장 큰 이유가 되었다.

아이스크림을 먹기는 쉽다. 중요한 것을 만들기는 어렵다. 나에게 가장 중요한 것은 무엇일까? 쉽게 찾을 수 있다. 저항이 가장 가로막고 싶어 하는 것을 찾으면 된다. 분명히 저항은 겁을 먹을 것이다. 저항이 무서워하는 것이 나타날 시간이 다가올수록 저항은 더 발악할 것이다.

버스 밑으로 자신을 던져라

영화배우 존 굿맨John Goodman은 한 인터뷰에서 연극 〈고도를 기다

256

리며Waiting for Godot〉에서 배역을 맡게 된 과정에 대해 이야기했다. 원래 그해 봄, 그는 뉴올리언스에서 가족들과 함께 TV를 보고 낚시를 하면서 여유 있는 시간을 즐길 생각이었다. 그래서 연극 출연 제안을 받았을 때 처음에는 거절하려고 했다. 여기서 그는 저항에 맞섰다.

"'이 바보야. 이건 일생에 한 번 올까 말까 한 기회야. 다시는 오지 않을지도 몰라…' 물론 거기에 모든 것이 달려 있다고는 생각하지 않았습니다. 하지만 나 자신에 대한 확신이 없었습니다. 어쨌든 그 선택은 버스 밑으로 나 자신을 던져 넣고 스스로 기어 나오는 길을 찾는 것이었습니다."

이렇게 저항에 항상 도전하는 자세 덕분에 그는 스타가 되었다.

"바로 지금, 다른 어느 곳보다 지금 이 자리가 좋습니다. 이 자리에서 나의 숨은 자질을 찾고 싶습니다. 하지만 사실 그런 일이 일어나기를 바라지는 않습니다. 자기만족에 취하고 싶지 않기 때문입니다. 혹시라도 그런 자질을 찾아낸다면 이제 무엇을 해야 할까요? 옷방에서 닭싸움이라도 할까요?"

정상에 오를수록 비탈지다

수면에 가까이 다다를수록, 저항을 물리칠수록 싸움은 더 힘들어진다. 끝까지 포기하지 않고 일을 끝내는 것이 쉽다면, 누구나 성

257

공했을 것이다.

때로는 과감하게 포기하라

어떤 프로젝트든 일이든 경력이든 관계든 중간에 그만두는 것은 어렵다. 더 이상 아무 결과도 만들어내지 못하는 것이 뻔한 상황에서도 마찬가지다. 이렇게 어떤 일을 멈추기 힘든 상황 역시 저항에서 비롯한다는 사실을 나는 문득 깨달았다.

힘든 일을 해결하고, 계속 노동하고, 훈련한 대로 일하는 것이 순조롭게 진행되는 것처럼 보인다면 정말 운이 좋은 것이다. 별다른 위기를 겪지 않고도 손쉽게 승리를 선언할 수 있다. 엄청난 일속에 갇혀 있더라도 별로 두렵지 않다. 위협이 될 만한 것도 많지 않다. 그저 열심히 일하고 최선을 다하면 된다. 그렇게 열심히 일하는 사람을 누가 감히 비난하겠는가?

하지만 엄청난 일 속에 갇혀 있을 때 과감하게 그곳에서 빠져나오는 사람도 있다. 그냥 훌훌 털고 나오는 것이다. 이럴 때 사람들은 엄청난 해방감과 새로운 잠재성이 솟구쳐 오른다고 말한다. 순식간에 그들은 새로운 작품을 만들어내고, 차이를 만들고, 공동체에 참여한다.

다만 어떤 상황에서 그만두는 것이 좋은지 판단하기가 어렵다. 저항이 원해서 그만두는 것인지 저항이 원하지 않아서 그만두는

258

것인지 구분할 줄 알아야 한다. 도마뱀뇌가 숨기 위해서 몰두하는 임무는 그만두어야 한다. 반대로 도마뱀이 무서워하는 임무는 끝까지 밀고 나가야 한다.

정말 중요한 일인가

물론 정령은 진짜로 존재하는 것이 아니다. 한 사람당 운전면허증이 하나밖에 없듯이 내가 할 일을 해줄 수 있는 것은 '나'밖에 없다. 내가 발명하고자 하는 것, 내가 하고자 하는 일을 나는 발명해낼 것이다.

빈센트 반 고흐는 그림에 소질을 타고나지 않았다. 당시 고흐가 활용할 수 있는 유일한 매개체가 그림이었을 뿐이다. 오늘날 고흐가 태어났다면 유기농 두부를 팔러 다녔을지도 모른다. 자신이 붓을 잡게 될지 지휘봉을 잡게 될지 전혀 알 수 없는 것이다.

이 말은 곧 자신의 예술을 자신이 선택해야 한다는 뜻이다. 이 세상에 미리 운명으로 정해진 것은 없다. 또한 내가 꼭 해야만 하는 예술도 없다.

내가 쉽게 해낼 수 있는 예술을 선택한다면, 저항이 이길 것이다. 어쨌든 내가 하는 일이 별로 중요하지 않다면 도마뱀뇌는 위협을 느끼지 않을 것이기 때문이다. 온갖 핑계와 사회적인 시선을 극복하는 것은 쉽지 않다. 또한 최종 결과물이 별다른 가치를 지니지 못한다면 도마뱀뇌와 싸울 일도 없을 것이다. 사소한 예술을 만들어내기 위해 그렇게 골치를 앓을 이유가 어디 있겠는가?

어떤 예술을 하든, 예술을 창조하는 길을 가고자 한다면 그 길은 짧지도 쉽지도 않다는 사실을 명심하라. 따라서 자신이 가고자 하는 길이 그런 노력을 기울일 만큼 가치가 있는지 없는지 먼저 판단해야 한다. 가치가 없다면, 더 큰 꿈을 꾸어야 한다.

인터넷은 저항이 즐기는 마약이다

근무 시간에 하루 종일 <프리즌 브레이크Prison Break>를 본다면 아마 회사에서 바로 잘릴 것이다. 한 시간 동안 SNS를 들여다보고 노닥거린다면 어떨까? 물론 나쁘지는 않을 것이다. '사회적 관계망을 연결하는 작업'을 한 것이기 때문이다.

우리 마음에는 만지고 싶고 만져지고 싶은 욕망이 강하게 작동한다. 우리는 관계를 맺고 싶어 하며 소중하게 여겨지고 싶어 하며 누군가에게 그리움의 대상이 되고 싶어 한다. 우리가 존재한다는 사실, 지루한 시간을 보내고 싶지 않다는 사실을 사람들이 알아주기를 바란다.

정령을 기다리는 것은 지루하며, 심지어 두려울 수도 있다. 그래서 저항은 우리에게 도망가라고 부추긴다. 인터넷보다 도망치기 더 좋은 곳이 어디 있겠는가?

저항이 기세를 떨치던 어느 날, 나는 하루에 이메일을 45번이나 체크했다. 왜? 기다릴 수 없어서? 물론 기다릴 수 있었다. 하지만 그렇게 하는 것이 재미있기 때문이다. 내가 좋아하는 사람이 보내는 글을 읽는 것이 재미있고, 질문에 대답하는 것이 재미있고, 사람들과 연결되어 있다는 것이 재미있다. 솔직히 그것은 저항이 작동했기 때문이다. 이메일을 주고받는 것은 재미있다. 하지만 그것은 세상을 바꾸지 않는다.

엑스는 더욱 무섭다. 자신을 엑스로 끌어들이지 마라. 물론 엑스를 효율적이고 생산적으로 활용하는 사람들도 있다. 몇몇 (극소수의) 사람들에게는 작업하는 데 도움이 될지 모른다. 하지만 나머지 사람들은? 엑스는 완벽한 저항이다. 엑스는 끝이 없다. 언제 들여다보든 읽어야 할 게시물이 넘쳐나고 답을 달아야 할 게시물이 넘쳐난다. 엑스는 작업에 몰두하지 못하도록 방해한다.

엑스에 빠져 있는 동안 당신의 예술은 어디로 가고 있는가?

아이디어를 방치하지 마라

통찰력을 어디로 숨겼는가? 우리가 가지고 있는 풍부한 아이디어와 어려움을 뚫고 나가는 힘을 어디에 두었는가?

내 친구는 하루에 한 번씩 기발한 이야기를 하고 1주일에 한 번씩 지구가 흔들릴 만큼 기발한 아이디어를 떠올린다. 하지만 그것으로 끝이다. 연말이 다가오면 그는 자신의 기발한 생각들을 남들에게 보여주기 위해 블로그에 글을 몇 개 올리고 엑스에 글을 무더기로 올리는 것으로 마무리한다. 저항에 맞서 그 무궁무진한 아이디어 중 하나만이라도 활용해 실제로 무언가를 만들어냈다면 어땠을까?

이미 세상을 바꾸는 움직임이나 수십억 원짜리 회사를 만들어냈을지도 모른다. 몇 가지 아이디어만 활용했어도 승진을 하거나 조그만 사무실이 생기거나 멋진 자동차를 마련했을지 모른다.

세상을 바꾸는 사람들과 내 친구 사이의 유일한 차이는 저항이다.

하루 한 시간, 예술을 만드는 시간

나는 1999년부터 책을 쓰기 시작했다. 이 책은 열두 번째 책이다. 작가로서 경력을 시작했을 때, 나의 직업은 출판기획자였다. 나는 직원들과 함께 다양한 출판사와 작업하면서 100여 권의 책을 만들었다. 그 이후 나는 인터넷 회사를 차려 운영하다가 매각한 뒤 블로그를 운영하기 시작했고 강연으로 돈을 벌었다. 그리고 또 다른 인터넷 회사를 차렸다.

내가 천재라서 그런 일을 해냈을까? 그렇지 않다. 나는 하고자 하는 일을 완수할 뿐이다. 영감이 가고자 하는 길을 가로막지 않는다. 저항과 맞서 싸우고 일을 마무리한다. 완벽한 핑곗거리가 되고 이상적으로 저항을 끌어들이는 방법이 되는 수많은 일들을 '하지 않음으로써' 이런 업적을 쌓았다.

일 중독자는 균형이 잡힌 상태에서 공포를 느낀다. 자신이 하는 일이 완벽한지 확인하기 위해 모든 시간을 일로 채운다. 하지만 동시에 언제나 저항에 시달린다. 하루 종일 일터에서 시간을 보냄으로써 실수해서는 안 된다는 도마뱀뇌의 격렬한 두려움을 만족시킨다.

나는 일 중독자가 아니다. 공포도 없다. 일을 완수하는 습관이 깊이 배어 있다. 도마뱀뇌가 활동할 수 있는 기회가 없다. 그래서 도마뱀뇌는 입을 다물고 다른 걱정거리를 찾아다닌다.

나는 작업과 한판 승부를 벌이는 동안 바쁘기만 하고 성과는 없는 임무에는 손도 대지 않는다. 그런 일에 한눈팔지 않기 위해서 스스로 다그친다. 그런 일들은 저항이 일을 더디게 만들면서 변명할 수 있는 최선의 수단이 된다. 하지만 나는 그것을 처음부터 제거한다. 작업이 아닌 그 어떤 것으로도 주의를 산만하게 만들지 않기 때문에 작업을 회피할 수 없다. 이것은 생산적인 예술가의 특징이다. 나는 회의에 참석하지 않는다. 메모를 하지 않는다. 참모를 두지 않는다. 출퇴근하지 않는다. 이런 행동의 목표는, 생산적으로 보이지만 일을 완수하는 데 기여하지 않는 것은 무엇이든 없애버리는 것이다.

프로젝트를 진행하는 동안 아무것도 하지 않기 위해서는 엄청난 훈련이 필요하다. 빈 벽을 마주보고 앉아야 하며 바빠 보여서도 안 된다. 혼자 생각할 수 있어야 한다. 식지 않는 에너지가 그저 가만히 앉아서 아무것도 하지 않는 것을 허용하지 않기 때문에 새로운 프로젝트, 어쩌면 훌륭한 프로젝트가 곧 나타나기도 한다.

리오 바바우타Leo Babauta는《선습관Zen Habits》이라는 책에서 이 문제에 도움이 될 만한 방편을 제시한다. 우선 1년에 중요한 작품을 하나씩만 만들겠다고 계획하라. 그리고 그것을 작은 프로젝트로 쪼개라. 그 프로젝트를 완수하는 데 도움이 되는 매일의 임무를 세 가지씩 설정하라. 그런 다음 일하는 시간에 '그것만' 하라. 내가 이야기하고자 하는 핵심은 어떤 예술을 꿈꾸든 거대한 작품을 완수하는 데 하루에 한 시간 정도만 투자하면 된다는 것이다. 그 한 시간은 어쩌면 즐겁지 않을지 모른다. 하지만 다른 열 시간보다 훨씬 생산적일 것이다.

사람들은 매일 리오의 생각과 반대로 한다. 중요한 프로젝트를 해야겠다고 생각하면서도, 다른 사람들이 해야 한다고 말하는 별로 필요하지 않은 일에 시간을 쏟는다(또는 시간을 쏟는 시늉을 한다). 결국 이 두 가지를 모두 하려고 하다가 아무것도 성공하지 못한다. 물론 성공하는 경우도 있지만, 그런 경우에는 그들이 중요하다고 말하는 프로젝트가 실제로는 별것도 아닌 경우가 많다.

일상에서 침묵의 시간을 가져라. 그래야 정령의 목소리를 들을 기회가 온다. 엑스에서 방황하느라, SNS에서 시간을 낭비하느라, 회의에 참석하느라, 블로그에 글을 쓰느라, 사람을 만나느라, 세금을 계산하느라, 여행을 하느라 시간이 없다고 말하는 것은 저항이 좋아하는 핑계일 뿐이다. 저항은 실제로 전혀 바쁘지 않다. 우리는 조용히 서서 기다리다 천재성이 자신의 일을 할 때 박수를 치면 된다.

성공한 예술가와 실패한 예술가의 차이는 아이디어가 깨어난 '다음에' 나타난다. 이들의 차이는 누가 먼저 해내느냐 하는 것이다. 당신은 그 일을 해냈는가?

불안은 일어나지 않을 미래를 보여준다

불안은 쓸모없는 상상일 뿐이다. 불안은 '공포에 대한 공포'다. 다시 말해 아무런 의미 없는 공포다.

공포와 불안은 다르다. 불안은 널리 흩어져 있으며, 실재하는 위협이 아니라 잘 모르는 미래의 가능성에 초점을 맞추는 것이다. 저항은 온전히 불안에 관한 것이다. 인간이 실제 위협을 회피하는 데 도움이 되는 다양한 감정과 경보를 발달시켜온 결과이기 때문이다.

한편 불안은 외부 세계와 아무 연관성 없는 복합적 심리 개념이다. 불안은 현실과 상관없는 감정이기 때문에 모든 불안은 '쓸데없는 불안'이다. 불안이 우리에게서 떼어놓는 것은 위험이 아니라 훌륭한 일이다. 밤에 잠 못 들게 하고 일어나지 않을 미래를 예측하도록 한다.

이와 달리 공포는 생존에 대한 것이다. 뱀을 순간적으로 피하는 것, 가족을 먹여 살리는 것, 내일도 일할 수 있는 권리를 확보하는 것이다. 공포는 신중하게 주의를 기울여야 한다. 하지만 우리가 사는 세상에 진짜 공포는 많지 않다. 따라서 진짜 공포가 나타날 때는 주의를 기울일 가치가 있다.

불안은 위험한 마비 상태다. '만약 ~한다면'이라는 가정을 하고 이에 대해 혼자 대화하면서 최악의 상황을 떠올리고 과장한다. 결국 실제 성공 확률을 상당히 낮추는 결과로 이어진다.

불안이 사라지지 않는 한 예술은 불가능하다. 불안은 저항을 불러오고 도마뱀뇌에게 광기를 부여하며 우리를 압도한다. 불안의 힘에 휩쓸리는 순간 린치핀이 되는 것은 불가능하다.

이 책에서 나는 실제로 불안을 의미하는 곳에서 '공포'나 '두려움'이라는 말을 자주 사용했다. 우리가 언제나 이 두 가지 개념을 혼동하기 때문이다. 나쁜 습관이다.

불안은 홀로 존재하지 않는다

침대에 누워 눈을 붙이려는 순간 거실에 불을 켜놓고 왔는지 걱정된다. 이런 상황에 우리의 내면은 순식간에 온갖 시나리오를 구상해 영상으로 보여주기 시작한다. 도둑이 창문을 넘어 들어오는 모습까지 생생하게 그려낸다.

불안이 만들어내는 거의 모든 에피소드에는 두 가지 반응을 할수 있다. 첫 번째 방식으로 반응하면 끝없는 불안 속으로 빠져들게되지만, 두 번째 방식으로 반응하면 (훨씬 어렵지만) 좋은 결과로 이어진다.

첫 번째 반응 방식은 다시 한번 확인하는 것이다. 침대에서 나와 불이 켜져 있는지 확인한다. 혹시라도 창밖에서 불이 꺼지기만을 기다리고 있던 도둑이 있었다면 쫓아버릴 수 있을 것이다. 이런방식은 불안이 생길 때마다 직접 확인함으로써 불안을 해소하라고 말한다. 계속 점검하고 측정하고 반복한다. 꼼꼼한 확인과 적극적인 피드백으로 불안을 보상한다. 물론 이런 반응은 더 큰 불안으로 이어질 뿐이다.

"잘되고 있나?" 이런 질문에 사람들은 다시 확인하고 적극적으로 피드백하는 것을 좋아한다. 불이 켜져 있는지 확인하고 나면 창문이 잠겨 있는지, 또다시 불이 켜져 있는지 자꾸 확인하고 싶어지게 될 것이다.

두 번째 반응 방식은 불안하더라도 아무 조치를 하지 않는 것이다. 불안을 인지하고 탐험하고 친해져라. 불안에 적응하거든 앞으로 나아가라. 불안에 떠는 사람에게는 아무런 보상도 없다. 불안이라는 불은 어떤 물로도 끄지 못한다.

저항은 영원히 빠져나올 수 없는 순환 구조를 만든다. 어떤 문제에 대한 확신이 생기면 다른 문제가 또 걱정스러워질 것이 분명하다. 확인하는 것만으로 불안을 절대 해결하지 못한다. 확인하고 또 확인해야 한다. 문제는 계속 악화될 뿐이다. 가려운 곳이 자꾸 신경 쓰인다. 긁는다. 긁으면 기분이 좋다. 계속 긁는다. 결국 피가 난다.

불안을 느끼면서도 그대로 참는다는 생각이 처음에는 우스꽝스러워 보일 것이다. 불편함을 느끼면서도 참는 것은 자연스럽지 않다. 오래 앉아 있을수록 상황은 나빠질 뿐이다. 물을 뿌리지 않으니 불은 계속 활활 타오른다. 그럼에도 끝까지 평온하게 앉아 있다. 불안은 그대로 있다. 진짜로 남아 있다. 하지만 그것을 인지할 뿐 불안을 합리화하거나 아드레날린으로 아첨하지 않는다. 불안은 그저 있을 뿐이고 우리는 여름 해변가의 뜨거운 열기처럼 온몸으로 불안을 느낀다.

이제 재미있는 일이 벌어진다. 불안은 타오르다 사라지고 만다. 불안은 홀로 영원히 존재할 수 없다. 아침이 오고 밤새 도둑이 들지 않았을 때, 연설이 끝나고 사람들이 아무도 비웃지 않았을 때, 업무 평가가 모두 끝나고 해고당하지 않았을 때 불안은 사라진다. 이런 현실은 불안을 해소하는 가장 좋은 방법이다. 시간이 가면서 불안의 순환 구조는 깨진다. 저항은 우리가 불안에 더 이상 속지 않는다는 사실을 깨닫는다. 특히 불안을 친숙하게 받아들일수록 그렇다. 불안의 순환 구조는 빠르게 시들어 결국 스스로 사라진다.

물론 모든 일이 잘될 것이라는 의미는 아니다. 나는 미래를 볼 수 있는 능력이 없다. 또한 아무 일도 없을 것이라는 위안은 장기적으로 불안을 오히려 더 강하게 만든다.

세상을 바꿀 수 없다면 받아들여라

셴파shenpa는 '가려운 곳을 긁는다'는 의미의 티베트어다. 셴파는 고통의 악순환이다. 사소한 사건에서 시작해 곧바로 생사가 달린 문제로 확장된다. 약간 가렵다고 해서 긁으면 더 가려워지고, 그래서 더 긁고 또 긁다가 문자 그대로 고통을 느끼게 된다.

경찰차가 뒤에 따라오면서 정지하라고 사이렌을 울린다. 제한속도를 10킬로미터 정도 초과한 듯하다. 별다른 문제는 아니다. 하지만 경찰과 대면하는 상황에 불안을 느끼는 사람들은 신경이 곤두선다. 경찰이 조금만 귀찮은 요구를 해도 맞설 것이고 이로써 일은 점점 커진다. 그러다가 경찰서까지 끌려가서 죄가 될 만한 것을 모두 털려 유치장 신세를 지게 될지도 모른다. 어쩌면 남은 삶을 감옥에서 보내게 될지도 모른다!

상사가 질책한다. 큰 문제는 아니다. 나지막한 목소리로 일을 제대로 하라고 말한다. 셴파가 찾아온다. 반사적으로 상사의 말 한마

269

디 한마디에 비난과 방어로 대응한다. 그런데 상사에게도 똑같이 센파가 찾아온다. 자신의 피드백을 받아들이지 못하는 부하직원의 모습을 보고 화가 난다. 점점 불쾌한 악순환 속으로 빨려 들어간다. 이 두 사람의 대화는 항상 좋지 않게 끝난다.

고객과 협상한다. 처음에는 잘되어가는 듯하다. 이런 상황은 특별한 감정을 촉발한다. 계약을 따낼 수도 있고 도마뱀뇌가 두려워하는 온갖 위험을 드러낼 수도 있다. 결국 방어기제가 작동해 바보 같은 이야기를 한다. 협상의 리듬이 깨지기 시작한다. 자신의 실수를 만회하기 위해 또 다른 바보 같은 말을 한다. 어느 순간, 예상했던 대로 협상은 수포로 돌아간다. 스스로 불러낸 센파로 인해 벌어진 일이다.

도마뱀뇌는 센파를 조종한다. 센파는 정상적이고 합리적인 세계와 매일 도마뱀이 살아가는 강렬한 공포 세계 사이의 상호작용이다. 다행스럽게도 우리가 모든 것에 센파를 갖지는 않는다. 그러나 이런 혼란 속에서 빠져나올 방법은 거의 없다.

소용돌이에 빠지는 것을 막을 수 있는 가장 좋은 순간은 맨 처음이다. 처음부터 센파를 명확하게 드러내고 행동을 취하고 악순환을 인식하라. 이것이 바로 최초이자 최선의 기회다. 처음부터 가려움을 참아라. 긁지 마라. 긁기 시작하면 판단이 흐려진다. 매번 어두운 측면에 신경쓰다 보면 유용한 지도를 만들어낼 수 없다. 이것은 '프라냐prajna', 즉 지혜다. 세상을 바꿀 수 없다면 받아들여라.

그러지 않으면 엉뚱한 결과를 맞이할 것이다.

"죄송합니다. 경찰관님." 이렇게 말하고 그냥 잠자코 자리를 지켜라. 그러면 경찰은 그냥 지나칠지도 모른다. 당신이 감옥에 가지 않은 이유는 무엇인가? 가려운 곳을 긁지 않았기 때문이다. 두려움, 불안, 화를 드러내지 않았기 때문에 경찰도 그런 식으로 반응하지 않은 것이다. 불안이 느껴져도 그냥 앉아 있었을 뿐이다. 불안에서 도망치려고 하지도, 흥정하려고 하지도 않았다. 그냥 가만히 있었다.

"네, 알겠습니다. 부장님." 이렇게 말하면 된다. 상사의 말을 받아서 되뇌며 알아들었다는 사실을 분명히 확인할 수 있도록 해라. 딱 3초면 된다. 이로써 한 시간의 고통을 피할 수 있다. 하루 종일 기분을 망치지 않을 수 있었던 이유는 무엇인가? 가려운 곳을 긁지 않았기 때문이다. 상사의 태도와 셴파를 충분히 인식함으로써 악순환에 빠져들지 않은 것이다.

셴파와 사회적 관계

대부분 셴파와 불안은 공동체와 연관되어 있다. 파티를 열든 클럽에 가입하든 회의에 참석하든 연설을 하든 다른 사람과의 상호작용에서 발생한다.

불안은 우리를 비참하게 만들 뿐만 아니라 상호작용도 엉망으로 만든다. 사람들은 불안의 냄새를 맡는다. 불안에 반응한다. 불안을 느끼는 사람을 고용하지 않고 불안을 느끼는 사람에게서 물건을 사지 않고 불안을 느끼는 사람이 여는 파티를 즐기지 못한다. 이런 일이 일어나는 이유는 그것이 바로 우리가 두려워하는 것, 불안을 느끼는 것이기 때문이다. 셴파의 악순환에 빠져들고 만다.

셴파는 비난하거나 도망가고 싶어 하는 도마뱀뇌와 성취, 관계, 우아함을 꿈꾸는 다른 뇌 사이의 갈등으로 인해 발생한다. 이 둘 사이에서 오락가락하는 행동은 상황을 더 나쁘게 만들 뿐이다. 악순환을 끝낼 수 있는 방법은 두 가지다. 도망치거나 머무는 것이다.

도망치는 것이 무조건 나쁜 것만은 아니다. 특정한 상호작용이나 이벤트를 다룰 능력이 되지 않는다면 아예 하지 않는 것이 좋다. 그런 것은 피하라. 타고난 특성상 야구 심판이 되지 못하는 사람들도 있다.

또 다른 방법은 그대로 머무는 것이다. 중요한 일이라고 생각되면, 저항을 압도해야 한다. 도망쳤다가 돌아오는 일을 반복해서는 안 된다. 그냥 그 자리에 머물러라. 참아내라. 저항에 여유를 주지 마라. 그대로 있어라.

고객과 협상하다 보면 꿈틀대는 도마뱀을 조금이라도 위안하기 위해 고요함을 깨고 싶은 순간이 찾아온다. 참아라. 가만히 있어라. 새로운 전망이 떠오를 때까지 기다려라. 내면에서 들려오는 불안의 목소리에 굴복하고 싶을수록 불안은 더 강해진다. 기다리는 것은 쉽지 않다. 그래서 사람들을 상대할 때 아무 말도 하지 않고 가만히 있는 것은 매우 효과적인 전략이다. 침묵하는 힘은 도망치고자 하는 강한 충동을 참아낼 수 있고 주변 사람들이 자신을 믿도록 만든다.

나는 지난 주 중대한 협상에 참석했다. 저항은 나에게 굽히라고, 맞서 싸우라고, 굴복하라고, 무엇이든 하라고 소리쳤다. 빨리 끝내라! 좋다고 말해라!

도마뱀뇌의 목소리를 들었으나 나는 아무것도 하지 않았다. 몸을 비틀며 그냥 앉아 있었다. 아무리 가려워도 참았다. 마침내 자신감의 물결이 몰려왔다. 결국 두려워하지 않고 이틀 동안 그냥 앉아 있는 내 모습을 보고 난 후 도마뱀은 내가 자세를 바꾸지 않을 것이라는 사실을 깨달았다. 저항은 수그러들었다. 나는 스스로 통제할 수 있었다. 결과는 자유였다. 나는 아무런 걸림 없이 차분하고 관대하고 명확하게 협상에 임했다. 이런 태도는 내가 희망했던 것보다 훨씬 좋은 결과로 이어졌다. 저항이 압도했다면 전체 프로젝트는 무너지고 불타버렸을 것이다.

추신. 도마뱀이 이메일을 보낼 수도 있다. 반드시 막아라.

사람들이 나를 보고 웃을 거라는 착각

이것이 문제의 핵심이다. 위험을 회피하기 위해 우리가 진화를 거듭한 데는 분명히 이유가 있을 것이다. 예컨대 날카로운 이빨을 드러낸 호랑이를 산에서 마주쳤다면 그것이 우리 삶을 정말 망가뜨릴 수 있다. 하지만 지금 여기서 이야기하는 예술의 경우에는 우리가 겪을 수 있는 위험이라고 해보았자 약간의 시간을 손해 보는 것과 사람들이 나를 보고 웃는 것이다(어차피 시간은 어떻게든 낭비되고 말 것이니 신경 쓰지 않아도 된다).

가끔씩 우리는 고등학교 때로 돌아가는 것처럼 느낀다. 저항과 씨름을 할 때, 늘 의심하게 만들고 돈은 모이지 않으면서 바쁘기만 하고 예술에 몰두할 수 없도록 만드는 이유들을 모조리 긁어모아 목록으로 만들어보라. 그리고 다음 항목을 하나 덧붙여보라.

"내가 그 일을 하면 사람들이 나를 보고 웃을 것이다."

좋다. 이제 저항을 유발하는 진짜 이유를 하나 추가한 것이다.

사람들이 나를 보고 웃을까? 나와 함께 웃는 것이 아니라 나를 보고 웃을까? 조롱하는 눈빛으로 한바탕 크게 웃을까?

우리는 지난 삶을 모두 기억한다. 그런 기억이 지금 우리가 내리는 결정에 영향을 미친다. 하지만 예전에 나를 보고 웃은 사람들은 내 이름을 기억하지도 못한다.

(센파와 혼란)

내 친구 존은 비행기가 심한 난기류에 휘말렸을 때의 느낌을 좋아한다. 그는 이렇게 말한다. "난기류로 인해 비행기가 추락할 확률은 기본적으로 0에 가까워. 그래서 나는 그냥 자리에 앉아서 그 상황을 즐기지. 짜릿한 놀이기구를 공짜로 즐기는 셈이야."

나 역시 비행기를 타고 가다가 난기류를 만났을 때 그의 이야기를 떠올렸다. 나는 난기류를 이기려는 노력을 멈추고 공중에 머물며 흔들리는 느낌을 즐기기 시작했다. 비행기를 타는 것이 훨씬 더 즐거워졌다. 비행기를 공중에 떠 있도록 하는 데 나의 도움이 필요하지 않다는 사실은 분명했다.

센파와 돈과 성공

공장 시대에도 센파는 성가신 녀석이었다. 자꾸만 신경 쓰이게 만들 뿐 전혀 반갑지 않았다. 그럼에도 좋은 일자리를 가질 수 있었고 성공할 수 있었다. 신경이 쓰이는지 아닌지는 일하는 데 중요하지 않았기 때문이다. 조립라인에서 일하는 것은 너무나 진부해서 센파의 악순환을 유발하지 못한다. 센파는 집에서만 작동했다.

하지만 이제 린치핀이 소중해지고 톱니바퀴가 하찮아진 세상에서는 억제되지 않는 불안이 목표 달성을 가로막는 단 하나의 거대한 장벽처럼 보인다. 대안이 있는 상황이라면, 그 누구도 불안 속에서 허우적거리는 사람을 고용하지도, 함께 일하지도, 믿지도, 따르지도 않는다. 그런 사람은 독이다. 그런 사람을 불안에서 끄집어내기 위해 누구도 소중한 시간을 허비하고 싶어 하지 않는다. 무엇보다도 자신이 맡은 임무에 대해 불안해하는 한 결국 원하는 일을 하지 못한다. 예술, 관대함, 과감한 행동 등 꼭 필요한 사람이 되는데 필요한 바로 그것을 회피하게 된다.

나는 고통과 공포의 악순환에 빈번히 빠져드는 사람들을 곁에 두고 싶지 않다. 어느 순간 셴파는 마음뿐만 아니라 주머니에도 상당한 영향을 미치기 시작한 것이다.

사람을 관찰하다

나는 여행할 때 사람들을 관찰하는 것을 좋아한다. 어느 날 시카고호텔 앞에서 누군가를 기다리고 있는 한 여성을 발견했다. 그는 옷을 멋들어지게 차려입고 금발머리 위에 선글라스를 걸치고 있었다. 그때 그의 셴파가 나타났다. 그는 16초를 주기로 다음과 같은 행동을 반복했다(나는 스톱워치로 시간을 쟀다).

왼쪽을 한 번 보고 오른쪽을 한 번 본다.

오른쪽 귀 위로 머리카락을 쓸어 올린다.

누가 자신을 보고 있는지 확인하기 위해 앞을 바라본다.

선글라스를 만진다.

치마를 잡아서 1센티미터 정도 내린다.

오른쪽 귀 위로 머리카락을 쓸어 올린다.

반복한다.

또. 또. 또.

분명히 의도적인 행동은 아니다. 오랜 시간에 걸쳐 습관이 된 것이다. 그의 조상들이 사바나에서 했던 행동을 그는 여기서 한다. 자신을 바라보는 무리의 시선이 매우 중요하다는 뜻이다. 어떤 것을 창조하거나 관계를 맺거나 배우기보다는, 자신의 깃털을 끊임없이 다듬는다. 두려워하는 도마뱀뇌의 악순환에 갇혀 있는 것이다.

저항이 자리 잡으면 도마뱀뇌는 다음과 같은 행동을 강요한다.

사람들이 내가 한 일에 대해서 어떻게 생각하는지 알아보기 위해 이메일을 반복해서 확인한다. 일일이 답을 한다.

무슨 일이 벌어지고 있는지 궁금해 커뮤니티 사이트를 계속 열어본다. 필요하면 자신도 한마디 거든다.

이메일을 확인한다.

블로그에 사람들이 어떤 답글을 남겼는지 확인한다. 사람들의 답글에 일일이 답글을 남긴다.

SNS에 어떤 업데이트가 없는지 점검한다.

반복한다.

나는 이 일을 영원히 할 수 있다. 이것은 선글라스를 계속 고쳐 쓰는 것과 같다. 영원히 끝나지 않는다.

예술가는 예술하는 동안 이런 행동을 하지 않는다. 인터넷 다이어트를 시작하라. 하루에 50번씩 인터넷을 들락거릴 필요가 없다. 딱 한 번씩만 들어가보라. 생산성이 세 배로 뛸 것이다. 세 배로!

전력 질주가 필요한 순간

창조성, 브레인스토밍, 지적 모험, 까다로운 상황 헤쳐나가기. 이 모든 일들이 두려움을 불러일으킨다. 두려움을 떨쳐버리는 가장 좋은 방법은 아마도 전력질주일 것이다.

전력 질주할 때 내적인 속삭임은 모두 흩어진다. 최대한 빠르게 달려나가는 데에만 집중한다. 전력 질주할 때는 무릎 통증도 느껴지지 않는다. 땅이 고르지 않을까 걱정하지도 않는다. 무조건 달릴 뿐이다.

물론 영원히 전력 질주할 수 없다. 딱 100미터만 그렇게 할 수 있다. 전력 질주가 작동할 수 있는 이유는 짧은 순간만 지속되기 때문이다.

"빨리빨리! 30분 내에 비즈니스 아이디어를 10가지 떠올려봐."

"서둘러! 새로운 TV 광고에 사용할 대본을 15분 안에 짜야 돼."

내가 맡았던 첫 번째 거대한 프로젝트는 다양한 컴퓨터 어드벤처 게임을 런칭하는 것이었다. 나는 그 일을 하기 위해서 경영대학원을 그만두었다.

하루는 출장을 갔다가 밤 비행기로 회사에 돌아왔다. 사무실에 들어가자마자 사장이 나를 부르더니 프로젝트를 취소하라고 말했다. 계획한 제품을 모두 런칭할 만큼 충분한 자원도 없을 뿐만 아니라 진행 상황이 너무 느리고, 기획안도 전혀 준비가 안 되었기 때문이라고 말했다.

나는 내 자리로 가서 20시간 동안 제품에 들어갈 모든 문구를 다시 썼고 패키지 디자인을 전부 다시 하고 스케줄을 조정하고 새로운 판촉 전략을 구상했다. 아무리 의욕적인 위원회라고 해도 이 모든 일을 하는 데는 아마 6주 정도가 걸렸을 것이다. 그 일을 혼자서 단박에 해치운 것이다. 아이가 자동차를 들어올리는 것 같은 초능력을 발휘한 셈이다. 물론 지금은 그때 내가 한 일이 모두 기억나지도 않는다.

내가 다시 만든 결과물을 보고 이사회는 결정을 번복했고 프로젝트는 다시 부활했다. 전력 질주가 끝날 때까지 나는 전혀 겁에 질리지 않았다. 그렇게 질주를 끝내고 난 뒤 빠져나왔다. 물론 이렇게 매일 전력 질주할 수는 없다. 하지만 가끔씩 이렇게 전력 질주하면 건강에 좋다. 저항이 다가오지 못하게 막아준다.

언덕을 쉽게 오르는 법

세상에 자신의 예술을 내보내는 일이 비탈을 오르는 것처럼 느껴지는 경우가 많다. 끊임없이 도전하고 무수한 장애물을 넘어야 하기 때문이다. 한 발 한 발 뗄 때마다 저항이 우리를 괴롭힐 수 있다. 계속 비틀거리며 작업을 해내야 한다. 바위를 비탈 위로 밀어 올릴 때 잠시라도 쉬면 바위가 뒤로 굴러떨어지면서 그동안의 모든 노력이 허사가 되고 만다.

하지만 자신의 예술을 마감하는 작업을 닻을 내리거나 스키를 타고 내려오는 것에 비유할 수는 없을까? 회피할 수 없는 중력 작용과 같은 방향으로 일을 진행한다고 보는 것이다. 언덕 아래에서 일을 시작하는 것이 아니라 꼭대기에서 일을 시작하는 것이다. 처음 출발할 때 한 번만 힘을 주면 일은 점점 빨라지고 커진다. 어떤 저항도 이런 일이 일어나는 것을 막을 수 없다.

인터넷은 이런 노력을 증폭해줄 수 있다. 인터넷에 영상을 올려놓으면 1주일 안에 수백만 명이 볼 것이다. 아이디어가 떠오르면 관심을 가질 만한 여섯 명에게 이메일을 보내라. 바로 프로젝트가 시작될 것이다.

저자들이 직접 책을 출판하지 않는 이유도 마찬가지다. 기술적으로는 자신의 책을 직접 출판하고 디자인하고 인쇄하고 서점에 영업하는 것이 어렵지 않다. 하지만 그런 능력이 있는 작가들도 거의 자신의 책을 직접 출판하지 않는다. 현재의 출판 시스템이 하나의 강력한 증폭기이기 때문이다. 원고를 만들어 출판사에 보내면 출판사는 그 원고를 시장에 내다 판다. 그렇게 하는 데 복잡하고 어려운 임무가 필요하지만 출판사는 모두 해낸다. 도마뱀뇌가 즐거워하면서 파괴할 바로 그 임무를 출판사가 대신해주는 것이다.

물론 출판사와 같은 간접자본이 자신의 통찰을 제대로 증폭해주는 역할을 한다면 더할 나위 없을 것이다. 하지만 대부분 그렇지 않다. 나의 아이디어를 특허로 등록해주겠다고, 많이 팔아주겠다고, 또는 콘테스트에 입상하게 해주겠다고 돈을 요구하는 회사들이 넘쳐난다. 이들의 먹잇감이 되는 대상은 모두 플랫폼을 구축하지 못한 사람들이다. 험한 세상에서 속지 않고 살아가기 위해서는 자신의 통찰을 행동으로 쉽게 옮길 수 있는 플랫폼을 가지고 있어야 한다.

다음 아이디어를 떠올리기 '전에' 플랫폼을 먼저 구축하라. 자신의 예술을 퍼트리는 것만큼 자신의 플랫폼을 구축하는 일도 매우 중요하다. 누구나 저항과 직면하지 않고 일할 수 있는 플랫폼이 필요하다. 플랫폼이 크고 강할수록 어떤 아이디어든 좀 더 높은 언덕에서 출발할 수 있다.

이런 지점에 도달하는 것은 쉽지 않다. 소중한 플랫폼은 자산이다. 플랫폼은 그냥 주어지는 것이 아니다. 오랜 준비가 필요하다. 자신의 아이디어를 세상으로 더 쉽게 내보낼 수 있는 환경을 구축해야 한다. 저항이 생산적인 노력을 파괴하고 싶어 하지 않게끔 만들어야 한다. 통찰을 실현하는 데 필요한 여러 힘든 작업을 최대한 플랫폼이 해결해줄 수 있다면 자신의 예술을 세상에 좀 더 쉽게 내보낼 수 있을 것이다.

무조건 제시간에 완수하라

내가 일을 해나가는 방법은 다음과 같다.

수십억 원짜리 소프트웨어 프로젝트를 런칭할 때, 책을 쓸 때, 휴가를 계획할 때, 팀과 협업할 때, 혼자 일할 때, 블로그에 글을 쓸 때 모두 나는 이 기술을 사용한다. 그러면 모든 프로젝트를 제시간에 마칠 수 있다.

첫 단계는 마감일을 글로 써 붙이는 것이다. 정말로 벽에 붙여라. 그러면 현실이 된다. 이 날짜에 무조건 일을 마무리해서 내보낼 것이다. 죽기 아니면 까무러치기다.

다음 단계는 색인 카드, 점착 메모지, 노트 등 원하는 수단을 이용해서 연관된 개념과 계획, 아이디어, 스케치, 연락처 등을 모두 써 넣는다. 그러고는 사람들을 낚으러 간다. 가능한 한 많은 사람들을 초대한다. 원하는 만큼 도움을 받는다. 그들에게도 큰 기회가될 것이다.

여기서 채찍질하고 꿈꾸는 일이 시작된다. 이 순간 함께 일하는 사람들이 주의를 기울이도록 만들기는 매우 어렵다. 마감일이 아직 많이 남아 있기 때문에 그들의 도마뱀뇌는 잠들어 있고 어떤 두려움이나 이기적인 욕심도 없다. 사람들은 프로젝트를 진행하는 것보다 이런저런 소소한 일들에 초점을 맞춘다. 멀리 떨어져 있는 마감을 위해 이런 일을 멈추지 않을 것이며, 오늘 진행해야 하는 몫을 마치기 위해 열중하기도 쉽지 않다. 이제 중요한 일은, 자신을(그리고 팀이 있다면 팀 동료들까지) 한 발 더 나아가 꿈을 꾸게 만드는 것이다.

주기적으로 팀원들 앞에서 카드를 큰 소리로 읽어주고 현재 진행 상황과 대조한다. 이런 절차는 더 많은 카드를 만들어내는 것으로 이어진다.

그런 다음 이런 카드를 데이터베이스로 만든다. 나는 파일메이커 프로FileMaker Pro를 사용하지만 어떤 프로그램을 사용해도 상관없다(수첩을 사용해도 된다). 여러 사람과 함께 일을 하는 경우에는 그룹 데이터베이스 관리 프로그램이 필요할 것이다. 모든 카드를 기록으로 남긴다.

기록에는 글, 사진, 그림은 물론 다른 카드의 링크를 넣을 수도 있다. 이것은 채찍질하는 놀이터다. 팀이 함께 놀 수 있도록 만들어라. 다시 배열해라. 선을 긋고 그림을 그려라. 사람들에게 이것이 '프로젝트를 개선할 수 있는 마지막 기회'라는 사실을 분명히 이해시켜라.

한 사람이(바로 나일 수도 있다) 데이터베이스를 정리해 프로젝트에 대한 완벽한 설명을 구축한다. 책을 쓰는 경우, 이런 과정을 통해 40쪽짜리 기본 윤곽을 만들어낼 수 있다. 웹사이트를 기획한다면 모든 웹페이지의 레이아웃과 기능의 밑그림을 그릴 수 있다. 컨퍼런스를 구상한다면 토론 주제, 메뉴, 장소 등을 정할 수 있다. 완벽한 청사진이 만들어진다.

이 청사진은 아무에게나 보여주지 마라! 경쟁 상대가 될 염려가 없는 사람, 투자할 수 있는 사람, 자신의 상사 등 소수의 사람들에게만 보여주어라. 그들은 프로젝트를 승인하거나 취소하거나 몇몇 절충안을 제시할 수 있다. 그런 다음 이렇게 말해라.

"승인된 대로 예산과 시간에 맞추어 일을 진행하면, 책임 지고 일을 마무리해주시겠습니까?"

'예'라는 대답을 얻을 때까지 프로젝트를 진행하지 마라. 필요하다면 반복해라. 하지만 급하다는 이유만으로 그냥 시작해서는 안 된다.

"글쎄, 해보면 알겠지." 이런 말로는 안 된다.

긍정적인 반응을 얻으면 즉각 움직여 프로젝트를 구축하라. 이제는 채찍질할 필요도 없다. 제시간에 완수하라. 그것이 바로 린치핀이 하는 일이다.

저항 없는 시장 발견하기

내 프로젝트의 성공은 어떻게 보일까? 나는 성공을 비평가의 눈으로 정의했는가? 아니면 내가 갖고 있지 못한 측면으로 정의했는가? 호평을 받고 싶은가? 유명한 스타가 되고 싶은가? 박수를 받고 싶은가? 아니면 돈을 벌고 싶은가? 엄청난 판매고를 올리고 싶은가? 사람들의 마음을 바꾸고 싶은가? 또 한 번의 기회를 갖고 싶은가?

284

저항은 달성할 수 없는 목표를 세울 때 기뻐한다. 작업을 포기하도록 부추기는 좋은 방법이기 때문이다. 어쨌든 달성하기가 불가능하다면, 시도하는 것조차 고역이라면 왜 귀찮게 그런 것을 하겠는가? 다른 사람, 특히 나를 좋아하지 않는 사람, 내가 잘되는 것을 바라지 않는 사람들의 눈으로 성공을 정의할 때, 그들의 기준에 동의할 때, 우리는 저항에 굴복하는 것이다. 비평가들, 또는 같은 업종에 종사하지만 내가 하는 일을 싫어하는 사람들의 마음에 들겠다고 생각한다면 미리 포기하는 것이 낫다.

역사상 가장 위대한 브랜드 50개 안에 들어가는 훌륭한 브랜드를 만들려고 마음먹는다면, 장애물에 부딪힐 확률이 높다. 거의 불가능한 목표이기 때문이다. 장애물은 성공의 발판이 아니다. 프로젝트 자체를 꺾어버릴 것이다.

그레이트풀 데드Grateful Dead는 오랫동안 음악 산업의 권위자라고 자처하던 사람들을 혼란 속에 빠뜨렸다. 그들은 자신의 음악을 라디오에서 틀지 못하도록 했고 음반을 많이 팔려고 하지도 않았다. 왜 그랬을까? 답은 간단하다. 그들은 다른 게임을 했다. 다른 장단에 맞추어 춤을 추었던 것이다. 시스템에 매수되어 갈기갈기 난도질당하고 자신들의 비전을 훼손하기보다는 자신들만의 시스템을 만들어냈다. 저항이 거의 배어들 수 없는 시스템을 만들어냈다. 하루에 콘서트를 한 번씩, 그렇게 하루 이틀, 한 달 두 달, 1년 2년, 10년 20년 이어갔다. 자기가 좋아하는 사람들, 자기가 함께 즐기고 싫어 하는 사람들만을 위해 연주하고 노래했다. 도마뱀뇌가 어떻게 이것을 막을 수 있겠는가?

결과는 은밀하고도 효과적이었다. 내가 하는 일을 평가하고 판단할 사람들이 설 자리를 처음부터 만들지 않으면, 저항을 긴장시키지 않고도 자신만의 예술을 해나갈 수 있다. 더 나아가 자신의 예술을 다음 단계로 밀고 나갈 수 있다.

순간의 생각을 현실로 만들라

어제 점심에 무엇을 먹었는지 기억하는가? 1초만 생각을 해보면 아마 기억할 수 있을 것이다. 이제는 어제 점심을 먹기 전에 잠시 마음속으로 망설이거나 고민했던 내면의 대화와 스쳐갔던 생각을 기억할 수 있는지 생각해보라. 거의 기억하지 못할 것이다.

스쳐가는 생각은 하루살이 목숨이다. 그런 생각은 찾아왔다가 금방 사라진다. 한 시간만 지나도 기억나지 않는다. 1주일 후, 한 달 후에는 당연히 기억 속에서 완전히 사라진다.

10년 전 나는 '퍼미션 마케팅'이라는 개념을 문득 떠올렸다. 샤워하는 도중이었다. 나는 아직도 그 생각을 떠올린 시간과 장소까지 모두 기억한다. 그것은 스쳐가는 생각 중 하나였을 뿐이고 쉽게 사라질 수 있는 것이었다. 모든 브레인스토밍이 이와 같이 사라져버리면 저항은 즐거워할 것이다. 전혀 위협이 되지 않기 때문이다.

그렇지 않은가?

스쳐가는 생각을 글로 기록할 만큼 영감을 받았을 때 그것을 우선순위로 올려놓고, 만들어내고, 완성해서 밖으로 내보내야 한다. 그것은 습관이다. 배우기 어렵지 않다. 짜릿하다.

저항이 변명을 준비할 시간을 주지 마라

자신이 몸담고 있는 산업에 비전이 없는가? 배우자가 짐이 되는가? 경제적 상황이 문제인가? 상사와 겪는 불화가 문제인가?

저항은 어떠한 놀라운 일에 도전하지 못하도록 막기 위해서 야근도 마다하지 않는다. 저항이 지금까지 차곡차곡 보관해놓은 변명 목록은 우리가 상상할 수 있는 것보다 훨씬 많다. 유용한 버팀목, 핑곗거리를 찾으면 저항은 그런 사태를 최대한 이용한다. 하지만 그런 변명을 제거하고 맞서는 것만으로는 충분하지 않다. 언제나 또 다른 저항이 대기하고 있기 때문이다.

그 모든 것과 한번에 맞서거나, 자신의 예술이 앞으로 나아가지 못하도록 붙잡는 모든 이유를(합리적 이유든 비합리적 이유든) 모조리 견뎌내는 것만이 해법이다. 그리고 오늘 시작하는 것이다. 지금, 당장, 시작하라. 그리고 완수하라.

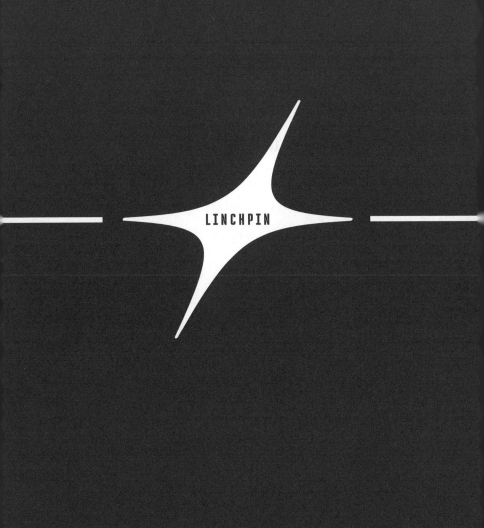

LINCHPIN

선물의
힘

예술은 선물이다. 선물은 거래가 아니다. 되돌려받고자 하는
마음을 품지 않고 행하는 상호작용이다. 선물을 주고받는 문
화는 지구상에서 오랜 역사를 가지고 이어져 내려왔다. 선물
이 사람들을 어떻게 하나로 묶어주는지 이해하는 것은 린치핀
이 되기 위한 중요한 첫걸음이다.

선물은 어떤 의미인가

스탠퍼드 경영대학에 다니던 어느 날, 나는 결석을 해야만 했다. 학교에서는 보답을 기대하지 않는 선물의 힘을, 상호 지지와 관대함이라는 정서를 토대로 구축된 종족 경제의 오랜(무려 5만 년이나 지속된) 전통을 가르치는 데 거의 관심을 두지 않는다. 실제로 수업 시간에 이 개념이 언급된 적은 한 번도 없었을지도 모른다.

"여기에 가격을 얼마나 붙여야 할까? 나는 돈을 얼마나 벌 수 있을까?" 우리 머릿속에는 온통 이런 생각뿐이다. 우리는 그렇게 자본주의에 세뇌당했으며 다른 사고방식이 존재할 수 있다는 가능성조차 떠올릴 수 없는 처지가 되었다.

이제 선물을 주고받는 문화에 대해서 알아야 한다. 여기에는 세

가지 이유가 있다. 첫째, 인터넷은(또 디지털 기기들은) 관대함의 한계 비용을 낮추었다. 둘째, 선물을 주는 행위가 만들어내는 힘을 이해 하지 못하고서는 예술가가 될 수 없다. 셋째, 선물을 주고받는 역학 은 저항의 비명을 완화하고 최고의 작품을 만들 수 있는 길을 열 어준다.

보상을 바라지 않고 선물을 준다는 것이 불편하게 느껴질지도 모른다. 물론 우리가 그렇게 느끼는 데는 이유가 있다.

주기, 받기, 주기의 역학

태초에 선물과 잔치를 베푸는 문화가 있었다. 인간에게는 동굴 생 활을 할 때부터도 선물을 교환하는 오랜 전통이 있었다. 프랑스의 사회학자 마르셀 모스는 이런 선물이 관계를 형성하고 권력을 쌓 는 데 중요한 역할을 했다고 말한다.

북아메리카 원주민 추장들은 자신이 가진 것을 '모두' 줌으로써 권력을 쌓는다. 모든 사람에게 선물을 줄 수 있다는 것은 그만큼 권력이 막강하다는 뜻이다. 선물은 그런 권력을 상징한다. 돈을 쌓 아두는 족장들은 순식간에 권력을 잃고 만다. 대가 없는 선물은 없다고 모스는 주장한다. 누구든 선물을 준다는 것은 그에 상응하 는 대가를 바란다는 뜻이다.

하지만 이런 고대의 전통은 순식간에 바뀌었다. 돈으로 구조화된 사회 시스템은 이런 전통을 뒤집어버렸다. 이제는 무언가를 받아도 줄 필요가 없다. 지난 수 세기 동안 우리 사회에서는 가장 많이 받은 사람이 승리했다. 선물을 받음으로써 우리는 왕이 되고 부자가 되고 대접받을 수 있는 사람이 된다. 권좌에 있는 사람들에게 뇌물을 주는 것도 당연하다고 느낀다. 하지만 이런 문화는 지극히 최근에 나타난 결과다. 권력은 주는 것이지 받는 것이 아니었다.

린치핀 경제에서는 상황이 바뀐다. 다시, 선물을 주는 예술가가 승리한다. 선물을 주는 행위는 그 사람의 존재를 꼭 필요하게 만들어준다. 선물을 발명하고 예술을 창조하는 일은 시장이 요구하는 행위다. 또한 선물을 주는 사람은 존경받고 인기를 누린다. 셰퍼드 페어리는 돈을 벌려고 오바마의 선거 포스터를 그리지 않았다. 단 하나의 일념으로 그림을 그려 뿌렸을 뿐이다. 더 많이 만들어 뿌릴수록 자신의 정치적, 개인적, 직업적 목표에 더 다가갈 수 있었다.

이런 반전이 일어날 수 있었던 데는 새로운 선물 시스템의 디지털적 특성이 한몫했다. 아이디어를 떠올렸다면 인터넷은 그것을 온 세상에, 순식간에, 아무 비용도 들이지 않고 뿌려준다. 디지털화된 선물과 아이디어는 예술가가 과거 어떤 시대보다 훨씬 관대한 사람이 될 수 있도록 도와준다.

토머스 호크Thomas Hawk는 세상에서 가장 성공한 디지털 사진작가다. 평생 100만 장의 사진을 찍겠다는 목표를 세우고 지금까지 엄청난 사진을 찍어왔다. 호크는 자신의 사진을 누구나 별도의 요청이나 허가 없이 개인적으로 사용할 수 있게 하는 크리에이티브 커먼스Creative Commons 라이선스를 통해 유명해졌다. 호크는 예술가이며 선물을 주는 사람이다. 이로써 그를 따르는 엄청난 종족이 생겼으며 무수한 작업 의뢰를 받았다. 물론 자신의 재능을 널리 알릴 수 있었다. 간단히 말해서 그는 꼭 필요한 사람이 된 것이다.

지역 정보 사이트에 등록된 자신의 피자 가게 페이지에 사용자들이 우르르 몰려들어 악평을 쏟아낸다면 어떻게 하겠는가? 그들을 모조리 고소할 것인가? 더 창조적이고 너그럽게 문제를 해결할 방법은 없는가? 실제로 샌프란시스코에 있는 피자리아 델피나Pizzaria Delfina는 지역 정보 사이트 옐프Yelp에 고객들이 올린 가장 어이없는 악평을 그대로 티셔츠에 새겨 배달원들에게 입혔다. 결국 이 티셔츠가 눈길을 끌었고 온라인을 통해 순식간에 세상에 퍼져 나갔다. 별다른 비용도 들이지 않고 수백만 명에게 웃음을 선사했다. 델피나는 스스로 조롱거리가 됨으로써 고객들에게 선물을 주었다.

보상할 수 없는 선물의 가치

켈러 윌리엄스Keller Williams는 새로운 시대의 명인이자 천재이며 기타리스트다. 디지털 루프를 이용해 여덟 대의 기타를 동시에 연주한다. 무대에 맨발로 올라서서 사운드를 배합하고 바닥에 기타를 세밀하게 세팅하고 믹싱보드를 오가며 이 소리 저 소리를 만들어 낸다. 모두 라이브다. 미리 녹음해놓거나 속임수를 쓰는 일 따위는 하지 않는다.

그의 콘서트는 선물이다. 관객들은 그의 연주에 보답할 방법이 없다. 아무리 많은 사람이 티켓을 사고 우레와 같은 박수를 보낸다고 해도 윌리엄스가 공연을 할 때마다 쏟는 노력, 준비, 천재성에 견줄 수 없다. 그리고 그는 온라인에서 자신의 음악을 공짜로 뿌린다. 아무런 돈을 내지 않고도 다운로드하고 공유할 수 있다.

우리가 그에게 보답할 수 없다는 사실은 그의 선물이 왜 그토록 가치 있는지, 또 왜 그토록 많은 사람들이 그를 가까이서 직접 볼 수 있는 특혜를 누리기 위해 기꺼이 돈을 지불하는지 알려준다. 윌리엄스는 받으려고 하는 대신 자신이 가진 것을 베풂으로써 자신의 종족을 구축했다.

이제 마케팅은 리더십이다. 여기서 리더십이란 비슷한 생각을 가진 사람들을 연결하고 하나의 종족으로 만들어내는 것이다. 윌리엄스의 베푸는 리더십은 자신과 종족의 관계뿐만 아니라 종족 구성원들끼리의 관계도 맺어주었다. 그의 팬들은 서로 친구가 된다. 윌리엄스가 베푸는 선물을 공유한다는 이유 하나만으로 믿을 수 있는 사람이라고 생각하는 것이다.

자본주의는 모든 교환이 공평해야 한다고 가르친다. 상품이나 서비스의 교환도 마찬가지다. 윌리엄스를 비롯한 여러 아티스트들은 어떤 방식으로도 충분히 보상할 수 없는 선물을 주라고 말한다. 이것이 바로 린치핀의 생각이다.

조립라인에는 예술가가 없다

시스템의 일부가 되는 순간 예술은 더 이상 존재할 수 없다.

예술가는 모든 것을 흔들어놓는다. 손길이 닿는 대로 모든 것을 새롭게 발명한다. 쏟아지는 정보를 받아들여 놀랍고도 새로운 결과물을 창조해낸다. MBA는 예술가를 어떻게 분류해야 할지 몰라 종종 애를 먹는다. 예술가들은 시키는 대로 따르지도 않고 어디로 튈지 모르고 측정하기도 어렵다. 경영대학에서 배운 것들이 모조리 무용지물이 된다.

소비자들은 예술가를 좋아한다. 투자자들도 마찬가지다. 예술은 곧 현 상태를 개선할 수 있는 기회를 상징하기 때문이다. 예술은 현 상태를 싸구려로 만들지 않는다. 예술은 공동체를 형성하고 공동체는 모두를 위한 가치를 만들어낸다.

아일랜드의 록밴드 U2가 순회공연을 할 때, 이들에게 순회공연은 매일 밤 새로운 예술을 할 수 있는 기회가 된다. 돈을 벌기 위해 진부한 틀에 맞추어 순회공연을 하는 순간, 그것은 이제 예술이 아니라 한낱 기념품을 만드는 공장이 될 것이다.

자신의 사진을 웹사이트에 올리면 즉석에서 앤디 워홀의 실크
스크린 그림처럼 바꾸어주는 서비스도 있다. 이것은 예술적이라고
할 수 있을지는 몰라도 예술은 아니다. 어떤 '스타일'이라는 이름이
붙는 순간, 그것은 더 이상 예술이기를 포기하고 대량생산의 일부
가 된다는 뜻이다.

이기적인 마음

로버트 링거Robert Ringer의 《최고가 되는 법Looking Out for Number One》은
이제껏 내가 읽어본 책 중에 가장 해로운 경영서다. 이기심에 대한
경의는 그 시대의 산물이었겠지만, 그로 인해 수많은 사람들이 그
릇된 길로 들어섰을 것이다.

린치핀이 되기 위해 노력하는 것은 이기적인 행동이 아니다. 린
치핀은 너그럽게 행동한다. 주는 행동은 곧 감정노동과 선물을 줄
수 있는 플랫폼을 마련해주기 때문이다. 꼭 필요한 직원들이 내놓
는 아이디어를 두려워하는 상사들이 많다. 그들은 오히려 혼자 튀
지 말고 팀워크에 집중하라고 다그칠지도 모른다. 상사나 코치나
선생이 '팀워크'를 이야기하는 것은 곧 '내가 시킨 대로 하라'는 의
미다. 하지만 팀워크는 멀뚱멀뚱 서 있다가 두목이나 관리자가 시
키는 일을 바로바로 해치우는 것이 아니다. 협조적이고 순응적이
며 유용할지는 모르지만 그것은 팀워크가 아니다.

성공적인 린치핀이 되는 유일한 방법은 린치핀이 될 수 있도록 도와줄 팀을 만드는 것이다. 최종 목표는 영향력을 갖는 것이다. 사람들과 함께 시작하지만(여기에는 나의 선물과 노력이 들어간다), 이런 노력을 팀 구성원들과 고객들이 고맙게 받아들 때 린치핀을 향한 여정은 본격적으로 시작된다.

호혜주의의 저주

주는 만큼 받고자 하는 것은 인간의 본성이다. 누군가가 선물을 준다면 그만한 보답을 해야 한다. 집들이에 초대를 받으면 선물을 사 가지고 간다. 명절 선물을 받으면 그에 맞는 선물로 갚기 전까지는 마음이 편치 않다.

호혜주의는 선물 시스템을 선물 경제로 바꾸었다. 어느 순간 선물을 주는 것이 구속의 도구가 되었다. 보상을 바라지 않는 선물이 아니라 대가를 달라고 요구하는 행위가 되었다. 그래서 마케터들은 싸구려 경품을 활용해 호혜주의의 충동을 자극한다.

이런 태도는 우리 예술을 불구로 만들 수 있다.

선물은 대가가 돌아오든 말든 신경 쓰지 않고 주는 것이 가장 좋다. 12번 테이블에 앉은 손님을 정성스럽게 대접하는 것은 그가 팁을 후하게 주는 손님이든 아니든 상관없이 할 수 있는 일이다. 어떤 사람이 살지 안 살지 모르지만 예술가는 혼신의 힘을 다해 그림을 그린다.

선물 시스템이 마술인 이유는 선물은 마음에서 우러나와 주는 것일 뿐 계약의 일부가 아니기 때문이다. 선물은 주는 사람과 받는 사람을 하나로 묶어주며 둘을 이들을 하나의 공동체로 엮어준다. 계약은 개개인을 고립시킨다. 돈이라는 매개로 잠시 연결해줄 뿐이다. 하지만 선물은 사람을 하나로 묶어준다.

선물의 기쁨

배고플 때 관대해지기란 참으로 어렵다. 하지만 관대해지면 배고픔을 겪지 않는다. 여기에 모순이 있다.

한 경영 코치가 각종 유익한 정보와 비결을 엮어 200여 쪽에 달하는 전자책을 만들어 공짜로 나누어준다. 자신의 지식을 온라인에서 공짜로 뿌리는 것이다. 이것은 너그러운 것일까 어리석은 것일까? 나누어줄 지혜를 가지고 있다는 사실을 이보다 분명하게 드러낼 수 있는 방법이 있을까?

선물은 우리의 예술가적 욕구를 만족시켜줄 뿐 아니라 세상을 향해 나누어줄 것을 많이 가지고 있다는 사실을 알리는 신호다. 이런 관점은 사람들을 끌어들인다. 자신의 컵에 물이 많을수록 더 많은 사람들이 그 물을 마시러 찾아온다.

파티에서 나를 만난다면 돈을 내지 않아도 좋으니 마케팅에 대한 조언을 구하기를 바란다. 나는 사람들이 내가 하고 싶은 말에 기꺼이 귀 기울여줄 때마다 황홀하고 내 생각을 나눌 수 있다는 사실만으로도 기쁘다. 선물은 받는 사람이 누리는 가치보다 주는 사람이 누리는 가치가 훨씬 크다.

(던바 넘버와 작은 세계)

영국의 인류학자 로빈 던바Robin Dunbar는 종족을 형성할 수 있는 사람의 수가 150명을 넘지 않는다는 사실을 밝혀냈다. 150명이 넘어가면 너무 복잡해서 사람들이 서로를 제대로 파악하고 기억하지 못한다는 것이다.

수만 년 동안 이동수단이 발달하지 않은 덕분에 우리는 유목 생활을 하거나 작은 부락을 형성하며 살았다. 종족의 핵심 단위는 함께 생활하는 마을이나 유목민 무리였다. 공동체가 지나치게 커지면 무리가 나뉘고 사람들이 떠나갔다. 150명을 넘으면 누가 누군지도 알기 힘들 뿐만 아니라, 관계를 맺기도 어렵기 때문이다. 우리에게 부족은 형제애로 똘똘 뭉친 집단, 확장된 가족과도 같은 조직이었다. 우리 뒤를 보아주고, 성공할 수 있도록 도와주고, 함께 일을 도모할 수 있는 사람들이었다.

이때 우리는 낯선 이를 만나면 거래를 했지만 종족의 일원을 만나면 선물을 주었다. 여행이나 의사소통 수단, 수공업 제품 생산

같은 기술의 발달은 이미 오래전부터 생산성의 거대한 도약을 의미했다. 우리가 더 많은 상대와 거래하고 더 많은 사람을 고용하고 더 많은 사람과 상호작용을 할 수 있을 때에만 이런 도약은 일어날 수 있다. 우리 세상을 더 크게 만들수록 더 큰 도약을 할 수 있다. 하지만 세상을 더 크게 만들고자 하는 이런 욕구는 세상을 작게 유지하고자 하는 우리의 문화적·생물학적 바람과 충돌한다.

현대 사회에서 인간이 느끼는 엄청난 스트레스는 생존하기 위해 진화하고 적응한 작은 세계와 생계를 꾸리기 위해 이용해야 하는 커다란 세계 사이의 갈등에서 비롯한다.

선물이 종족을 만든다

성경에서 고리대금을 금지한 기록은 모세 시대까지 거슬러 올라간다. 규칙은 간단하다. 종족에 속한 사람에게 돈을 꾸어주거든 이자를 받지 말라는 것이다. 하지만 이방인에게는 이자를 받는다. 이것은 단순히 고대의 이야기만이 아니다. 같은 종족 사람에게 이자를 받지 말라는 규율은 콜럼버스 시대까지 수천 년 동안 지켜져 내려왔다.

그 이유에 대해서 잠시 생각해볼 가치가 있다.

종족 안에서 돈이 자유롭게 돌면 그 종족은 더 빠르게 성장할 것이다. 빌린 돈으로 씨앗을 사고 그 씨앗이 무성하게 자라면 돈을 빌려준 사람이나 빌려 쓴 사람이나 부자가 될 수 있고 또 다른 사람에게 돈을 빌려줄 수 있다. 이로써 종족 전체가 부자가 된다. 모든 사람들이 생산성을 개선할 수 있는 충분한 자원을 찾기 위해 노력한다.

여기에는 분명히, 또 다른 힘이 작동한다. 무이자로 돈을 빌려주는 행위는 상대방을 믿는 것이고 동시에 선물을 하는 것이다. 이런 상호작용은 돈을 빌려주는 사람과 빌려 쓰는 사람 사이에 형성된 결속의 질을 높이고 공동체를 더 공고하게 만든다. 남편에게 돈을 빌려주면서 이자를 물리지 않는 것처럼 종족의 일원에게도 이자를 물리지 않는다.

반면, 이방인은 믿을 수 없다. 더 나아가서 이방인에게 선물을 준다고 해도 도모할 만한 결속이 없다. 이방인을 종족의 일원으로 끌어들일 수도 있겠지만 이미 종족의 규모가 한계에 다다랐다. 이방인에게 돈을 빌려준다면 그 이유는 단 하나다. 돈을 벌기 위한 것이다. 위험을 무릅쓰고 돈을 빌려주고, 또 약속대로 돈과 이자를 함께 돌려받는다면 양쪽 모두 이득을 얻는다. 하지만 여기에는 그 어떤 결속도 없고 유대도 없다.

예술이 그토록 막강한 힘을 갖는 이유는 그것이 바로 우리가 줄 수 있는 가장 값진 선물이기 때문이다. 함께 일하는 사람, 관계를 맺는 사람에게 예술을 주면 그들과의 결속이 강해진다. 종족의 유대도 깊어진다.

상사의 방을 찾아가 조언을 구한다고 해서 상사가 시간당 상담료를 요구하지는 않을 것이다. 심지어 상사가 전문 코치이거나 심리 분석가라고 해도, 더 나아가 개인적인 문제에 대해 상담한다고 해도 그럴 것이다. 시간, 관심, 통찰이라는 선물은 그런 것이다. 이것이 선물이다. 그 결과로 상사와 부하직원 사이의 결속은 강해진다.

(마르틴 루터와 화폐 문화의 도래)

오늘날 우리가 살고 있는 세상은 자본주의적 상거래를 토대로 운영되고 있다. 이런 상거래를 폭발적으로 확산시킨 사건은 바로 종교개혁이다. 종교개혁이 유럽에서 퍼져나가기 시작하자 각 지역의 수많은 권력자들이 마르틴 루터Martin Luther를 찾아와 끝없이 청원하고 로비하기 시작했다.

새 교회 역시 교세를 빠르게 퍼뜨리기 위해서는 자신들을 지지해줄 정치 세력이 필요했다. 결국 새 교회는 중상주의를 공식적으로 표방했고, 귀족과 지주에게 이전에 공유지였던 땅을 상업화해 임대료를 받을 수 있는 권한을 주었다. 또한 돈을 빌려주고 이자를 받을 수 있도록 했다. 이로써 새 교회는 지방의 힘 있는 지주들과 브로커들의 전폭적인 지지를 이끌어냈다. 이런 행위는 모두 가톨릭교회가 허용하지 않던 것이었다(가톨릭교회는 지역 지주와 귀족과

왕의 세력이 커지는 것을 원하지 않았다. 교황이라는 막강한 만국의 지도자 아래 그들을 두고 싶어 했기 때문이다).

종교개혁이 빠르게 확산될 수 있었던 한 가지 요인은 이처럼 새로운 교회가 돈을 빌려주고 이자를 받는 행위를 허용하고 인정하는 도덕적인 권위자 역할을 했기 때문이다. 상업적 이익단체들은 적극적으로 종교개혁 세력을 지지했다. 이로 인해 세상의 문화와 경제는 실로 상상하기 어려울 만큼 급변했다.

토머스 제퍼슨의 말처럼 "고향 없는 상인"의 세상이 비로소 완성된 것이다. 더 나아가 모든 사람이 이방인이라면 사업하기 더욱 좋다. 모두가 이방인이라면 이전에는 선물로 간주되었던 것에 대해서도 대가를 요구할 수 있다. 상인계급은 제국주의와 화폐 문화의 성장에 본질적인 역할을 했지만, 기본적으로 돈을 빌려주고 이자를 받는 행위를 부추기는 문화가 없으면 존재할 수 없다.

이런 사고방식은 전통적인 종족을 수없이 파괴했으며, 상업을 기반으로 하는 조직이 우후죽순 생겨나기 시작했다. 영국의 동인도회사, 프랑스의 패션 공방들, 이탈리아의 은행들은 고리대금업을 수치스럽게 여기던 세상에서는 존재할 수 없었다.

루터는 지역 상인들의 요구를 포용해야만 개신교가 널리 퍼져나갈 수 있다고 생각했다. 대세는 이미 기울었다. 교황도 어쩔 수 없이 이런 추세를 따라야만 했다. 고리대금업을 금지하는 규율은 약화되고 유명무실해지다가 마침내 사라졌다. 돈이 돌고 투자가 성행하고 사업이 성장하고 생산성은 극도로 치솟았다. 사람들은 이제 독립적인 경제주체가 되었고, 모든 상호작용을 돈을 빌리고 돈을 벌 수 있는 기회로 보기 시작했다. 모든 사람이 사업가가 되고 채무자가 되고 채권자가 되었다.

순식간에 종족은 이윤을 만들어내는 기지가 된다. 아는 사람이 많을수록 그들을 이용해 돈을 벌 수 있기 때문이다. 사회적 리더십은 마술처럼 순식간에 경제적 리더십으로 탈바꿈했다.

"지난 500년 동안, 성공으로 가는 가장 좋은 방법은 모든 사람을 이방인으로 대하고 이익을 뽑아낼 대상으로 다루는 것이었다." 그래서 사람들이 다단계 외판원이나 보험 판매원 만나기를 꺼리는 것이다. 마치 종족과 사업 사이에 좁게나마 겨우 남아 있는 간극까지 넘어버리는 것처럼 느껴진다. 그 선을 넘는 순간 마을이라는 개념은 사라진다. 자신이 나고 자란 가족과 함께 일하는 사람들만 종족으로 남을 뿐이다.

이제 우리가 사는 세상에서는 기업이라는 종족의 구성원들이 가족만큼이나 중요한 위치로 상승했다. 실제로 오늘날 우리는 함께 일하는 사람들과 자신을 동일시한다. 직장 동료들과 가족 중 누구와 더 많이 대화하는가? 거래처 사장과 가족 중 누구와 더 많이 이야기하는가?

인간에게는 하나의 종족만 있으면 충분하지만 종족의 구성 방식은 늘 바뀔 것이다. 이제 종족은 가족이나 마을이나 종교 단체로만 구성되는 것이 아니라, 함께 일하는 동료들이나 최고의 고객들로 구성된다.

이제 이방인보다 종족과 직업적 교류를 맺는 것이 선호되는 시대다. 내부자와 외부자 중 어느 하나와 일을 할 수 있다면 우리는 내부자와 일을 하기로 선택한다. 하지만 종족은 곧 가족이기 때문에 그들에게 이자를 물려서는 안 된다! 끈끈한 결속이 더 나은 결과를 만들어낸다.

이로써 선물 문화는 다시 돌아온다. 크게 한 바퀴 돌아 선물에서 고리대금으로, 다시 선물로 온 것이다. 이자를 물리지 않는 대출은 선물이다. 선물은 종족 구성원들을 더욱 가깝게 만든다. 선물은 당신을 꼭 필요한 사람으로 만든다.

우리는 나누는 것을 잊고 있었다

고리대금업이 합법화되고 화폐제도가 정착한 이후 500년 동안 우리 삶을 이루는 거의 모든 요소가 상업화되었다.

무엇을 하든 우리는 이제 돈 때문에 일하거나 돈이 될 것이라는 기대 때문에 일한다. 물론 아이들에게 저녁 밥값을 받지는 않겠지만, 그렇다고 자녀에게 돈도 받지 않고 슈퍼마켓을 청소하라고 하지는 않을 것이다. 왜 그럴까? 그것은 누군가가 돈을 받고 하는 일이기 때문이다.

예컨대, 택시를 타고 공항에서 시내로 들어가려고 한다. 택시 승강장에 40여 명이 택시를 기다리고 있다. 내가 만약 "메리어트 호텔까지 함께 택시를 타고 가실 분?" 하고 소리친다면 사람들은 나를 이상한 듯 쳐다볼 것이다. 그들은 택시 타는 것으로 나에게 신세를 지고 싶어 하지 않는다. 서로 이야기하고 싶어 하지 않는다. 함께 택시를 타고 가자는 나의 선물을 받아들였을 때 맺어질 관계로 인해 자신의 마음을 드러내는 것을 부담스럽게 생각한다. 차라리 돈을 더 내더라도 깨끗하고 반듯한 좌석을 혼자 차지하고 싶어 한다. 열정을 지닌 베두인 사람들이라면 그렇게 따로따로 행동하는 것은 상상하기 힘들다.

선물을 주는 행위의 가치는 이제 돈을 주는 행위와 같은 수준으로 추락했다. 우리가 선물을 주는 단 하나의 분명한 이유는 상대방의 보답을 얻으려는 것이다. 선물은 약간의 사교적인 형식을 가미했을 뿐 현금을 주는 것과 전혀 다르지 않다. 거래처 사장에게 명절 선물로 비싼 물건을 거리낌 없이 주는 것은 그런 선물에 부담을 느껴서 다음 거래가 계속 잘 이루어지게끔 해달라는 속셈이 있는 것이다.

물론 이런 선물에는 진정한 선물의 의미를 훼손한다는 문제가 있다. 또 하나 중요한 문제는 이런 선물이 현금을 제대로 대체하지 못할 수 있다는 것이다. 예컨대 비싼 양주를 선물했는데 상대방이 그런 양주에 관심이 없다면, 더 나아가 그것을 별로 가치 있게 여기지 않는다면 선물은 오해나 혼란을 일으킬 수도 있다.

진정한 선물은 보답을 바라지 않는다(적어도 직접적인 보답은 바라지 않는다). 뭐니 뭐니 해도 가장 좋은 선물은 예술을 선물하는 것이다.

선물의 연쇄작용

알코올의존자 자조 치료를 목적으로 하는 AA(익명으로 하는 알코올의존자 모임)를 이끌어 가는 힘은 돈이 아니다. AA는 회비를 걷지도 않고 모임에 참석하기 위해 돈을 낼 필요도 없다. 회원들 사이에 돈을 주거나 받지도 않는다.

돈을 받지 않고 알코올의존자를 도와주는 행위는 두 가지 효과를 발휘한다. 우선 도움 주는 사람과 도움 받는 사람을 더욱 친밀하게 만들어 하나의 종족을 형성한다. 또한 도움 받는 사람에게 책임감을 느끼게 해준다. 물론 갚을 의무는 없다. 실제로 갚기를 기대하지도 않을 뿐만 아니라 갚을 수도 없다. 다만 완치가 되고 난 후, 자신과 같이 알코올에 의존적인 다른 사람을 도와주는 일을 하면 된다.

이렇게 AA 운동이 퍼져나간다.

대출과 주식의 차이

어떤 사람이 나의 사업에 투자를 하고 회사의 초기 주식을 가져간다면, 그 사람과 나는 매우 가까워질 것이다. 그는 나를 응원할 것이다. 내가 잘되어야 자신도 잘되기 때문이다.

은행에서 학자금을 대출받을 때 은행과 나는 같은 편이 될 수 없다. 은행은 나를 상대로 최대한 많은 것을 빼앗아가기 위해 노력한다. 서서히 피를 빨아먹고, 돈을 조금이라도 버는 순간 자신의 몫을 가장 먼저 빼앗아 갈 것이다. 파산을 하더라도 빚을 삭감해주지 않는다. 은행은 대출 계좌도 매각할 수 있기 때문에, 은행과 나의 관계는 언제 끝날지 모른다. 은행은 상담은 물론 응원도 해주지 않으며, 어떤 회사에 취직하고 어떤 경력을 선택하는지 전혀 신경 쓰지 않는다. 무조건 돈만 내라고 독촉한다. 하지만 주식에 투자한 사람들은 그렇게 행동하지 않는다.

주식에는 많은 형태가 있다. 이 중에 현금이 들어가는 주식은 많지 않다. 어떤 사람의 성공이나 행복에 자신의 시간과 자원을 투자한다면, 또 그 결과에 따라 일정한 수익을 받는다면, 우리는 파트너가 되는 것이다.

바로 당신의 이야기다

나는 선물을 주고 있는가? 진정으로? 진심으로? 아니면 시스템에 찌들고 세뇌당해 예술을 창조하고 중요한 사람들과 관계를 맺는 일을 상상조차 하지 못하고 있는가?

선물과 빚 그리고 호혜에 관한 지금 이 내용이 이상하게 느껴진다면, 미친 듯이 날뛰는 자본주의 망령에 물들어 자신의 인간성이 대부분 날아갔다는 증거다. 또는 자신이 선물을 줄 수 있는 능력을 가지고 있었다는 사실을 까맣게 잊어버리고 있었다는 증거다. 시스템은 우리가 '자본주의적 망령'에 이용당하고 학대당하고 착취당하게끔 만든다. 우리는 그저 상업을 위한 기계 속 부품에 불과하다. 선물을 주는 것을 그동안 무서워했다는 사실을 깨닫는 것만으로도, 또 자신이 무엇을 줄 수 있는지 깨닫는 것만으로도 행동에 변화가 일어날지도 모른다.

노력해볼 만한 가치가 있다.

선물을 둘러싼 세 집단

《해리 포터Harry Porter》 시리즈를 써서 그야말로 벼락부자가 된 J. K. 롤링J. K. Rowling처럼 돈을 많이 버는 예술가들도 있지만, 작품을 만든다고 해서 모두 부자가 되는 것은 아니다. 예술은 선물이며, 선물은 예술가에서 관객, 청중, 이용자에게로 전해진다. 선물이 되지 못하는 순간 예술의 가치는 떨어진다.

인터넷은 전형적인 예술가의 작업 방식에 커다란 변화를 가져왔다. 이제 예술은 그 어느 때보다도 더 많은 사람들에게 영향을 미치고 더 가까이 다가갈 수 있게 되었다. 그저 커피숍 손님들에게 즐거움을 주던 포크송 가수가 이제는 수백만 명에게 자신의 선물을 나누어줄 수 있다. 산업디자이너 한 사람이 물을 정화하는 새로운 방식을 개발해 수십억 명의 삶에 영향을 미칠 수 있다.

온갖 예술이 아무런 비용도 들이지 않고 퍼져나가는 새로운 경제에 불안을 느끼는 사람이 많지만, 이런 확산이 유발하는 거래의 손실보다 그로 인한 영향은 어마어마하게 크다. 핵심 집단에 더 많은 친구를 가지고 있을수록, 자신의 작품을 더 많은 사람과 공유할수록, 우리 예술은 더 커질 것이고 더 많은 힘을 갖게 될 것이다.

명심해라. 가족과 친구에게 더 많은 선물을 준다고 해도 그들에게 이자를 물리지 마라. 그들은 고객이 아니다. 우리와 함께할 사람들이다.

인터넷은 '가족'과 '친구'라는 집단의 개념을 바꾸었다. SNS는 오프라인과는 다른 친구 집단을 새로 만들어냈다. 내가 이 확장된 친구 집단에 속한 사람들에게 공짜로 예술을 선물하는 것은 전혀 망설일 일이 아니다.

화가나 조각가 같은 순수예술가들이 활동 무대로 삼은 집단은 전통적으로 두 가지였다. 하지만 최근에 새로운 집단이 하나 추가되었다. 다음의 세 가지 집단 구분은 선물을 베풀거나 세상에 변화를 만들어내는 사람이라면 누구나 적용할 수 있다.

첫 번째 집단은 진정한 선물을 줄 수 있는 사람들이다. 친구, 가족, 함께 일하는 사람들같이 진심으로 기꺼이 함께하고자 하는 사람들이 여기 속한다. 자기 집에 저녁을 먹으러 와도 돈을 받지 않는다. 밥은 선물이다. 주식 정보나 회계에 관한 도움을 주어도 이에 대해 돈을 받지 않는다. 모두 선물이다.

두 번째 집단은 거래하는 사람들이다. 이 집단에 속하는 사람이나 기업에는 예술에 대해 돈을 받는다. 기념품이든 그림이든 강연이든 돈을 지불해야 한다. 상담을 받거나 콘서트에 초대받거나 뉴스레터를 받아볼 때도 돈을 지불한다. 예전에 일하던 직원을 불러서 일을 잠깐 부탁할 때, 그 친구가 기꺼이 와서 함께 일을 해준다고 해도 회사는 그에 대해 돈을 지불해야 한다.

이제 인터넷으로 인해 세 번째 집단이 형성되었다. 친구가 되고 싶어 하는 팔로워들, 팬들의 집단이다. 이 집단은 거대할 뿐만 아니라 중요하다. 이 집단은 더 많은 사람들에게 영향을 미치고 더 많은 사람들의 삶을 개선할 수 있도록 해줄 뿐만 아니라, 두 번째 집단을 더 키우고 더 많은 돈을 벌 수 있도록 만들어주기 때문이다.

화가 클로드 모네Claude Monet는 친구들(첫 번째 집단)에게 그림을 선물하고, 수집가들(두 번째 집단)에게 그림을 팔았다. 이렇게 그의 손을 떠난 작품들은 훨씬 비싼 값에 팔려나갔다. 어떤 것은 그가 죽은 다음에 가격이 치솟기도 했다. 모네의 그림을 갖고 싶어 하는 사람들, 되팔아 돈을 벌고 싶어 하는 사람들, 어떤 식으로든 그림을 통제하고 싶어 하는 사람들에게 다시 팔려나갔다. 그의 그림은 지금 박물관에 걸려 있다. 공짜로 또는 약간의 입장료만 내면 대중들(세 번째 집단)도 쉽게 감상할 수 있다.

이 세 번째 집단은 모든 예술의 형태를 완전히 바꾸어놓았다. 이제 자신의 선물을 그 어느 때보다도 더 많은 사람들과 더 싸고 더 빠르게 나누어줄 수 있다. 두 번째 집단에 초점을 맞추고 더 많은 사람들에게 더 자주 돈을 청구하기 위해 더 열심히 일한다고 해도, 그다지 별다른 성과를 얻지 못할 것이다. 첫 번째 집단과 세 번째 집단을 최대한 크게 만드는 데 초점을 맞추어야 이익을 극대화할 수 있다. 너그러운 마음이 수익을 만드는 것이다. 그림을 팔든 혁신을 팔든 서비스를 팔든 마찬가지다.

리누스 토르발스Linus Torvalds는 리눅스 운영체제를 개발하는 일에 모든 열정을 쏟았다. 돈을 받지 않았다. 대부분 자신의 친구들을 위해서 일을 했다. 인터넷은 그에게 세 번째 집단을 거느릴 수 있는 기회를 열어주었다. 그의 예술을 통해 혜택을 누리는 전 세계 수천만 사람들이 그의 종족에 참여하고 그의 작품을 따른다.

세 번째 집단이 커지면 두 번째 집단은 저절로 커진다. 토르발스와 함께 리눅스를 개발하는 핵심 개발자들은 이제 일자리를 걱정할 필요가 없다. 세 번째 집단에 많은 것을 줄수록 나에게 기꺼이 일을 맡기고 돈을 주기 위해 기다리는 사람들의 줄은 계속 늘어나기 때문이다.

거래가 만드는 가치의 한계

거래를 할 때 우리는 '조건'에 집중한다. '그것을 주면 이것을 주겠다'라고 계산한다. 최초에 교환이 발생하려면 받는 사람이 그에 대한 값을 치르겠다는 약속이 있어야 한다. 그런 약속 없이는 어떤 교환도 일어날 수 없다.

하지만 선물을 줄 때는 그런 조건을 염두에 두지 않는다. 이것을 주면 상대방이(내가 아닌) 다른 사람에게 어떤 것을 줄 것이라 생각할 뿐이다. 선물을 줄 때 기대하는 것은 상대방의 기분을 바꾸는 것이다.

거래와 선물의 양이 늘어날수록 그 힘은 상당히 달라진다. 거래는 아무리 많이 일어난다고 해도 세상에 변화를 일으키지 못한다. 특별한 가치를 덧붙이지 않기 때문이다. 하지만 선물은 퍼져나갈수록 더 많은 가치를 계속 만들어낸다.

계약서에 적히지 않은 선물의 힘

"렌터카를 세차해서 돌려주는 사람은 없을걸." 내 친구 줄리는 이렇게 말한다. 이유는 분명하다. 렌터카 업체 에이비스Avis는 내가 속한 종족의 일원이 아니기 때문이다. 그들은 자동차를 빌려주고 나는 대금을 지불한다. 당연히 세차도 그들 몫이다. 그것이 거래다.

거래는 서로 거리를 두게 한다. 거래에는 계약의 규칙이 있다.

규칙에 명시되지 않은 것에 대해서는 신경 쓸 필요가 없다. 밥을 먹고 밥값을 지불하면 끝이다. 그 레스토랑에 다시 갈 필요도 없고 레스토랑이 나에게 연하장을 보낼 책임도 없다. 우리는 거래를 했고, 거래는 거래일 뿐이다(정말 멋진 말 아닌가?). 그냥 지나치면 그만이다. 종족 개념이 없는 관계는 다양한 방식으로 상업이 발전할 수 있는 엄청난 자유를 가져왔으며 급속도로 퍼져나가 발전과 변화를 몰고 왔다.

다른 풍경을 한번 그려보자. 노인이 짐을 들어준 대가로 주는 팁을 거절하는 벨보이. 쉬는 날에도 자신의 환자를 살피기 위해 일부러 병원을 찾는 의사. 단골에게 공짜로 특별 음식을 제공하는 음식점 주인.

이 모든 것이 거래가 아니다. 따라서 주는 사람과 받는 사람 사이에 유대가 생겼다. 어쩌면 놀랍게도 주는 사람이 훨씬 많은 것을 얻는다.

하얏트호텔은 고객에 따라서 다르게 대우한다. 누가 최고의 고객인지 알기 때문에 이들에게는 부가적인 요금을 받지 않고 더 많은 서비스를 제공한다. 술값을 대신 내주기도 하고 마사지를 무료로 받게 해주는 등 유료 서비스들을 공짜로 제공한다. 이런 일을 회사 차원에서 규정에 따라 실시한다면 이런 서비스가 위선적으로 느껴질 것이고 실패할 것이다. 하지만 직원들이 재량껏 손님들에게 관용을 베풀 수 있도록 권한을 준 것이라면 성공하지 않을 수 없는 것이다.

선물을 받은 사람의 의무

선물이 없으면 예술도 없다. 오로지 판매할 목적으로 예술을 만든다면 그것은 예술이 아니라 상품일 뿐이다. 예술가가 되기 위해 가장 중요한 요소는 종족에 속한 사람에게 예술을 선물하는 행위다. 이때 분명히 말하지만, 어떤 물건이나 그림처럼 손에 잡히는 것만 예술은 아니다. 어떤 것을 보고 듣고 이해하는 것도 충분히 예술이 될 수 있다.

내가 당신에게 작품 한 점을 준다면 그 가치를 돈으로 환산할 수도 없고 또 그래서도 안 된다. 그런 행동은 마법을 지워버린다. 비행기 승무원이 환한 미소를 보여준 것에 대해서, 가방을 선반 위에 올리는 일을 도와준 것에 대해서, 아이들을 재미있게 해준 것에 대해서 돈을 내라고 한다면 그것은 선물도 예술도 될 수 없다. 그런 감정노동을 하라고 항공사는 그들을 고용한 것이다.

예술을 선물받았다고 해서 그것에 보답하기 위해 더 열심히 일해야 한다는 부담을 느껴서는 안 된다. 예술에 보답하는 것은 그것에 점수를 매기는 행위이며 이는 곧 그것을 감상하는 것이 아니라 돈으로 계산하는 행위다. 저녁 식사 초대를 받았을 때도 초대받았다는 이유만으로 선물을 준비해서는 안 된다. 그것은 선물의 가치를 떨어뜨리는 것이며 존중하지 않는 것이다.

내가 아는 한 사람은 결혼식 같은 행사에 참석할 때마다 늘 돈을 선물로 준다. 예식이 끝난 뒤 밥을 먹고 나서 돈을 봉투에 넣어 건네준다. 자신이 대접받은 식사에 대해 적당하다고 생각되는 값을 지불하는 것이다. 그렇다면 결혼식에서 국수가 아니라 스테이크를 내놓은 경우 돈을 더 많이 벌 수 있다. 얼마나 한심한 행동인가? 또는 명절에 가족끼리 선물이 아니라 돈을 주고받는다고 생각해보자. 결국 모든 사람이 똑같은 금액을 주고받게 될 것이다. 도대체 무슨 꼴인가?

예술을 선물하면 주는 사람과 받는 사람 사이에 유대가 즉각 형성된다. 값을 매길 수 없는 귀중한 선물을 주고받는 것이다. 돈으로 가치를 매겨본 적도 없고 돈으로 지불하거나 보답한 적도 없는 것이다. 이로써 예술가가 얻는 혜택은 상대방이 그것에 대해 보답할 것이라는 사실이 아니라 어떤 식으로든 상대방이 달라질 것이라는 사실이다. 따라서 받는 사람이 돌려줄 수 있는 유일한 보답은 종족을 더욱 강하게 만드는 것이다.

상대방을 존중하는 태도로 대하고 상대방의 생각을 바꾸기 위해서 시간을 쏟는 것은 상대방을 포용하는 최선의 방법이다. 어떤 식으로든 상대방을 감동시켰을 때, 상대방은 두 가지 책임을 느끼게 된다. 하나는 우리 사이를 가깝게 만들어야겠다는 것이고 다른 하나는 그 감동을 전파해 종족에 속한 다른 사람들에게 선물을

317

주는 것이다. 선물은 즉각적인 대가를 요구하지 않지만, 종족 내 사회적인 관계를 맺으라는 요구가 들어 있다는 사실을 명심하라.

돈만 밝히는 이기적인 사람들

선물 주는 습관을 타고난 사람도 있다. 이들은 자신이 속한 종족을 사랑하거나 예술을 존중한다. 다른 이유보다 선물을 주는 행위 자체에서 기쁨을 느낀다.

반면 경제적인 이익부터 따지는 사람도 있을 것이다. 이들은 지난 500년의 시간 동안 세뇌당한 사람들이다. 무엇이든 자신에게 어떤 이득이 되는지 계산한다. 이들은 세상에 공짜 점심은 없으며, 모든 사람이 각자 알아서 생존해야 한다고 생각한다. 진심으로 선물을 줄 능력이 없기 때문에 이들의 삶에는 예술이 없다. 이들은 무엇이든 되돌아올 것이라 기대한다. 이들은 안전이나 현금, 또는 이 두 가지를 모두 원한다.

"예술가는 꼭 필요한 린치핀이다."

경험이 많은 이기적인 자본가들도 이렇게 말할 수 있다. 예술은 희귀하다. 희귀성은 가치를 만든다. 선물은 종족을 더욱 튼튼하게 만든다. 조직은 항상 대체 가능한 요소라면 모두 값싼 것으로 대체하기 위해 애쓴다. 하지만 너그러운 예술가는 쉽게 대체될 수 없다. 그러니 우리는 예술가가 되어야 한다.

선물은 반드시 자신의 영감을 존중하고 자신의 예술을 기꺼이 포용하는 태도에서 우러나와야 한다. 하지만 지금은 어쨌든 린치핀이 되기 위해, 종족의 중심이 되기 위해, 영감의 근원이 되기 위해, 차이를 만들기 위해, 우리 모두 믿을 수 있는 사람이 되기 위해 이런 행동을 흉내 내는 것만으로도 나는 만족한다.

성공하기 전까지는 너그러워질 수 없다고 생각하는 사람도 있다. 자신의 것을 충분히 챙기고 자리를 잡으면 그때 돌려줄 수 있다고 말한다. 하지만 세상에서 가장 성공한 사람들이 단순히 돈이 많기 때문에 그런 일을 하는 것이 아니다.

전통적인 기업가들은 저작권과 특허권 보호를 주장하면서 이렇게 말한다. "내 아이디어를 훔쳐 갈지도 모르니 이야기하지 않겠다."

고리타분한 경영대학에서 가르치는 방식은 먼저 돈을 받고, 계약서에 서명하고, 보호하고 방어하고 이익을 내라는 것이다. 그들은 이렇게 말한다.

"돈을 먼저 내시오."

반면 예술가들은 이렇게 말한다.

"여기 있소."

선물을 대하는 세 가지 방식

누군가가 우리에게 선물을 준다고 할 때, 그 선물에 어떤 마음이 담겨 있다고 이해해야 할까?

1. 내게 선물을 주시오!
2. 선물이오. 이제 내게 빚을 졌으니 크게 한턱내시오.
3. 선물이오. 당신을 사랑하오.

처음 두 방식은 선물을 주고받는 행위에 대한 자본주의적 오해를 상징한다. 세 번째 방식만이 정당한 선택이 될 수 있다.

멧커프의 법칙

제록스의 연구원 밥 멧커프Bob Metcalfe는 여러 컴퓨터를 하나의 네트워크로 연결하는 기술을 발명했다. 이더넷Ethernet이라고 이름 붙인 이 기술 덕분에 멧커프는 부자가 되었다. 그는 또한 멧커프의 법칙 Metcalfe's Law으로도 유명하다.

멧커프의 법칙이란 네트워크의 가치가 네트워크에 연결된 노드의 수를 제곱한 것과 같다는 것이다. 무슨 말인지 모르겠다고? 팩스 기계를 가진 사람이 많아질수록 팩스 기계의 가치는 더 높아진다는 뜻이다(혼자 팩스를 가지고 있다면 무슨 소용이 있겠는가?). 인터넷을 사용하는 사람이 많아질수록 인터넷은 더 훌륭한 도구가 된다. 엑스를 사용하는 친구가 많을수록 엑스는 내게 훨씬 유용한 도구가 된다. 연결은 그 자체로서 가치가 있다. 생산성을 끌어올리고 커뮤니케이션 비용을 낮추기 때문이다. 네트워크는 곧 선물이다.

서니 베이츠Sunny Bates는 인간 이더넷이다. 베이츠는 임원 채용 정보 회사를 성공적으로 운영하다가 매각하고 이제는 클라이언트들을 관련 커뮤니티와 연결해줌으로써 가치를 만들어내고 있다. 베이츠가 하는 일은 사람을 연결해주는 것이다. 사람을 연결해주기 위해서는 감정노동을 해야 한다. 거절당할 위험을 감수해야 한다. 당장은 자신을 좋아하지 않는 사람들과도 일해야 한다. 또 골치 아픈 문제들을 해결해야 한다. 그의 예술이 지닌 마법은 이 선물이 계속해서 확장된다는 사실이다. 네트워크가 커질수록 더 많은 가치가 만들어진다. 베이츠는 거의 돈을 받지 않고 일을 한다. 그가 하는 일이 지금처럼 강력해진 것은 바로 이렇게 선물을 주듯이 일을 하기 때문이다(물론 자신의 일을 사랑하기 때문에 그렇게 할 수 있다).

남는 돈으로 마법 부리기

선물을 줄 만한 여유가 없기 때문에 선물을 주지 못한다고 말하는 사람들도 있다. 선물은 꼭 돈이 들지 않는다 해도 시간과 노력이 들어가기 마련이다. 돈이 궁한 상황이라면 시간과 노력도 내기 어렵다. 하지만 여유가 없다는 것은 대부분 이유가 되지 않는다. 실제로 이들은 소비문화에 길들어 터무니없는 돈을 쓰고 이에 대한 빚을 갚느라 바쁜 경우가 많다.

허리띠를 졸라매라. 지출을 줄여라. 그러면 남는 돈이 있을 것이다. 남는 돈은 당신을 너그럽게 만들어줄 것이다. 더 신기한 것은, 이렇게 생기는 여윳돈이 더 많은 여윳돈을 만들어낸다는 사실이다.

선물을 받는 방법

예술가를 망치는 방법은 그의 선물을 거절하는 것이다. 아니면 그의 선물을 훼손하거나 잘못된 방식으로 선물을 받는 것이다.

할리우드는 날마다 예술가를 죽인다. 할리우드는 영화로 멋진 선물을 만들었던 독립영화 감독들을 발굴해 엄청난 돈을 주고 그들을 사버린다. 대신 자유를 박탈해 결국 숨을 쉬지 못할 정도로 목을 조인다. 음반 산업도 마찬가지다. 그들의 예술을 널리 퍼뜨려주겠다고 약속하는 대가로 순응하도록 강요한다.

고객 서비스 직원이 전력을 다하는 이유는 무엇 때문일까? 그렇게 소중한 선물을 준다고 해서 고객이 특별히 돈을 더 주는 것도 아닌데, 무슨 이득이 된다고 고생을 하는 것일까? 돈에 눈이 멀고 단기적인 이익만 밝히는 사람들은 절대 그런 일을 할 수 없다. 그들은 돈이 되지 않는 관계는 맺고 싶어 하지 않는다. 마음이 내키는 대로, 예술을 했다가 안 했다가 하고 싶어 한다.

내적인 혜택을 추구하는 예술가들도 있다. 예술을 만드는 것은 이들에게 본질적으로 선善이며 즐거운 행위다. 어떤 것도 원하지 않으며 어떤 것도 추구하지 않는다. 매우 완고한 예술가들은 어떤 대가도 얻으려 하지 않는다.

이런 소수를 뺀 예술가들은 대부분 어떤 식으로든 피드백을 받고 싶어 한다. 자신이 만든 작품이 변화를 유발했는지, 제대로 작동하는지 알고 싶어 한다. 또한 몇몇 예술가들은 명성과 돈을 바라기도 한다.

하지만 지금까지 내가 만난 예술가들은 모두 한결같이 유대를 형성하고 싶어 하며 관계를 맺고 싶어 했다. 밥 딜런은 팬들이 자신을 스토킹하기를 원했을까? 어디를 가든 제대로 대접받기 힘든 상황을 원했을까? 그의 아들의 친구의 친구를 안다는 이유만으로 아이의 생일파티에 초대받기를 원했을까? 딜런은 당신과 친구가 되고 싶어 하지 않는다. 하지만 당신이 변하기를, 또 관계 맺기를 원할 뿐이다.

월급으로 5만 원짜리 지폐 한 장을 더 받기 위해서 우체국 직원이 연간 10억 원을 절약할 수 있는 혁신적인 업무 시스템을 공들여 만들어냈겠는가? 고작 그 돈을 위해서 그런 일을 했겠는가?

남들이 주는 선물을 잘 받아야 더 많은 선물을 받을 수 있다. 하지만 예술가는 돈을 벌기 위해 선물을 주지 않는다. 존중과 관계와 변화를 일으키기 위해 선물을 주는 것이다. 따라서 선물을 가장 잘 받는 방법은 그 선물과 같은 유형으로 보답하는 것이다. 진솔한 감사의 마음을 담아, 그 선물로 인해 일어난 변화를 분명하게 알려주는 것이다. 돈 몇 푼이나 싸구려 감사의 표현이 아니라 자신의 진실한 노력이 담긴 선물로 보답해야 한다.

억지로 선물을 주는 것은 예술이 아니다

지도를 그리고 기계화하고 감정노동을 돈으로 계산하는 순간 예술은 훼손된다. 예를 들어, 디즈니월드 안내원의 가식적인 미소보다 놀이기구를 관리하는 육체노동자들과 순간적으로 맺는 진솔한 인간관계가 훨씬 강력한 힘을 발휘한다.

대본을 그대로 읽는 텔레마케터들이 자신의 신념을 실제로 이야기하는 사람만큼 성과를 만들지 못하는 이유도 마찬가지다. 큰 기업들은 사람들이 물건보다 관계를 갈망한다는 사실을 간파하고, 이것을 제도화하고 측정하고 보상하려고 노력해왔다. 하지만 이런 시도는 매번 실패한다.

비행기 출입구에서 "안녕히 가세요, 안녕히 가세요"를 계속 읊어대며 서 있는 승무원을 생각해보자. 해야 하는 일이기 때문에 하는 것뿐, 원해서 하는 일이 아니다. 주는 사람의 의도와 받는 사람의 자세가 가장 중요하다. 그렇다고 해서 태도를 일부러 꾸미거나 새로운 행동을 만들어내라는 뜻은 아니다.

브리티시 항공British Airways의 일등석에서 일하는 직업은 어쩌면 악몽 같을 수 있다. 승무원들을 하인 부리듯 대하는 기업 임원들을 몇 시간 동안 시중들어도 그들은 만족스럽다고 말하지 않는다. 물론 그들은 그 노고에 대한 돈을 지불하지만 거의 한결같이 승무원들의 서비스를 마음 열고 받아들이지 않는다.

비행기에서 일하는 사람에게 들은 바로는, 그들이 이렇게 고된 일을 해낼 수 있는 비밀이 있었다. 그들은 승객을 위해, 브리티시 항공을 위해 특별한 서비스를 하는 것이 아니었다. 승무원 자신들을 위해 노력한 것이다.

선물을 가장 잘 주는 사람들은 자신의 명성을 높이려고 그런 일을 하지 않는다. 주는 것 자체가 즐겁기 때문이다. 선물은 그들에게 기쁨을 준다. 물론 공정하게 보수를 받으면 더 좋을 것이고, 더 많은 승객들이 고마움을 표시한다면 더 좋을 것이다. 하지만 가장 성공하고 가장 행복한 승무원들은 이 두 가지 일이 일어나기 전부터 솔선해 자신들의 예술을 마음껏 발휘한다. 사람들의 반응을 기대해 그런 일을 하는 것이 아니다. 비행기 안에 감시카메라를 설치하고 고객 불만 신고 엽서를 들이밀면서 그렇게 행동하도록 닦달한다면 승무원들은 오히려 그런 예술을 발휘하지 않을 것이다. 조작된 예술은(더 나아가 가식적인 예술은) 예술이 되지 못한다.

훌륭한 상사와 세계적인 기업은 의욕적인 사람들을 고용하고 높은 기대를 통해 사람들이 탁월한 능력을 발휘할 여지를 준다.

선물 시스템을 확장한 인터넷

'선물 경제'라는 말을 쓸 때마다 망설여진다. 이런 말을 하는 순간 사람들은 자신들이 무엇을 얻을 수 있는지, 또 얼마를 대가로 지불해야 하는지 궁금해하기 때문이다.

클레이 셔키Clay Shirky와 더글러스 러시코프Douglas Rushkoff는 대중적 선물이라는 측면에서 인터넷을 주목한다. 사람들이 동영상을 유튜브에 올린다. 왜? 분명한 수익 가능성도 없고, 광고도 붙지 않고, 명성을 얻는 확실한 길도 보장되어 있지 않다. 그냥 선물일 뿐이다.

처음에 우리가 줄 수 있는 선물은 작은 영역에 머문다. 자기만족을 위해서 또는 친구 한두 명을 위해서 무언가를 할 뿐이다. 하지만 선물을 줄 수 있는 집단은 커진다. 인터넷이 결정적인 역할을 했다. 100명이 내 블로그를 읽고 50명이 내 팟캐스트를 구독한다. 여기에는 어떤 경제도 작동하지 않지만 청중이 있고 내 선물을 나누어줄 수 있는 기회가 있다.

그리고 이런 집단은 다른 집단을 낳는다. 내 비디오에 매료된 청중들이 자신들도 공동체에 선물을 할 수 있다는 사실을 깨닫는다.

그들도 선물을 주기 시작한다. 청중이 커지기 시작한다. 사람들이 기부한 노동의 디지털 열매를 수많은 사람들이 즐기며 집단은 계속 커진다.

돈을 모으지도 않고 교환 시스템도 없다는 사실은 이런 집단이 작동하도록 만드는 요인이 된다. 내가 두 개의 링크를 보냈을 때 상대방도 두 개의 링크를 보내야 한다는 부담을 느낀다면, 그것은 예술이 아니다. 호혜주의 경제일 뿐이다.

나는 무언가를 돌려받기 위해서 블로그를 쓰는 것이 아니다. 글이라는 형식으로 공동체에 작은 선물을 주는 행동이 나 자신을 기쁘게 하기 때문이다. 상대방이 즐거우면 나도 즐겁다. 어느 날 기대하지 않은 방식으로 선물이 내게 다시 돌아오면, 나는 두 배로 신나서 더 열심히 일할 것이다.

내가 한 일에 대한 대가를 준다는 의미의 호혜주의는 핵심이 아니다. 내가 한 일에 대한 올바른 평가를 받는 것, 사람들을 바꾸는 것이 진정한 보답이다.

인터넷은 선물이라는 개념을 확장했다. 이전에는 선물이 의미를 갖지 못하던 영역까지 선물을 줄 수 있게 만들었다. 선물 시스템은 이전 어느 때보다도 상거래에서 더 큰 부분을 차지하게 되었다.

"사회 같은 건 존재하지 않는다." 마거릿 대처Margaret Thatcher는 이런 유명한 말을 남겼다. 언뜻 보기에도 우스운 말 같지만 선물 문화의 영역이 점차 확대되는 상황은 이 말이 실제로 얼마나 허황된 것인지 보여준다.

사회란 우리가 선물을 주는 곳이다. 나의 회사 직원 한 명이 신기술에 관한 논문을 발표하거나 컨퍼런스에서 무료 연설을 한다. 단 한 명의 고객이라도 기쁘게 하기 위해서 일부러 먼 곳까지 찾기도 하고 자신의 제품을 제대로 활용하는 방법을 고객들에게 알려주기 위해 아무런 비용도 받지 않고 온라인 토론방을 열기도 한다. 오늘날 작동하고 있는 선물 시스템들이다.

선물 시스템은 내적인 토대에서 훨씬 온전하게 작동한다. 결정적인 시기에 내 부서에 속하지 않은 사람이 찾아와 도와준다. 동료가 자신의 고객 명단을 공개한다. 판매 사원들에게 새로운 아이디어를 제시한다. 보답이나 보상을 바라고 하는 일이 아니다. 다만 선물을 소중히 여기고 기꺼이 나누어주고자 하는 집단이 계속 커질 뿐이다.

이런 상황에서 이익을 얻지 못하는 사람은 모든 것을 홀로 쌓아두고 있는 사람이다. 선물을 주고받지 않는 사람은 일시적으로는 게임에서 이기는 것처럼 보일 수 있지만 궁극적으로는 떨어져나갈 수밖에 없다.

모두가 선물을 바라는 것은 아니다

호혜와 선물 시스템이 선물을 받는 사람에게 요구하는 것은 참여다. 상호작용이라는 인간 본연의 습성은 참여하지 않거나 홀로 동떨어져 있거나 혼자 많은 것을 쌓아둔 사람들에게 활동할 공간을 주지 않는다. 그런 태도를 취할수록 자신의 활동할 수 있는 영역은 작아질 것이다. 선물 시스템이 제대로 기능하기 위해서는 주는 사람과 받는 사람 모두 참여해야 한다.

어쩌면 현 상태를 바꾸는 것을 원하지 않는 상사들이 있을지도 모른다. 기분 좋은 하루를 보내는 것을 원하지 않는 골치 아픈 고객들이 있을지도 모른다. 모든 것을 바꾸고 싶지 않은 동료들이 있을지도 모른다. 이런 상황은 린치핀이 되는 데 걸림돌이 된다. 우리는 예술가가 되고 너그러운 사람이 되고 도움 주는 사람이 되어야 하지만, 그에 못지않게 알아야 할 것이 있다. 어디서 자신의 능력을 반겨주는지 알아야 한다.

거리 예술가는 훌륭한 예가 될 수 있다. 거리 예술가는 거리에서 연주를 하며 팁을 받는다. 사람들은 대부분 그냥 지나친다. 좋다. 사람이 지나칠 때 동작을 바꾸어 그 사람의 주목을 끌거나 그를 쫓아가는 것은 바보 같은 행동이다. 돈을 벌기 위해서는 사람들이 길을 멈추고 자신의 연주를 감상하고 상호작용하며 이로써 결국 돈을 내게 만들어야 한다.

훌륭한 작품은 모든 사람을 위해서 만드는 것이 아니다. 모든 사람을 위해 만든 것은 그저 평범한 작품일 뿐이다.

'감사합니다…'

선물을 받았을 때 어떻게 대답해야 할까? 다음과 같이 말할 수 있다.

"고마워. 나중에 다시 보려고 모서리를 40쪽이나 접어두었어."

"고맙네. 자네가 얼마나 훌륭한 일을 했는지 상사에게 이야기해두었네."

"감사합니다. 지난 주에 제가 밴드와 함께 녹음한 음원을 가지고 왔어요."

"감사합니다. 선생님 글을 읽으며 눈물이 났어요."

"감사합니다. 좋은 느낌을 블로그에 글로 써서 올렸어요."

"감사합니다. 팁을 드리고 싶어요. 적은 금액이지만 지금 이것밖에 가진 것이 없네요."

"감사합니다. 이걸 세상에 알리는 데 어떻게 도움을 드릴 수 있을까요?"

"감사합니다. 어떻게 그렇게 할 수 있는지 가르쳐주실 수 있나요?"

"감사합니다. 제 인생이 완전히 바뀌었답니다."

존경을 표하라

선물을 주는 사람은 내면에서 동기가 우러난다. 그런 사람들은 다른 사람이나 조직을 위해서 선물을 주는 것이 아니라 자신을 위해서 선물을 준다. 하지만 어떤 방식이든, 선물을 주는 사람이 받고 싶어 하는 것은 존경이다.

돈은 존경을 표현하는 방법이 아니다. 세상을 살아가는 데 없어서는 안 되는 요소지만 돈으로 존경과 감사를 대신할 수는 없다. 월스트리트는 이 교훈을 어렵게 배웠다.

조직 내 어떤 사람이 린치핀처럼 행동하면 그 사람의 이름으로 팀 전체에 점심을 대접하라. 자신이 요구한 것보다 더 많은 것을 베푸는 사람이 있다면 그 사람에게 더 많은 신뢰를 보내고 더 많은 자유와 권한을 주어라.

어떤 사람이 컨퍼런스에서 뛰어난 연설을 했을 때 평점을 높게 주는 것만으로는 제대로 보답할 수 없다. 기립박수를 쳐주고 연단 밑에서 기다렸다가 감사하다는 말을 전달하라. 친구들에게 널리 알리고 그런 자리를 마련한 사람에게 고마움을 표시한다. 평점을 주는 것만으로 보답할 수 있는 거래가 아니기 때문이다. 이것은 선물이다. 그에 대한 보답을 하고 싶거든 노고를 들여야 한다.

자신의 선거운동에 사람들이 진심으로 자원해 활동한다면, 연설할 때 '감사하다'고 언급하기만 해서는 안 된다. 그 사람에게 직접 전화를 걸어 고맙다고 표현하라. 자신의 홈페이지에 자원봉사자의 사진도 올려라. 둘이 함께 사진을 찍어 그가 영원히 간직할 수 있는 기념물을 만들어 선물하라.

선물에 보답할 수 있는 것은 오로지 존경밖에 없다.

예술가에게 충분히 보상하라

분명히 말하지만, 예술가들이 대가를 받아서는 안 된다고 말하는 것이 아니다. 대가를 받아야 한다. 많이 받아야 한다. 하지만 선물은 그 본성상 그 가치를 고스란히 보상할 수가 없다.

"이걸 하면 돈을 줄게." 이렇게 말하는 것은 계약이지 예술을 만드는 방식이 아니다.

예술가는 선물을 만들고 변화를 만들고 좋은 일이 일어날 수 있는 계기를 만들어주지만, 보상을 바라고 그런 일을 하지는 않는다. 그래서 너그러운 사람이 주는 것보다 적게 보답해도 상관은 없다. 단기적으로는 그렇다. 하지만 이런 상황이 오래 지속되면 영리한 사람들은 그의 진가를 알아보기 시작한다. 시장도 이런 희귀한 사람들이 장기적으로 기업의 돌파구가 될 수 있다는 사실을 알아차린다. 따라서 이렇게 너그러운 사람과 일할 수 있는 행운을 잡았다면 그에게 많은 것을 지불해라. 그러지 않으면 경쟁자가 언젠가 가로채 갈지 모른다.

시간을 갖고 그 사람에 대해 많은 것을 살펴라. 운 좋게 예술가를 발견했다면 힘닿는 대로 많은 것을 지원하기 위해 노력해라. 그렇게 하지 않으면 다른 사람이 그렇게 할 것이다.

하지만 어떻게 해야 할까

무슨 예술을 해야 하는지 어떻게 알 수 있을까? 무슨 선물을 주어야 하는지 어떻게 알 수 있을까?

이것이 핵심이다. 예술가가 되기로 작정했다면 이것이 가장 큰 문제가 된다. 이 질문에 대한 답이 성공의 비결이다. 자신만의 지도를 만들어야 한다.

다른 사람이 아니라 바로 내가 만들어야 한다.

LINCHPIN

THERE IS NO MAP

지도 없이
세상을
여행하기

린치핀은 지침을 기다리지 않는다. 다음에 무엇을 할 것인지 스스로 생각한다. 시키는 대로 하면 되는 일에서는 이런 가치를 만들어낼 기회가 절대 오지 않는다.

린치핀, 예술가, 지도

새로운 경제에서 성공하려면 린치핀이 되어야 한다. 린치핀이 되기 위해 가장 좋은 방법은 사람들의 눈에 띄는 통찰력 있는 예술가, 선물을 주는 사람이 되는 것이다. 사람들을 이끌어야 한다. 순응하거나 거대한 조직의 톱니바퀴가 되는 것은 최악의 선택이다.

어떻게 해야 이끌 수 있을까?

가장 중요한 것은 자신만의 길을 만들어내는 것이다. 한 지점에서 다른 지점으로 가는 길, 아무도 가지 않은 길, 측량되지 않고 수치화되지 않은 길을 찾아내야 한다. 우리는 매번 누군가가 어느 길로 가라고 정확하게 지시해주기만을 그토록 바랐다. 하지만 그런 길은 대부분 잘못된 길이었다.

다이아몬드를 다듬는 사람은 자기 손에 있는 돌을 본능적으로 이해한다. 돌을 만져보기만 해도 어느 곳에 선을 넣어야 가장 좋은 지 정확히 알아낸다. 훌륭한 예술가도 마찬가지다. 기대와 집착 같은 것에 휘둘리지 않고 자기 앞에 놓인 도전이 무엇인지 분명하게 보고 이해한다. 다이아몬드를 다듬는 사람은 자신이 원하는 다이아몬드를 상상하지 않는다. 자신이 처한 상황에서 가장 잘 만들어 낼 수 있는 다이아몬드를 본다.

보고, 인식하고, 깨달아라

세상을 있는 그대로 볼 수 있어야 지도를 만들 수 있다. 목적지에 닿을 방법을 이해하기 전에 자신이 지금 어디에 있는지, 어디로 가고 있는지 알아야 한다. 세상을 투명한 눈으로 볼 수 있는 사람은 없다. 사실 우리는 누구나 개인적인 관점을 통해 세상을 본다. 자신의 편견과 경험과 기대를 통해 세상을 보는 방식을 물들인다.

벤처캐피털리스트는 오랫동안 여러 회사에 투자하면서 얻은 경험을 통해 세계관을 빚는다. 이들은 최근의 거품과 그 이전의 거품을 기억한다. 또한 그런 거품을 잊을 수 없게 하는 분명한 상처를 가지고 있다. 누군가가 그에게 찾아가 사업 계획서를 보여주었을 때 눈앞의 사업 계획서만 보지 않는다. 과거의 수많은 사업 계획서의 흔적을 모두 떠올린다. 지나간 사람들, 지나간 날들, 지나간 투자를 기억한다. 이런 기억이 그의 인식을 물들인다.

충직한 직원도 자신만의 세계관을 갖고 있다. 이들은 안정적인 직장을 원하며, 상사를 철석같이 믿는다. 그런 사람에게 상사가 사업 계획서를 보여준다면 그 사람의 세계관에서는 사업 계획서에 대한 느낌이나 생각조차 바뀌어버릴 것이다.

변호사, 경쟁자, 의심 많은 사람, 사위나 장모도 각각 자신의 위치에서 자신만의 세계관, 자신만의 선입견과 기대를 가지고 있다. 물론 절대적인 진리가 무엇인지 알 수는 없다. 하지만 목표는 가능한 한 선입견이 최소화된 상황에 도달하는 것이다.

관리자와 투자자는 통찰력 있는 직원, 상황을 있는 그대로 바라보는 능력을 지닌 직원을 찾는다. 불교에서는 이런 지혜를 프라냐라고 한다. 집착과 억압이 없는 삶은 사물을 있는 그대로 볼 수 있는 자유, 보는 대로 이야기할 수 있는 자유를 선사한다. 이런 자질을 갖는다면 어느 조직에서든 스스로 훌륭한 자산이 될 것이다.

물론 이런 일을 늘 할 수 있는 사람은 없다. 대학에 지원할 때, 우리는 결과에만 집착해 과정에서 무슨 일이 일어났는지 깨닫지 못한다. 회사가 해고할 때, 우리는 결과에만 집착해 상황의 진실을 깨닫지 못한다. 선택할 수 있는 것을 명료하게 보아야 하는 순간마다 우리는 덫에 사로잡힌다.

명료하게 보는 것

명료하게 보는 것은 어렵다. 그래서 진정으로 희귀하고 가치 있다.

명료하게 본다는 것은 투자자의 시각에서, 기업가의 시각에서, 시장의 시각에서 사업 계획서를 판단할 수 있는 능력을 의미한다.

명료하게 본다는 것은 취업 면접을 면접관도 아니고 지원자도 아닌 제3자의 자리에서 냉정하게 바라보는 능력을 말한다.

명료하게 본다는 것은 프로젝트가 잘 돌아가는 상황에서도 언제 포기해야 하는지 또는 다른 사람들이 모두 도망가는 상황에서도 계속 밀고 나가야 하는지 판단할 수 있을 만큼 총명하다는 뜻이다.

자신의 세계관을 폐기하고 다른 사람의 세계관으로 세상을 보려는 노력은, 세상을 있는 그대로 보기 위한 첫걸음이다.

화를 내도 달라지는 것은 없다

길 건너편 자동차가 계속 빵빵거린다. 물론 자동차가 그러는 것이 아니라 운전자가 그러는 것이다. 참을 수 없다. 화가 난다.

지난 밤, 바람이 세게 불었다. 간간이 나뭇잎들과 가지들이 창문을 때렸다. 내가 안전하게 집 안에 있다는 생각에 어느 정도 위로가 된다. 나는 하던 일을 계속한다.

무슨 차이가 있을까?

어느 날 강연 중이었다. 마이크가 작동하지 않았다. 이것저것 챙기며 바쁘게 일하는 관리 직원이 강연을 시작하기 전 건전지를 교체하는 것을 잊었다. 짜증이 났다. 화가 났다. 그때 나는 그 직원이 얼마나 바쁘고 그가 할 일이 얼마나 많은지 생각하지 못한다. 아무 이유 없이 일부러 내 일을 방해하는 사악한 사람이라는 생각만 든다. 지금 이 모든 상황은 부주의한 실수로 인해 일어났다. 강연을 중단하고 옆자리에 있던 예비 마이크를 집어 들고 다시 강연을 시작했으나, 흐름이 깨지고 말았다.

몇 주 후, 또 다른 강연이 있었다. 강연 도중에 프로젝터 전구가 타버렸다. 어쩔 수 없는 일이었다. 자연의 딸꾹질일 뿐이다. 나는 망설이지 않았다. 슬라이드를 생략하고 강연을 계속했다.

우연하게 발생하는 사건에 대해서 우리는 별다른 동요 없이 대응할 수 있다. 새가 울어대거나 천둥이 친다고 해서 화를 내지 않는다. 하지만 휴대전화가 울린다면 이야기가 완전히 달라진다. 가만히 앉아 있어야 하는 상황에서도 화가 난다. 그렇게 화를 내면 그런 감정이 자신에게 전화를 건 사람에게 전해진다고, 다시는 그런 일을 저지르지 않을 것이라고 생각하는 듯하다.

린치핀은 소리 나지 않는 마이크에 화를 낸다고 해서 마이크가 되살아나지 않는다는 사실을 안다. 관리 직원에게 잔소리를 한다고 해서 도움이 되지도 않고 아무 소용도 없다는 사실을 안다. 자신이 스스로 해결해야 한다.

사람은 변하기 힘들다는 사실을 인정한다면 저마다 내놓는 사람들의 독창성을 저주하기보다는 포용함으로써 더 큰 축복과 생산적인 결과를 누리며 세상을 헤쳐나갈 수 있다. 또한 훨씬 멋진 결정을 내릴 수 있다.

불에게 뜨겁지 말라고 가르치기

불은 뜨겁다. 그것이 불이 하는 일이다. 불에 데어 화상을 입으면 자신에게 화를 낼 수 있지만 불을 향해 화를 낸다고 좋아질 것은 없다. 다음에는 뜨겁지 말라고 불을 가르치려고 해보았자 소용없다.

불에게 길을 열어주는 것이 훨씬 낫다. 불은 인간이 아니기 때문이다. 하지만 인간도 다르지 않다. 금세 바뀌지 않는다는 점에서 비슷하다.

하지만 조직 내 많은 사람들이 마치 다른 사람들을 가르칠 임무가 있다는 듯이 행동한다. 정책을 만들고 복수의 칼을 갈고 지나간 일에 초점을 맞추기도 한다. 그렇게 하지 않으면 잘못을 저지른 사람이 대가도 치르지 않고 도망칠 수 있다고 생각하기 때문이다.

옆 차선에서 갑자기 끼어들면 우리는 고함을 지르며 욕을 한다. 그렇게 해야 정신을 차리고 다시는 그런 짓을 하지 않을 것이라고 생각한다. 물론 그 사람은 당신이 무슨 말을 하는지 들리지 않는다. 1987년에 나에게서 아이디어를 훔쳐간 미디어 거물이 있었다. 하지만 나는 그 일에 대해서 어떤 이야기도 하지 않는다. 그는 나라는 사람이 존재한다는 사실조차 기억하지 못할 것이다. 어차피 말을 해도 알아듣지 못할 사람이다.

세상을 있는 그대로 보는 능력이란, 바뀌지 않는 것을 바꾸는 일은 자신의 할 일이 아니라는 사실을 분명히 이해하는 것이다. 그런 변화를 일으키고자 하는 행동이 자신과 자신의 목표에 해를 입히는 경우에는 특히 그렇다.

무의미한 집착의 요소들

집착의 첫 신호는 자신, 또 자신이 한 일에 대한 사람들의 생각을 통제하기 위해 염력과 마인드 컨트롤을 이용하려고 애쓰는 것이다. 우리는 모두 이런 일을 해보았다.

어떤 일을 진정으로 열심히 했거나 특별한 프로젝트를 시작했거나 특별히 중요한 모임을 가졌다. 할 수 있는 일은 무엇이든 다 했으며 이제 사람들이 반응을 보일 차례다. 그들의 반응에 영향을 주고 싶은가? 미간을 잔뜩 찌푸리고 간절한 마음을 담아 뇌파를 집중함으로써 다른 사람들을 조종할 수 있다는 생각은 허무맹랑한 소설에 불과하다. 머리만 아플 뿐이다.

이런 노력을 하는 사람은 금방 지쳐 포기하고 말 것이다. 아무 효과도 없다. 누군가가 다음과 같은 모임 개회사를 한다고 상상해 보라. "이 상황을 바꾸기 위해 지난 밤 간절하게 기도하고 또 기도하며 몇 시간을 보낸 것이 정말 자랑스럽습니다. 그 덕분에 오늘 여러분이 이 자리에 모인 것입니다."

얼마나 멍청한 말인가?

집착의 두 번째 신호는 나쁜 소식을 다루는 태도다. 나쁜 소식이 자신의 감정 상태나 자신에 대한 생각에 영향을 미친다면 자신이 받아들인 결과에 집착하는 것이다. 대신 "그것이 그렇게 흥미로운가?"라고 묻는 편이 훨씬 좋다. 자신이 무엇을 배울 수 있는지 배워라. 그런 다음 잊어버려라.

물론 우리는 늘 이렇게 한다. 새로운 핀볼 기계로 게임을 하는데 왼쪽 플리퍼가 생각처럼 작동하지 않는다. 그것 때문에 공을 놓치더라도 우리가 감정적으로 좌절하지는 않는다. 아니, 그것이 작동하는 방식을 눈여겨보고 어떻게 해야 하는지 배운다. 다음 공은 더 잘 받아낸다. 통찰력을 갖게 되는 것이다. 무슨 일이 벌어지는지 볼 수 있고 그것을 통해 배울 수 있다. 플리퍼는 나에 관한 것이 아니다. 공이 빠져나간 것은 나에 대한 공격이 아니다. 그뿐이다.

현실의 상호작용은 핀볼 기계보다 훨씬 복잡하다. 우리는 허공에서 동기, 책략, 복수를 만들어낸다. 분노에 찬 고객도 나의 하루를 망칠 작정으로 아침에 눈을 뜨진 않았을 것이다. 그냥 화가 났을 뿐이다. 나를 향해 화를 내는 것도, 제정신으로 그러는 것도 아니다. 내가 그런 분풀이 대상이 되어야 하는지 고민하지 않은 것도 분명하다. 그뿐이다. 그렇다면 우리는 어떻게 대처해야 할까?

상대방에 대한 반응이 반발로 바뀔 때, 또 사람들을 가르치려 들 때 우리는 진다. 가르친다고 바뀔 사람은 없다. 또 가르치는 행동이 내 기분을 더 낫게 만들지도 못하고 내 일을 더 훌륭하게 만들지도 못한다. 남을 가르치려는 순간 우리는 진다.

미래를 보는 것이 어려운 두 가지 이유

결과에 집착하는 것은 변화를 거부하고 두려워하는 태도와 밀접하게 연관되어 있다.

그렇다. 정보가 부족하기 때문에 미래를 보지 못하는 것이 아니다. 안전하다고 느껴지는 미래를 억지로 만들어내려고 하다 보니 눈앞에 보이는 미래를 억지로 무시하게 되는 것이다.

우리는 심판과 싸우는 것이 아니다

토니는 스포츠 중계 아나운서다. 훌륭한 아나운서이기도 하다. 라디오를 통해 그의 열정적인 중계를 듣고 있으면 마치 눈앞에서 경기를 보고 있는 듯한 착각이 들 정도다. 그는 경기에서 일어나는 상황을 있는 그대로 전달해준다.

토니는 여가 시간에 길거리 농구를 즐긴다. 코트에 서면 그의 통찰력은 사라진다. 오심은 그를 화나게 만든다. 소리를 지르고 긴장한다. 모든 판정이 자신과 자신의 팀에 불리한 것처럼 느껴진다. 마치 심판을 상대로 게임을 한다고 생각한다. 자신이 게임에서 이기면 심판을 이기는 것이고, 심판을 5분 동안 게임에서 퇴장시키는 것이다.

프라냐의 본질적인 문제는 심판을 어떻게 대하느냐 하는 것이다. 자신에게 유리한지 불리한지의 관점으로 판정을 바라보면 모든 판정이 기분 나쁠 것이다. 누가 그렇지 않겠는가? 문제는 그런 관점이 자신을 성공으로 이끄는 데 도움이 되느냐 하는 것이다.

세상에서 벌어지는 일을 보면서 "이런 패턴이 있군" 또는 "와! 흥미로운걸. 왜 그럴까?" 하고 이야기해보라. "아, 저 자식이 정말!" 이런 말을 내뱉는 것보다 훨씬 생산적인 결과가 나올 것이다.

노력은 세상을 바꾼다

기업이나 조직의 활동이 매력적인 이유 중 하나는 사람들이 쏟은 열정과 노력만큼 결과가 나온다는 사실이다.

일기예보는 그런 점에서 다르다. 아무리 많은 노력을 기울인다고 해도 날씨의 변화는 인간이 어떻게 할 수 없는 것이니 틀릴 수밖에 없다. 하지만 시장 점유율, 혁신, 협상, 인간관계는 제대로 된

식견과 노력으로 바꿀 수 있다.

하지만 자신이 언제 충분히 노력을 쏟지 못하는지, 또 어떤 일에 자신의 열정을 쏟아야 제대로 보상을 받을 수 있는지 알아야한다는 것이 문제다. 타당한 정도의 노력을 기울여서 고객을 기쁘게 할 수 없다면, 고객의 사고방식을 바꾸려고 노력하기 위해(그리고 실패하기 위해) 죽을 고생을 하기보다는 그 상황을 받아들이는편이 훨씬 낫다.

자신이 처한 환경을 수동적으로 받아들이는 것과(그래서 활용할 수 있는 기회를 놓치는 것과) 바뀌지 않는 것은 그냥 내버려둘 만큼, 적어도 피할 수 있을 만큼 현명하게 행동하는 것은 상당히 다른 결과로 이어진다.

공항에서 침착함 유지하기

공항의 풀 서비스 카운터에서 우리는 많은 것을 배울 수 있다. 특히 눈 오는 날에는 더욱 많은 것을 배울 수 있다.

궂은 날씨나 꼬인 일정으로 인해 발생한 상황을 노련하게 잘 헤쳐나가는 여행객도 있지만, 대부분 큰일이라도 난 것처럼 어쩔 줄몰라 한다. 이런 정서적 충격에 빠진 상태에서는 새로운 계획을 제대로 세우지 못한다.

내 앞에 선 한 여성은 플로리다로 가지 못할 것이다. 비행기가

뜨느냐 마느냐 실랑이를 한다. 이런 상황에 그는 아무런 영향을 미치지 못한다. 그럼에도 세상을 있는 그대로 받아들이지 못한다. 그래서 화를 내고 짜증을 부린다. 침착하게 상황을 지켜보고 재빨리 다른 비행기로 바꾸어 타면 될 것을(그렇게 가도 겨우 10분 정도 차이가 날 뿐이다), 자신이 처한 상황을 인정하려 하지 않는다. 왜 그 비행기가 취소되었는지 도저히 이해를 못 하겠다고 따진다. 비난할 대상을 찾는다. 이런 결과와 연결된 정서적 관계는 자신이 할 수 있는 다른 선택을 가로막는다.

바로 그 순간 그는 선택을 했다. 자신이 증오하는 결과에 끝까지 연연하며 집착할 수도 있고, 좋고 싫고를 떠나서 세상을 있는 그대로 받아들이는 프라냐의 지혜를 맞이할 수도 있다.

40년 전, 리처드 브랜슨도 푸에르토리코 공항에서 비슷한 경험을 했다. 하루에 하나뿐인 항공편을 항공사가 일방적으로 취소했다. 그날 비행기를 못 타면 하루가 엉망진창이 될 것은 물론이고, 사업이 위기에 빠질 수도 있었다. 그런 큰 손해를 눈앞에 두고 흥분할 만도 했지만 젊은 브랜슨은 공항 데스크로 가서 비행기를 전세 내는 비용이 얼마나 되는지 물었다. 그러고 나서 휴대용 칠판을 빌려서 이렇게 썼다.

"버진아일랜드행 비행기 좌석 있습니다: 39달러."

그는 이 칠판을 들고 공항 로비에 서 있었다. 금세 비행기 임대 비용을 충당할 수 있을 만큼 좌석을 팔았다. 그리고 제시간에 집으로 돌아왔다. 물론 이 경험이 10년 뒤 버진 항공이라는 새로운 사업을 시작하는 계기가 된 것은 말할 필요도 없다. 이런 사람을 직원으로 뽑고 싶지 않은가?

세상에는 네 종류의 사람이 있다

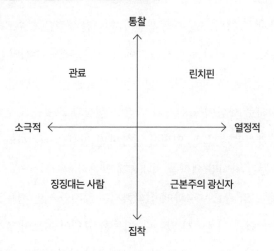

이 좌표평면의 가로축은 열정, 세로축은 집착을 나타낸다. 각각의 사분면은 일할 때 겪는 상황에 반응하는 방식에 따른 사람들의 부류를 나타낸다.

4사분면에 있는 근본주의 광신자는 눈에 보이는 세계에 집착하는 사람들이다. 프라냐도 없고 통찰도 없다. 이들에게 변화는 곧 위협이다. 호기심도 위협이다. 경쟁도 위협이다. 따라서 이런 사람들에게 세상을 있는 그대로 보라고 설득하기는 어렵다. 자신이 상상하는 방식대로 세상이 존재한다고 주장하기 때문이다. 동시에 이들은 자신의 세계관을 지키기 위한 엄청난 에너지를 저장해놓는다. 근본주의 광신자들은 언제나 세상을 더 작고 더 볼품없고 더 비굴하게 만든다.

온라인으로 음악 듣는 사람들을 상대로 소송을 벌이는 미국 음반 제작 협회 역시 근본주의 광신자다. 이런 노력은 헛수고일 뿐이고 성공할 수도 없다는 증거가 명백하게 있음에도 수십억 원을 쏟아부어 국적을 가리지 않고 전 세계 사람들을 고소한다. 자기가 원하는 대로 세상이 돌아가길 바라는 집착과 그것을 고수하기 위해 시간과 노력을 쏟는 열정이 결합하면 엄청난 에너지의 낭비를 초래할 뿐만 아니라 세상을 위태롭게 만든다.

2사분면의 관료는 결과에 집착하지는 않지만 어떤 경우든 자발적으로 노력을 기울이지 않는다. 이들은 규칙만 따르며 열정이 없다. 남들이야 어떻게 되든 신경 쓰지 않으며 하루하루 무탈하게 보내기만 하면 끝이다. 우체국 직원과 GM의 닳고 닳은 경영진은 모두 관료다.

3사분면의 징징대는 사람의 경우, 열정은 없지만 자신이 가진 세계관에는 극단적으로 집착한다. 변화를 두려워하고 상황을 개선하기 위한 노력 따위는 엄두도 내지 못한다. 세상이 그대로 머물기만을 바란다. 신문 업계는 대부분 이런 부류에 속할 것이다. 이들은 기술이 발전하고 사람들이 변하는 것을 멍하니 바라만 보면서 세상이 거꾸로 돌아간다고 계속 징징댄다. 이런 업계의 긍정적인 변화는 언제나 외부인이 만들어낸다.

1사분면에 있는 린치핀은 세상을 있는 그대로 볼 수 있을 정도로 깨어 있는 사람이다. 고객의 분노는 나를 향한 것이 아니며 정부의 정책 변화도 나를 공격하는 것이 아니라는 사실을 안다. 지금 직장이 내 삶을 보장해주지 않는다는 사실도 잘 안다. 그러면서도 자신이 하는 일에 열정을 쏟는 사람이다. 적절한 곳에 적절한 노력을 쏟으면 결과를 충분히 개선할 수 있다는 사실을 경험을 통해 안다. 또 그런 기회를 위해 노력을 비축해놓을 줄도 안다.

린치핀에게는 징징대거나 소송하는 데 쏟을 만한 시간이나 에너지가 없다. 결과를 바꿀 가능성이 있는 프로젝트에 초점을 맞추어 심혈을 기울인다.

두 축을 일상적인 질문으로 바꿀 수도 있다. 가로축은 "얼마나 신경을 쓰는가?", 세로축은 "얼마나 볼 수 있는가?"라는 질문에 대한 대답으로 표시할 수 있다.

나의 상황을 직접 통제하라

얼마 전에도 집으로 돌아오는 항공기에 문제가 발생해 공항에서 오도 가도 못하는 신세가 된 적이 있다. 최소 한 시간 반에서 길게는 다섯 시간 동안 공항에서 기다려야 하는 상황이었다. 경험이 많은 여행객들은 시스템이 언제쯤 고장 나는지 느낌으로 안다.

나는 승무원에게 비행기에서 내리게 해달라고 이야기했다. 이미 인터넷으로 5만 원짜리 렌터카를 예약해놓은 상태였다. 가까운 공항까지 두 시간 정도 걸렸다. 물론 이것은 손해 볼 일 없는 선택이었다.

객실을 나서면서 같이 타고 있던 스물세 명의 탑승객에게 이렇게 이야기했다. "지금 차를 타고 근처 공항으로 가려고 합니다. 두 시간 정도면 충분히 도착할 겁니다. 좌석이 네 개나 비는데 함께 가실 분이 있다면 공짜로 태워드리겠습니다."

아무도 움직이지 않았다. 결국 나는 혼자서 집으로 왔다.

이 일에 대해서 오래도록 생각을 했다. 내가 멀쩡하게 차려 입고 출장을 다니면서 사람을 죽이는 사이코패스라고 상상하는 사람도 있었을지 모른다. 하지만 내 생각에는 대부분 자신이 처한 상황에 대해서 항공사를 욕하는 것만으로 만족을 느끼는 사람들이었을 것이다. 자리에서 일어나 비행기에서 나왔다면 자신이 통제할 수 있는 상황이 되었을 텐데 말이다. 선택은 자기 몫이다.

무엇을 방어하는가

자신의 입장을 방어할 때, 우리가 정말로 방어하는 것은 무엇일까? 자신이 꿈꾸는 과거, 현재, 미래를 방어하는가?

시장은 내가 무엇을 방어하든 신경 쓰지 않는다. 시장은 과거와 현재의 모습, 그리고 세상이 나아가는 방향을 정확히 꿰뚫어 보는 사람과 일하는 데만 신경 쓴다. 앞에서 난 추돌 사고를 보면서 "제기랄, 차가 또 막히겠군!"이라고 말하는가 아니면 "사고 났네. 어쩌다 저랬을까?"라고 말하는가?

거래처든 고객이든 현 상태를 방어하기 위해 전전긍긍하는 조직과 앞으로 크게 성장할 가능성이 있는 조직 사이에서 선택해야 하는 상황이라면 무엇을 선택하겠는가?

자신이 원하는 방식대로 세상을 보는 관점을 유지하기 위해 진실마저 왜곡하고 변형하려고 하는 심리를 가진 사람들은 수도 없이 많다. 거스를 수 없는 세상의 흐름에 맞서 자신의 기득권을 지키고자 하는 거대 기업들로부터 막대한 돈을 받고 기업 보호 정책을 펼치도록 정치인들에게 로비하는 사람들도 많다. 이미 오래전에 존립 이유 자체가 사라진 비영리단체들도 세상의 변화를 그대로 받아들일 배짱조차 없는 사람들의 손에 의해 유지되고 있다. 허리케인이 닥쳐오는데도 집 안에만 처박혀 있으면 문제없을 것이라는 생각과 똑같다. 현실과 전혀 다른 것이 현실이기를 바란다.

희소성은 가치를 만들어낸다. 희소한 것은 세상을 있는 그대로 받아들이고자 하는 욕구이며, 그것을 개선하려고 노력하는 것이다. 현실을 부정하는 것이 아니다.

예술가는 집착하지 않는다

세계관과 집착은 언제나 인식에 영향을 미친다. 고객 서비스를 맡고 있는 사람에게 회사가 당면한 가장 큰 문제가 무엇이냐고 물어보면 그들은 틀림없이 고객 서비스 분야에서 문제점을 찾을 것이다. 재정 업무를 담당하고 있는 사람에게 물어보면 틀림없이 돈이라는 관점에서 문제점을 지적할 것이다.

예술가는 자신이 다루는 물건에 집착하지 않는다. 어떤 세계관에 집착하는 순간, 현재 상황과 예술가가 맺는 관계는 달라진다. 또한 눈에 보이는 것, 상호작용하는 것을 자신이 가진 것, 자신이 다룰 수 있고 변형할 수 있는 것으로 전환하지 못하게 된다.

똑똑한 협상가는 상대방의 입장을 최대한 정직하게 이해함으로써 예술을 만들어낸다. 맑은 눈으로 세상을 바라볼 때만 모든 사람에게 작동하는 협상 전략을 빚어낼 수 있다.

자신이 일하는 조직, 투자한 회사, 함께 일하는 사람에 대한 감정, 기억, 기대에 집착을 갖기란 매우 쉽다. 그런 집착과 그에 대한 반응은 우리가 진심으로 기대하는 것과는 다른 결과를 바라도록 만든다.

예를 들어 음반 산업의 경영진은 완벽한 사업 모델을 좋아했다. 자신들의 라이프스타일에 집착했으며 음악가와 팬의 관계를 자신들이 통제할 수 있게 해주는 방식에 집착했다. 자신들의 사업 모델이 더 이상 가치가 없다는 것을 세상이 모두 아는 상황에서도 아무렇지 않게 일을 밀어붙였다. 그들은 바보였을까? 현재에 대한 집착과 미래에 대한 두려움이 그들의 눈을 멀게 한 것이다.

뛰어난 음악 산업 비평가 밥 레프세츠Bob Lefsetz는 정말 미래를 볼 수 있는 아웃사이더였다. 그는 자신이 발행하는 정기 뉴스레터를 통해 수천 명의 음악 산업 경영진들에게 지금 무슨 일이 벌어지는지, 왜 그런 일이 벌어지고 있는지 분명하게 계속해서 이야기했다. 5년 전, 아니 그 이전부터 음악 산업을 향해 깨어나지 않으면 모두 죽는다고 큰 소리로 외쳤다. 레프세츠의 예술은 진실을 있는 그대로 보고, 그것을 보고 싶어 하지 않는 사람들에게 자신의 글을 통해 전달한 것이다.

무수한 음반 기업들은 사라졌지만 레프세츠는 린치핀으로 남았다. 그는 음반 업계에서 유일하게 진실을 말하는 사람이었기 때문에, 그가 그토록 적나라하게 묘사하는 미래가 마음에 들지 않음에도 영향력 있는 음악가들은 그가 없으면 생계가 곤란해질 수 있다는 사실을 금방 깨달았다. 밥은 권력을 향해 진실을 이야기함으로써 자신의 밥줄을 만들어냈다.

진실의 매듭 풀기

성공한 사람들은 과거의 줄과 미래의 줄이 엉킨 매듭을 풀어서 다루기 쉽게 만들 줄 안다.

시간이 가면서 여러 가지 요소가 엉키는 현상은 자연스럽다. 개개인의 특성, 매몰비용, 복잡한 시스템으로 인해 우리 일은 뒤죽박죽 엉키고 만다. 이런 상황을 그대로 인정하는 것은 쉬워도, 다른 식으로 바꿀 수 있다고 인식하는 것은 어렵다.

신문 산업은 종이와 뉴스의 엉킨 실타래를 풀지 못하고 있다. 뉴스를 전 세계에 공짜로 뿌리는 것과 종이 뭉치를 보급소 앞에 던져놓는 것의 차이를 알지 못한다. 이런 요소를 서로 떼어낼 수 없다고 보는 한, 미래의 매듭을 풀기란 불가능하다. 그렇기 때문에 과거에 얽매이지 않는 아웃사이더와 반란자에게 뒤통수를 맞고 쓰러지는 것이다.

고객들이 처한 상황 뒤에 숨은 진실도 다르지 않다. 고객의 이력을 관리하는 기업도 있을 것이다. 기업과 고객 사이에서 벌어진 일, 또는 기업이나 고객이 일으킨 일에 대해 잊을 수 없는 기억이 있을지도 모른다. 이처럼 지난 생각들을 엉킨 채로 두면 장차 고객과 파트너가 될 만큼 유연해질 수 없다. 과거를 변명하는 데 정신이 팔려 미래는 내팽개치고 말 것이다.

진실을 본 대로 말하라

우선 우리는 진실을 볼 능력이 충분히 있다. 그런 능력을 갖기 위해서는 경험과 전문성, 무엇보다 기꺼이 진실을 바라보고자 하는 의지가 필요하다.

진실을 본다고 해도 사람들은 대부분 그것을 인정하기를 거부한다. 기분 나빠하는 고객, 조잡한 제품, 부패한 산업을 쉽게 알아볼 수 있다. 하지만 대부분 무시하고 모른 척한다. 우리의 집착은 다른 미래를 향하기 때문에 그런 정보를 무시하거나 중요성을 폄하한다. 거짓말을 하는 것이 아니라 부인하는 것이다.

진실을 보고 그것을 인정하는 소수의 사람들도 대개 그런 이야기를 주저한다. 현 상태를 혼란에 빠뜨리고 싶지 않다. 임금님이 발가벗었다고 말하면 동료들이 나에게 화를 낼 것이다. 그런 행동이 팀워크를 해친다고 배웠다. 민중 선동가들이나 하는 일이다.

똑똑한 조직은 세상을 있는 그대로 바라볼 줄 아는 사람을 찾는다. 하지만 진실을 인정하지 않고 공유하지 못한다면 아무리 뛰어난 재능도 쓸모없다.

여행 산업이 망하기 전까지는 어떤 문제점도 없었다고 말하는 여행사 직원을 떠올려보라. 수익이 점점 줄어만 가는 상황에서도 진실을 인정하기보다는 현재의 사업을 계속 밀고 나가는 것이 더 중요하다고 생각하는 판매 사원을 생각해보자. 자신의 세계관을 옹호하고 불편한 자기고백과 마주하고 싶지 않아 이야기를 꾸며내는 것은 인간의 본성이다.

통제할 수 없는 것에 대한 집착

지금 나의 고용계약을 갱신할 것인지 말 것인지 임원들이 회의를 하고 있다고 가정해보자. 나는 정확하게 얼마나 걱정하는 것이 좋을까? 어떤 결정이 내려지기를 간절히 바라고 소망한다면, 내가 이 자리에서 의식적인 기도를 엄청나게 많이 하고 초능력을 발휘한다면 도움이 될까? 정신력을 모조리 쏟아부으면 영향을 조금이라도 미칠 수 있을까? 당연히 소용없는 짓이다.

린치핀은 우리가 하루에 사용할 수 있는 두뇌 사이클이 한정되어 있다는 사실을 이해한다. 자신이 어떻게 할 수 없는 상황에 대해 조금만 신경을 써도 막대한 기회비용이 발생한다. 지난 상황을 안타까워하며 매달리는 사이에 경쟁자는 빠르게 미래를 만들어내고 있다. 나는 아직도 특정한 관점, 이미 일어난 결과에 집착한다. 내가 원하던 것과 다른 상황이 펼쳐지면 세상을 한탄하며 시간을 낭비한다.

화가 난 고객이 찾아와서 분풀이를 할 때 우리는 이런 고객의 멍청한 판단력을 저주하고 이 상황을 초래한 세상을 원망한다. 하지만 린치핀은 이런 상황을 받아들여야 하며, 상황을 개선하는 것이 분명히 새로운 길을 만들어낼 수 있다는 사실을 이해한다.

과학은 지도를 만드는 일이다

실험 조수는 지시받은 일을 한다. 과학자들은 다음에 무슨 일을 해야 하는지 궁리한다. 과학자가 당황스러워하는 것은 놀라운 일이 아니다. 자신의 일을 제대로 수행해도 당황스러운 일은 벌어진다. 탐험하고, 직감을 따르고, 상황을 조망하고, 새로운 계획을 짜는 것이 바로 과학자가 하는 일이다. 스스로 놀랄 수 있도록 준비하는 것은 의식적인 선택이다.

과학자들은 모든 것을 완벽하게 이해하고 확정할 수 있다고 생각하지 않는다. 모퉁이를 돌 때마다 새로운 논증이 나타나고 미스터리가 나타난다는 사실을 안다. 결국 지도는 결코 완성되지 않는다는 뜻이다. 인간의 게놈을 처음으로 해석한 크레이그 벤터Craig Venter도 다음에 무엇을 해야 하는지 이야기해주기만을 기다리지 않았다.

다음에 무엇을 해야 하는지 아는 것이야말로 바로 조직에 린치핀이 필요한 이유다.

좌절한 예술가들의 모임

내가 쓴 책《트라이브즈Tribes》에 대한 비평 중에서 내가 가장 좋아하는 글이 하나 있다.

"고딘은 견고한 리더십의 토대를 어떻게 실제로 구축하는지 설명하지 않는다. 그는 마치 아이디어와 휴대전화만 가지고 있으면 단 몇 분 안에 수천 명을 자신의 주장에 동조하도록 만들 수 있다고 말하는 듯하다.”

나는 이렇게 대답했다.

“이 책에서는 사람들에게 리더십이 중요하다고 말하는 것이 핵심이다. 리더가 되는 방법을 하나하나 꼼꼼하게 설명하는 것은 불가능하다. ‘무엇을 해야 하는지’ 알려달라는 것은 이 책의 내용에 맞지 않는 요구다.”

지도는 없다. 지도자가 되는 법을 알려주는 지도는 없다. 예술가가 되는 법을 알려주는 지도는 없다. 나는 (거의 모든 장르의) 예술에 관한 책, 예술을 하는 방법에 관한 책을 수백 권 읽었지만 지도에 관한 실마리를 알려주는 책은 하나도 보지 못했다. 그런 지도는 없기 때문이다.

여기 우리가 씨름해야 할 진실이 있다. (글을 쓰든, 참여를 하든, 조직을 이끌든) 예술이 가치 있는 이유는 그 방법을 정확하게 알려줄 수 없기 때문이다. 지도가 있다면 예술은 존재하지 않을 것이다. 예술은 지도 없이 세상을 헤쳐나가는 행위이기 때문이다.

지도가 없어서 불만인가? 나는 지도가 없어서 좋다.

세상에 나를 끼워 맞춰야 하는 비상사태

세상이 요구하는 방식에 무조건 끼워 맞추는 일은 불가능하다. 모든 면에서 잘하는 것은 불가능하다.

어떻게 그럴 수 있는가?

그렇게 우리는 깨어난다. 조금 더 끼워 맞추기 위해 노력한다. 자신이 제대로 갖추지 못했다는 신호, 시스템은 혼란에 빠질 위험이 있다는 신호, 규칙이 변한다는 신호, 변한 규칙에 맞게 다시 변해야 한다는 신호를 하나라도 늘 찾는다.

겉으로만 초점을 맞추다 보면 중심이 없으며 돌아갈 곳도 없는 문제가 생긴다. 밖에 초점을 맞추면 나침반도 없고 기준도 없고 균형을 잡고 있는지 알 수도 없는 상황에 빠지고 만다.

지도 없이 다음에 무슨 일을 해야 하는지 어떻게 알 수 있을까?

데이비드 리즈먼David Riesman은 《고독한 군중The Lonely Crowd》에서 이렇게 썼다. "대중매체가 준비를 하기도 전에 미국인들은 이미 대중매체를 맞이할 준비를 하고 있었다."

우리가 어떤 존재가 되어야 하는지 알기 위해서는 신호가 필요하고 교육이 필요하다. 물론 지도도 필요하다.

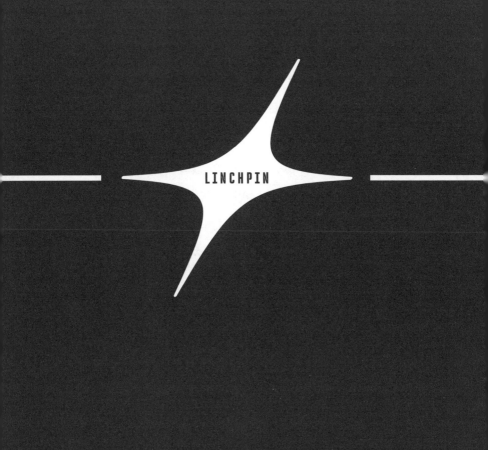

현재에 만족할 것인가, 차이를 만들 것인가

가치는(타고난 것이 아니라) 선택하는 것이다. 따라서 린치핀이 되기 위한 근본적인 조건은 선택이다. 사람들을 이끌고 관계를 맺어주는 일에서 느끼는 불안은 거짓 공포일 뿐이다. 하지만 이런 불안을 기꺼이 극복하겠다고 선택하는 사람은 별로 없다. 오로지 린치핀만이 그 선택을 할 수 있다.

불가능이기 때문에 도전하는 거지

평가하려는 최소한의 노력조차, 무의식적인 최소한의 기억조차, 결코 실
현되지 않는 꿈에 대한 부조리한 연상이라고 (…) 부질없는 행동이라고
(…) 떨쳐버린다. 나는 간신히 떠올린 처음 생각을 속삭인다(속삭이기 때
문에 정령은 듣지 못한다).

"불가능하다는 걸 알아. 그래도 나는 할 거야."

바로 그 순간, 그 높은 공간은 '내 공간'이 된다. 거리에 서서 올려다보는
순간 새로운 생각이 떠오른다. 불가능해, 그래. 그래서 도전하는 거지.

_영화 <맨 온 와이어Man On Wire> 중에서

필리프 프티Philippe Petit라는 예술가는 우리가 배운 것, 우리가 믿

는 것을 모두 뒤집어놓았다. 그는 400미터나 되는 높이의 세계무
역센터 빌딩 두 개 사이에 외줄을 놓고 아무 안전 장치도 없이 건
넜다.

부수고 시작하는 일에 참여하지 않는다. 중대한 도덕적 위반을
저지르지도 않는다. 삶의 위험을 무릅쓰지도 않는다. 돈을 주지 않
으면 어떤 일도 하지 않는다. 진정으로 아름다움을 완수하는 일이
라고 해도 바보 같아 보이는 일에는 절대 삶을 바치지 않는다. 무엇
보다도 불가능한 일은 시작도 하지 않는다. 분명히 이런 태도는 선
물이 아니다.

그럼에도 이런 선택을 한다면, 당신이 이긴다.

지금 새로운 일 시작하기

어느 날, 비니 토머스Binny Thomas는 벌떡 일어섰다. 새로운 일을 하겠
다고 소리치고 바로 그 일을 시작했다. 자신의 자리를 떠나지도 않
았고 새로운 직함이나 책임도 맡지 않았다. 자신이 하던 일을 새로
운 방식으로 하기 시작했을 뿐이다. 토머스는 단점과 문제를 찾는
목적을 지닌 회의에는 더 이상 참석하지 않았다. 대신 자신이 차이
를 만들어낼 수 있을 만한 프로젝트를 찾아 몰두하기 시작했다.

갑자기 영감이 찾아왔다. 남들의 비난을 겁내지 않고 기회를 찾
았다. 스스로 전선을 향해 밀어붙였고, 험난한 늪을 헤쳐나갔고,

일을 만들어냈다. 여기서 놀라운(또 보편적인) 진실은 그에게 영감이 찾아오고 난 '다음에' 기회가 왔다는 것이다. 기회가 먼저 오고 나서 영감이 찾아온 것이 아니다.

사실 이전에 하던 일도 나쁘지는 않았다. 아주 잘 해냈다. 지도를 따라, 지침을 따라, 시키는 대로 잘 수행했으며 넉넉하게 보수를 받았다. 직장을 잃을 위험은 없었지만 자신의 영혼은 완전히 포기한 상태였다. 정체된 상태였고 그것이 끝이었다. 그때 토머스는 생각을 바꾼 것이다.

6주 뒤, 토머스는 엄청난 승진을 했고 또 자신이 스스로 찾아낸 일보다 훨씬 좋은 일을 새로 갖게 되었다. 이 모든 것을 가져다준 것은 바로 선택이었다. 토머스는 자신이 일을 더 잘할 수 있게 도와달라고 사정하지 않았다. 혼자 그렇게 결정했을 뿐이다.

고객과 친구가 된 은행장

빌 오브라이언Bill O'Brien은 펜실베이니아 랭커스터 지역에 있는 홈타운 헤리티지 은행HomeTowne Heritage Bank의 은행장이다. 이 지역에서 가장 많은 고객을 유치하고 있을 뿐 아니라 담보로 설정한 집을 단 한 채도 처분한 적이 없을 만큼 대출 실적도 좋다.

이 지역에는 전통을 유지하며 살아가는 아미시 공동체가 있다. 오브라이언은 아미시 교파에 속하지 않지만 그의 고객은 대부분 아미시 사람들이다. 그의 은행이 운용하는 대출 자산은 1,000억 원이 넘는데, 이 중 90퍼센트가 아미시 교인들의 농장을 담보로 빌려준 돈이다.

오브라이언은 거의 매일같이 차를 타고 고객들과 잠재 고객들을 직접 찾아다닌다. 아미시 사람들은 현대 문명과 동떨어져 살기 때문에 신용 기록도 없고, 따라서 신용을 보편적으로 평가하는 도구도 사용할 수 없다. 그가 사람들을 평가하는 방법은 이렇다.

"그분의 아버지가 어떤 사람인지 알아보겠습니다."

"그분 부인의 아버지가 누구인지도 한번 알아보아야겠군요."

"농장을 운영하려면 함께 일할 사람이 필요하겠지요."

대출과 담보에 접근하는 오브라이언의 방식이 상당한 성공을 거둘 수 있었던 이유 중 하나는 필요 이상의 선택을 하지 않는다는 것이다. 사실 아미시 사람들은 집에 전기도 들이지 않고 화재보험도 가입하지 않기 때문에, 미국에서는 그런 집을 법적으로 거래하지 못한다. 결과적으로 아미시 사람들의 부동산을 담보로 잡는 것은 아무 의미가 없다. 오로지 그들의 신용을 믿고 돈을 빌려주는 것과 마찬가지다.

이렇게 몇 년을 아미시 사람들과 거래했다는 것은 결국 자연스럽게 고객들과 아주 친한 친구가 되었다는 뜻이다. 1년에 수십억 원을 벌어들이는 유능한 은행가가 하는 일이 고객과 일일이 만나서 이야기하는 것이다. 고객들을 더 사무적으로 대하는 것이 아니라 더 인간적으로 대하는 것이다.

새로운 사업 기회는 쉽게 찾을 수 있다. 하지만 아미시 공동체는 여전히 유대가 긴밀하다. 그들은 새로운 농장을 구입할 때마다 오브라이언에게 조언을 부탁하지만, 조언에 대한 대가를 받을 수는 없다. 그런 행동이 자신이 그동안 쌓아온 좋은 평판을 한순간에 무위로 돌릴 수 있기 때문이다. 오브라이언은 더욱 마을 사람들의 일을 자신의 일처럼 도와준다.

오브라이언은 은행의 소유주가 아니다. 하지만 은행에 꼭 필요한 사람이다. 그가 만들어낸 자산은 회계장부에 기록된 금액을 훨씬 뛰어넘는다. 그는 자신이 근무하는 은행은 물론 아미시 공동체에서도 린치핀이다.

시스템이 우리를 착취하게 두지 말라

나는 강연을 앞두고 호텔 바에서 소다수를 마시면서 바텐더와 이야기를 나누며 시간을 보내고 있었다. 이야기를 하던 중에 그 바텐더가 먹고살기 위해 낮에는 보험 판매원으로 일하고 밤에는 바텐더로 일한다는 사실을 알게 되었다. 그는 작은 회사들을 직접 찾아다니며 보험을 팔았다.

바텐더는 이라크전쟁에 참전했다가 돌아온 지 얼마 되지 않았다고 했다. 나는 그의 카리스마에 흥미를 느꼈고 그의 서비스도 마음에 들었다. 그래서 이야기를 많이 나누게 되었다. 그가 자신의 일에 쏟는 감정노동은 눈에 보일 정도로 상당했다. 또한 아직도 집집마다 찾아다니며 물건을 파는 일을 하는 사람들이 있다는 이야기에 매료되어 이것저것 물어보았다. 하루 일과는 어떤지, 보수는 얼마나 받는지 물었다. 그가 받는 돈은 100퍼센트 판매수수료라고 했다. 보험 회사는 기본급을 한 푼도 주지 않았다. 게다가 명함은 물론 업무용 물품, 영업 자료나 판촉물도 모두 직원들에게 돈을 받고 팔았다. 분명히 좋은 직장은 아니었다. 그 친구의 대인 관계 능력을 키워줄 만한 사람도 전혀 없었다. 그는 스스로 영업 전선에 나가 쥐꼬리만 한 돈을 받으면서 구걸이나 다름없는 행동을 한 것이다.

나는 그가 어떻게 하면 좀 더 나은 보수를 받을 수 있을지에 대해 몇 가지 아이디어를 제시했다. 어떻게 하면 프레젠테이션에서 두드러지게 보일 수 있을지, 어떻게 하면 변덕스러운 소수의 고객들을 진정으로 헌신하는 고객 집단으로 만들 수 있을지 이야기했다.

바텐더의 반응은 놀라웠다. 그는 일을 더 잘하기 위해 어떤 위험도 감수하고 싶지 않다고 말했다. 자신의 시간을 더 유용하게 활용하기를 원하지 않았다. 규칙을 따르는 일 외에는 어떤 일도 하려고 하지 않았다. 자신이 더 오래, 더 열심히 일하면 회사는 그만큼 더 많은 보수를 줄 것이라고 확신했다. 사막 한가운데에서 목숨을 걸고 폭탄 속을 헤치고 나온 사람이 새로운 보험 판매 방식을 두려워하다니 어이가 없었다.

화가 났다. 물론 자기가 원하는 방식으로 일하고 판매 수수료를 받아서 먹고사는 것은 그의 판단이다. 그의 선택이다. 하지만 바텐더는 완전히 세뇌당해 린치핀이 되지 않는 길로 열심히 달려가고 있었다. 그의 상사는 규칙과 대본을 주었고, 예술은 집에 처박아두라고 강요했다. 그는 결국 시키는 대로 하는 사람, 톱니바퀴, 얌전하고 대체 가능한 부품으로 전락하고 만 것이다.

문제는 시스템이 그런 사람들을 착취한다는 사실이다. 정당하게 보상하지도 않는다. 시키는 대로만 열심히 해보았자 소용없다. 무수한 거절을 모두 감수하면서도 그런 일에 대해 전혀 보상받지 못하는 것은 공정하지 않다. 슈퍼스타가 될 수 있는 소질을 90퍼센트나 갖추고 있음에도 단 10퍼센트가 부족해 밑바닥 삶을 살고 있는 것이다. 그 10퍼센트란 앞으로 나아갈 수 있는 움직임을 만들어내고 그저 자신을 끼워 맞추기보다는 다른 사람들의 눈에 띄려고 하는 욕심이다.

상사가 구걸하는 듯 행동하라고 요구했다고 해서 그대로 따라야 할 필요는 없다. 사실 그는 거꾸로 행동해야 할 의무가 있다. 자신을 끼워 맞추려 하지 말고 튀어야 한다. 보이지 않는 톱니바퀴가 되지 말고 관계를 만들어야 한다. 그렇게 하지 않으면 지고 만다.

누가 지침을 정하는가

누가 나의 상사인가? 무엇을 위해 일을 하는가? 누구를 기쁘게 하기 위해 애쓰는가?

조직 내에서 내가 보고할 대상만을 위해 일한다면 자신의 미래를 희생하는 것이다. 그를 만족시키려는 노력은 고객을 소외시키고 자신의 능력을 감추게 만들고 거대한 시스템 속 톱니바퀴가 되는 결과로 이어진다. 시스템은 우리를 톱니바퀴로 만들려고 하지만 그런 시스템을 만족시키는 것은 진정한 내 일이 아니다.

오늘날 미국에서 규모가 큰 대학에는 대부분 폭음 문화가 있다. 이런 문화의 지침은 바로 강의는 대충 듣고 파티에 많이 참석하고 인기를 얻기 위해 노력하고 술을 최대한 많이 마시라는 것이다. 이런 지침을 받아들이는 것은 그리 어렵지 않다. 거기에 나를 끼워 맞추는 것 역시 어렵지 않다. 하지만 그렇게 하다가는 자신이 어디에 가 있을지 뻔하지 않은가?

전형적인 비영리단체는 현 상태를 포용해왔다. 현 상태를 포용한다면 적어도 뒤처지지는 않을 것이다. 불안은 최소화될 것이며 두려움은 자취를 감출 것이다. 하지만 앞날이 어디로 가겠는가?

고집불통 상사는 창피당하고 싶어 하지 않는다. 단기적인 비용을 줄여서라도 실적 보고를 그럴듯하게 맞추려고 할 것이다. 부하직원들이 하루 종일 아무 일도 하지 않고 비용을 전혀 쓰지 않고 소란을 피우지 않으면 그것이 바로 상사를 도와주는 일이다. 그렇다면 조직은 어떻게 될까?

내가 설정하지 않은 지침은 내가 원하는 곳으로 이끌어주지 않는다. 그것이 왜 나의 지침이 되어야 하는가?

주사위 놀이

작가 스티븐 존슨Steven Johnson은 이렇게 썼다. "순전히 운을 따르는 게임이 그토록 오랜 역사를 지니고 있다는 사실을 우연히 깨달았다. 하지만 그렇다고 해서 그런 게임이 덜 멍청해지는 것은 아니다."

나 역시 그에 못지않게 이런 게임을 싫어한다. 예컨대 주사위 놀이를 보자. 주사위를 던지고 그 숫자만큼 자리를 옮긴다. 그리고 그 자리에서 시키는 대로 따라야 한다. 계속 이렇게 하면 된다.

이것은 의제를 따르는 기초적인 훈련이다. 복종을 세뇌하는 것이다. 게임에서 이기는 방법은 아무 생각 없이 주사위를 던지고 운 좋은 숫자가 나오기만을 기다리는 것이다. 이런 것을 아이들에게 가르친다. 얼마나 멍청한 짓인가?

이런 게임이 있다면 당장 갖다 버려라. 체스나 장기, 나무 블록이나 퍼즐로 바꾸어라. 학교는 물론 아이들의 장난감도 이제는 다른 눈으로 보아야 한다. 아이들이나 미래의 피고용인들을 지도를 따르는 사람, 지침을 좇는 사람으로 가르치는 일은 당장 중단하라.

무한한 반복에서 벗어나기

전통적인 공장에서 최고의 리더는 작업 매뉴얼과 조립라인이다. 매뉴얼은 무슨 일을 해야 하는지 알려주고 조립라인은 일을 계속 진행되게 만든다. 우리는 결정을 할 필요가 없다. 조립라인이나 매뉴얼이 없다고 해서 우리가 공장에서 완전히 탈출한 것은 아니다. 하는 일이 바뀐 것뿐이지 일을 하는 태도는 전혀 바뀌지 않았다.

이제 우리의 관심을 다른 곳으로 돌려줄 만한 것을 찾는다. 그것은 바로 책상마다 칸막이가 쳐진 사무실, 그리고 인터넷과 두려움이 뒤섞인 문화다.

주도권을 쥐거나 책임을 지는 것을 좋아하지 않는다. 그래서 계속 이메일을 열어보고 엑스의 타임라인을 들여다보고 블로그의 댓글을 체크한다. 물론 끝맺어야 할 일이 있고 화가 나는 대상이 있고 참석해야 할 회의가 있을 것이다. 내가 아는 사람 중에는 1년에 40여 개의 컨퍼런스에 참석하는데도 정말 아무것도 생산해내지 않는 듯 보이는 사람도 있다.

이런 과정을 영원히 반복할 수 있다. 영원히. 결코 끝나지 않는다.

이곳에서 탈출하는 방법은 지도를 그리는 것이다. 선두에 서는 것이다.

미래를 위한 선택

우리는 틀에 끼워 맞출 수도 있고, 두드러질 수도 있다. 물론 둘 다 하지 않을 수도 있다.

현 상태를 방어하거나, 현 상태에 맞선다. 모든 것을 '원래 모습 그대로' 지키기 위해 방어하거나 모든 상황을 개선하기 위해 이끌고 설득하고 노력한다. 자신의 일상을 드라마처럼 받아들이거나 세상을 있는 그대로 바라본다. 이 모든 것이 선택이다. 두 가지 길을 동시에 갈 수는 없다.

어떤 사람은 조건에 부합하고, 말쑥해 보이고, 배경이 괜찮고, 성격이 좋다는 이유로 고용할 것이다. 또 어떤 사람은 꿈을 실현하고, 변화를 만들어내고, 차이를 분명하게 이끌어내기 때문에 고용할 것이다.

물론 이런 구분을 명확하게 하는 것은 불가능할지도 모른다. 그러나 정도의 차이는 구분할 수 있다. 이런 차이가 다른 결과를 만들어왔다. 린치핀은 중요한 역할을 한다. 린치핀은 바로 우리의 미래다. 하지만 선택은 쉽지 않다.

린치핀은 타고나지 않는다

아마도 새로운 경제 시스템이 몰고 온 가장 큰 변화는 '자율권'일지도 모른다. 자본이나 적절한 인간관계에 접근하는 일은 예전만 큰 어렵지 않다. 린치핀은 만들어지는 것이지 태어나는 것이 아니다.

환경이 여전히 거대한 역할을 한다는 것은 의심할 여지가 없다. 혈연, 학연, 지연, 인종이 여전히 중요한 요인으로 작용한다. 하지만 아무리 완벽한 배경을 갖추었다고 해도 선택하지 않으면 성공할 수 없다. 이것이 새로운 규칙이다.

이것은 내적인 선택이지 외적인 요소가 아니다. 외부 세계의 기회와 도전에 우리가 반응하는 방식에 따라 외부 세계가 우리를 평가하는 가치가 달라지는 것이다. 여기서 린치핀이 하는 역할과 그런 역할을 하기 위해 우리가 어떤 선택을 할 수 있는지 대략적으로 정리해보자.

일을 더 많이 한다고 더 나은 예술가가 될까

그림을 더 많이 그리면 도움이 될까? 글을 더 많이 쓰면? 더 많은 것을 발명하면?

어느 정도는 그렇다.

하지만 자신의 모든 시간을 쏟아부어 그것만 할 수는 없다. 우리는 린치핀과 상관없는 일에 많은 시간을 할애한다. 자신의 예술이 아니라 다른 일을 한다. 어쨌든 많이 하는 것은 좋다. 물론 균형은 맞아야 한다. 중요한 일을 할 수 있는 시간을 충분히 확보한다면 상관없다.

저항은 그런 작업을 회피하도록 부추긴다. 우리 사회는 바쁘기만 하고 쓸데없는 일에도 보상을 한다. 진정한 예술가는 작업과 작업하지 않을 때 해야 하는 소소한 일을 구별한다.

선물이 빠진 거래

일을 할 때 벌어지는 전형적인 거래는 다음과 같다.

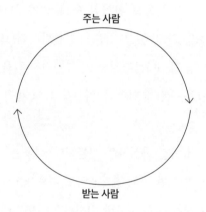

고용주는 임무를 주고 직원은 임무를 수행한다. 그 대가로 고용주는 직원에게 돈을 준다. 이것은 교환이다. 상점에서 물건을 사는 것과 다르지 않다. 물건을 사는 고객은 고용주다. 자신의 돈을 지불하고 선반에 있는 물건을 갖는다. 양쪽 모두 이득이다.

물론 다른 곳보다 돈을 더 달라고 한다면 더 싼 가격에 파는 사람을 찾아가 물건을 살 것이다. 고용주도 마찬가지다. 자신이 지불하는 돈으로 최대한 많은 것을 얻기 위해 직원을 바꾼다. 상점은 어떨까? 자신의 물건에 대해 더 많은 돈을 기꺼이 낼 고객을 찾는다면 계속해서 그 가격으로 물건을 팔 것이다.

무언가가 빠진 느낌인가? 그렇다. 선물이 빠졌다.

예술, 통찰력, 솔선, 관계와 같은 선물을 준다면 고용주는 그 직원을 대체할 사람을 찾기 위해 가게를 덜 돌아다닐 것이다. 선물은 상품이 아니기 때문이다.

찾아간 상점에서 돈으로 환산할 수 없고 요구하지도 않은 기분 좋은 서비스와 관계, 존경, 기쁨을 선물한다면 고작 몇백 원을 아끼기 위해 대형 할인마트까지 굳이 찾아가지 않을 것이다. 선물은 이처럼 사람을 즐겁게 만든다. 의미가 있다. 계속 받고 싶을 것이다.

앞의 그림에서 빠진 화살표는 선물이다. 선물은 노력을 상징한다. 노력은 돈과 다르며 업무 평가표와도 다르다. 자본주의로는 설명하지 못한다. 자신이 꼭 필요한 린치핀으로 여겨지는 곳에서 경력을 쌓는 것은 처음에는 이기적인 목표처럼 보일 수 있다. 이때 만약 그 자리에 서서 욕심 없이 선물을 주고 모든 사람에게 혜택을 준다면 사람들은 우리의 진정한 목표를 뒤늦게라도 알아볼 것이다.

진심을 다하거나 때려치우거나

콘서트는 단순히 음악을 들으러 가는 곳일까? 음식점은 단순히 식사를 하러 가는 곳일까? 즐거움, 관계, 흥분이 있지 않으면 그다지 찾고 싶은 마음이 들지 않을 것이다.

즐거움을 더하고 예술을 만들고 인간미를 더하는 방법은 기타를 연주하는 방법보다 훨씬 배우기 쉽다. 하지만 몇몇 이유로 우리는 즐거움을 더하는 일보다는 기술을 쌓는 일에만 몰두한다.

노래하는 법을 배우는 길을 가고자 한다면, 진심을 다해 노래하면 된다. 자신의 진심을 표현하듯이 큰 소리로 감정을 담아서 노래해라. 은행 창구 직원처럼 그냥 건네고 마는 것이 아니라 상대방의 마음속에 각인시켜라. 전화를 받을 때, 사무실에서 손님을 맞이할 때, 회의에 참석할 때, 글을 쓸 때, 그 일만 하면 그만인 것처럼 하려면 때려치워라. 진심을 다해서 노래를 하든가, 아니면 그냥 집에 틀어박혀 있어라.

수익률보다 중요한 것

투자자들은 투자수익률을 눈여겨본다. 투자한 돈에 대한 기대수익률이 얼마나 되는지 계산해내기 위해 노력한다. 기업들은 대부분 기계수익률에 초점을 맞춘다. 여기서 내가 말하는 기계는 덩치가 크고 소음이 나는 산업기계만을 의미하는 것이 아니라, 기업의 현 상태를 방어하거나, 현 상태에 맞선다. 모든 것을 '원래 모습 그대로' 지키기 위해 방어하거나 모든 상황을 개선하기 위해 이끌고 설득하고 노력한다. 자신의 일상을 드라마처럼 받아들이거나 세상을 있는 그대로 바라본다. 이 모든 것이 선택이다. 두 가지 길을 동시에 갈 수는 없다.

린치핀은 중요한 역할을 한다. 린치핀은 바로 우리의 미래다.

하지만 선택은 쉽지 않다.

모든 제반 시설을 의미한다. 시스템, 공장, 사무 공간, 건물, 컴퓨터, 웹사이트를 모두 포함한다. 그들이 가진 기계에서 최대한 가치를 뽑아내는 것이 목표다.

판매영업 부서는 기계가 멈추지 않고 계속 움직일 수 있도록 한다. IT 부서는 기계가 잘 돌아가는지 점검하고 운영한다. 인적자원 부서는 기계에 집어넣을 사람들을 (아니, 기계의 부품들을) 값싸게 이용할 수 있도록 만드는 일을 한다.

고기를 가공하는 공장을 가보면 가장 불쾌하고 혐오스러운 일을 하는 기계를 볼 수 있다. 일꾼들은 자주 혹사당하고 다치고 기만당한다. 살아 있는 소를 더 빠르게, 지체 없이 도살장으로 밀어 넣는다. 기계 속 모든 부품의 효율성을 높이고 비용을 최대한 깎는 것이 목표다. 이렇게 일하지 않으면 대형 슈퍼마켓에서 얻을 수 있는 이익을 포기하는 것이다.

어쩌면 도살장에서는 선택할 수 있는 대안이 거의 없을지도 모른다. 이런 시스템에서는 사람들을 가공 기계가 되라고 강요한다. 자신이 도살장에서 일하지 않아 다행이라고 생각한다면 대단한 착각이다.

스스로 톱니바퀴가 되려는 사람

컴퓨터를 사용할 줄 모르는 작가, 인터넷이나 사무자동화 시스템을 혐오하는 변호사, 이메일도 확인하지 못해 IT 부서 직원을 불러 괴롭히는 임원들을 볼 때마다 정말 한숨이 나온다. 온라인 도구를 활용해 자신의 기술을 끌어올리지 못하는 마케터라면 회사라는 기계에 소속된 톱니바퀴에 불과하다. 그런 사람들은 새로운 시대 의 권력을 누릴 권리가 없다.

세상은 생산도구를 통제할 권한을 우리에게 주었다. 그런 도구 를 사용하지 않는 것은 죄악이다.

더 나은 미래를 위한 파업

1990년 미국 자동차 노동조합 연맹이 전국적 파업을 벌였다면 어 떤 일이 벌어졌을까? 임금 인상이나 노동협약 같은 문제가 아니라, 경영진이 제대로 혁신을 수행하지 못한다는 이유로 파업을 벌였다 면 어땠을까? 고용계약에 관한 분쟁 때문이 아니라 자동차 산업이 현 상태에 맞서지 않고 변화를 회피하는 모습 때문에 일손을 놓았 다면 어땠을까?

상상하기 어려운가?

'하면 된다'는 사고방식과 '우리 대 그들'이라는 대결 구도에서 비 롯된 사고방식은 이미 경영진을 대하는 노동자의 태도 속에 깊이 뿌리를 내렸다. 결국 다르게 생각하지 않으려고 하는 경영진의 태 도를 바꾸기 위해서 노동조합이 파업하는 모습은 상상하기 어렵다.

하지만 그럼에도 노동조합이 파업을 했다면 어땠을까? 20년 전 디트로이트가 극심한 혼란을 겪으면서, 노사 모두 기계수익률을 극대화하기보다는 사람들이 기꺼이 돈을 낼 수 있는 상호작용과 혁신을 만들어내는 데 성공했다면 어땠을까?

물론 지금은 그런 일을 해보았자 별로 소용이 없을 것이다. 당시에 비하면 지금 자동차 노동조합이 휘두를 수 있는 권력은 새 발의 피에 불과하다. 하지만 다른 곳은 어떤가? 지금 당신이 일하는 분야는 어떤가? 꼭 필요한 일만이 가치가 있으며, 뛰어난 제품만이 부가가치를 얻는다는 사실이 드러났을 때 어떤 변화가 일어나겠는가?

자신이 속한 조직이 지도 없이 생존할 수 없다면, 그런 상황을 바꿀 수 있는가? 바꿀 수 없다면 떠나는 편이 더 낫지 않겠는가?

겁에 질린 공중그네 곡예사는 죽은 것이다

커다란 변화는 서서히 다가오지 않는다.

태풍이 몰아쳐도 제방은 견딘다.

다시 한번 몰아쳐도 제방은 견딘다.

평범한 날에는 아무 변화가 없다.

그러다 거대한 태풍이 한 번 몰아치면 제방은 무너진다.

어느 날 시스템이 작동한다. 다음 날 그 시스템은 물속에 잠긴다. 여기서 문제는 다가오는 변화를 볼 수 있으며 점진적인 변화를 통해 무슨 일이 일어나는지 두고 보며 대처하려는 자세다. 그래서 앞으로 어떤 일이 일어날 때까지 우리는 늘 초조하다.

서커스에서 공중그네 곡예사로 성공하는 방법은 도약하는 것뿐이다. 변화를 이끄는 린치핀이 할 수 있는 것도 바로 도약이다.

산업 전환기에 90퍼센트의 사람들이 자신들의 관성과 자원을 엉뚱한 곳에 낭비한다. 또 자신이 속한 완벽한 분야, 직업, 시장에서 마지못해 살금살금 발을 빼면서 새로운 기회로 넘어가기 위해 노력한다. 그 과정에서 90퍼센트의 사람들은 과감한 소수에게 추월당하고 밀리고 뒤처지게 된다.

이것은 새로운 아메리칸드림이다. 타당성, 중요성, 상호작용 면에서 혁명은 모든 사람을 위한 것이 아니다. 아직까지는 그렇다. 대신 우리가 꼭 필요한 사람이 될 때까지, 자신의 이력서를 기꺼이 버리는 사람들을 찾을 때까지 우리가 들어갈 구멍은 열려 있다. 업무 지침을 버리고 차이를 만들어라. 그러면 우리는 돌아와 일을 할 것이다.

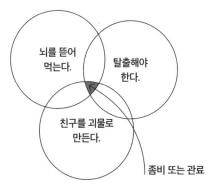

384

배지는 힘이 없다

나는 미국 식품 의약청FDA의 간부 100여 명이 앉아 있는 자리에서 강연을 했다. 이 책에 실린 나의 주장이 단순히 작은 규모의 신생 기업에만 적용될 뿐 거대 기업에는 해당되지 않는다고 생각한다면, 연방 정부라는 거대 관료 시스템을 상상해보라.

정부 조직의 가장 뛰어난 사람들은 린치핀을 발굴하고 자극하고 영향력을 높이는 데 필사적으로 매달린다. FDA의 더딘 승인 과정과 관료주의적 태도, 비인간적인 지도는 너무나 오랫동안 자리 잡고 있었다. 그들은 이런 사실을 알고 있으며 필사적으로 혁신을 이루기 위해 노력하고 있다.

강연이 끝나고 질문을 받는 시간에 FDA 관리자 한 사람이 손을 들었다. "조직은 우리에게 새로운 미래를 발명하라고, 종족을 만들어 이끌라고, 차이를 만들어내라고 말하지만 우리에게는 어떤 권한도 없습니다. 권한 없이는 어떤 일도 이룰 수 없지 않습니까?"

그는 제복을 입고 있었으며 가슴에 배지를 달고 있었다. 나는 이렇게 물었다.

"얼마나 더 큰 배지가 필요한가요?"

사실 더 큰 배지를 단다고 해서 도움이 되는 것은 아니다. 사람들은 명령에 무조건 따르지 않는다. 새로운 길을 찾으라고 한다고 바로 찾아지는 것도 아니다.

린치핀에게는 권한이 필요하지 않다. 그것은 중요한 요인이 아니다. 권한은 공장에서나 중요할 뿐, 우리가 사는 세상에서는 중요하지 않다.

진정한 변화가 최전선에서 일어나는 일은 거의 없다. 그런 변화는 중간 지역이나 때로는 후방에서 일어난다. 진정한 변화는 관심을 가진 사람이 한 발 나아갈 때, 위험으로 느껴지는 것을 감수할 때 나타난다. 사람들은 명령한다고 따르지 않는다. 따르고 싶기 때문에 따른다.

나의 열정이 나의 일을 통해 표현되는가

또는, 나의 일이 나의 열정을 통해 표현되는가?

사람들은 흔히 자신의 일을 통해 자신의 열정을 드러낼 수 있는 직업을 찾으라고 말한다. 하지만 내 생각에 이것은 거꾸로 되어 있다. 자신의 열정을 드러낼 수 있는 직업을 찾아라.

제품을 먼저 만들고 마케팅 방향을 맞추는 것이 아니라, 마케팅에 어울리는 제품을 만들어야 한다고 나는 줄곧 주장했다. 여기서도 마찬가지다. 자신의 열정을 일로 발산하는 것은 열정을 발산할 수 있는 일을 운 좋게 찾아내는 것보다 훨씬 쉽다.

우리에겐 말썽꾼이 필요하다

세상에 적응하는 방법을 알려주려는 사람, 잘못을 지적하려는 사람, 조언을 해주려는 사람, 무슨 잘못을 저지르는지 지켜보는 사람은 셀 수 없이 많다.

하지만 그런 사람들은 나를 돋보이게 만들어주지 않는다.

세상에 어떻게 더 잘 적응할 수 있는지 떠들어대는 온갖 책들, 잔소리들, 참견하는 사람들, 상사들, 선생들, 부모들, 경찰들, 동료들, 고용인들, 광신자들, 정치인들, 친구들을 모두 더한다면 숨이 막히고 말 것이다. 현 상태를 만들고 강화하는 일은 누구나 진정으로 능숙하게 할 수 있다.

그렇게 적응할수록 세상에는 아무 일도 일어나지 않는다. 그렇다면 우리를 감동시키고 가슴 뜨겁게 만드는 선동가나 말썽꾼이 어떻게 생겨나겠는가?

모두 사라지고 말 것이다.

린치핀이 일하는 법

얼마 되지 않는 린치핀의 세계에는 두 가지 멋진 선택이 있다.

1. 수많은 공장 노동자를 고용한다. 모든 것을 다 측정하라. 대부분의 사람들은 지도를 원하며 싼값으로 공장의 부품이 되기를 원한다는 사실을

387

최대한 활용해 이익을 챙긴다. 그들이 하는 노동의 가치를 아주 싼값에 사들여 상당한 성공을 거둘 수 있다.

2. 린치핀 없이 생존하지 못하는 상사를 찾는다. 당신의 희소성과 기여의 가치를 적절하게 인정해주고 자유와 존중으로 보답하는 상사를 찾아라. 작업을 하라. 차이를 만들라.

현재 이 두 가지 중 하나를 실행하지 않고 있다면 정착해서는 안 된다. 더 나은 보상을 받을 자격이 있다.

OO 해야 한다

기업 컨설턴트 디애나 포크트Deanna Vogt는 나에게 다음과 같은 문장을 완성해보라고 했다.

"더욱 창의적인 사람이 되려면 ○○해야 한다."

이 기법은 언제든 변명을 줄이는 데 도움이 된다. 자신이 해야 할 일을 할 수 있도록 만들어준다. 빈칸에 들어가는 것만 해치우면 핑곗거리는 사라진다. 의무만 남는다.

상황을 더 정확하게 보려면 ○○해야 한다.

이 종족을 이끌려면 ○○해야 한다.

예술을 할 용기를 얻으려면 ○○해야 한다.

미래에 대한 향수를 경계하라

사람들이 꿈꾸는 가장 행복한 미래는 대부분 바로 자신의 과거다. 대부분 약간 나아지는 것만 빼고는 과거로 돌아가고 싶어 한다.

우리는 모두 향수를 느낀다(진정한 의미의 향수, 즉 과거에 대한 향수를 의미한다). 우리가 사랑했지만 이제는 사라진 사건에서 느낀 씁쓸하면서도 달콤한 감정을 기꺼이 즐긴다. 학창 시절 우리가 느꼈던 감정, 훌륭한 팀원들과 느꼈던 친밀감, 특별한 가족 행사에서 느꼈던 기분을 그리워한다.

우리는 그런 일이 다시 일어나길 바라지만, 불가능하다.

미래에 대한 향수는 아직 일어나지 않은 일에 대해 그런 감정을 느끼는 것이다. 그런 일들이 일어나기를 바라고 또 준비하지만, 예측하지 못한 일이 발생해 그런 일은 일어나지 않으며 우리는 실망하고 만다.

회사에서 해고당한다면 당연히 다른 직장을 찾아야 할 것이다. 하지만 새로 얻는 직장은 상상하던 모습과는 상당히 다를 것이다. 사무실에서 자신이 꿈꾸었던 것과는 전혀 다른 엉뚱한 상황으로 흘러 갈 것이다.

우리는 이런 미래를 마음속으로 그리는 데 뛰어나다. 그런 일이 일어나지 않을 것이라고 생각한다면 우리는 그것을 그리워하게 된다. 이것은 긍정적인 시각화가 아니다. 최악의 집착이다. 우리가 통제하기 힘든 결과에 집착하는 것이다.

자신의 삶을 바꿀 수 있는 기회가 생긴다면 어떤 소원을 빌겠는가? 가족이나 고향을 버리고 싶은가? 외모를 바꾸고 싶은가? 사람들은 대부분 소파를 감싸는 천을 바꾸어달라거나 자신이 하는 일을 좀 더 낫게 만들어달라고(물론 월급도 조금 올려달라고) 요구할 것이다.

하지만 다른 미래를 꿈꾸는 사람도 있다. 현재와는 전혀 다른 규칙으로 움직이는 미래를 꿈꾼다. 이들은 린치핀에게서 찾을 수 있는 추진력과 통찰력 있는 리더십에 정서적으로 가까운 사람들이다. 이것은 기술이 아니며 재능은 더더욱 아니다. 선택일 뿐이다.

회사의 발전을 책임진 우두머리가 특정 미래에 심각한 향수를 가지고 있다면 어떨까? 미래를 만들어낼 거래와 구조화를 보류할 것이다. 극적으로 조직을 발전시킬 수 있는 대안들을 과소평가할 것이다. 물론 자신이 가진 미래 역시 위협받고 말 것이다.

1990년대에 아마존은 〈뉴욕 타임스〉에 거래를 제안했다. 신문업계의 판도를 완전히 바꾸어놓을 수 있을 뿐 아니라 시간이 지나면서 수조 원의 수익까지 벌어들일 수도 있는 거래였다. 전 CEO 다이앤 베이커Diane Baker에 따르면 경영진이 그 제안을 거절했다고 한다. 자신들의 거대 광고주였던 반스앤노블Barnes & Noble에 미움을 살까 봐 걱정했던 것이다. 경영진은 자신들의 현재 사업을 안정적으로 이끌어나가는 미래에 대한 향수를 가지고 있었다. 그리고 아마존이 제시한 획기적인 변화에 위협을 느꼈다.

출판 산업 역시 이런 고뇌를 하는 사람들로 채워져 있다. 그들은 자신들이 하는 일, 자신들이 만들어낸 제품, 자신들의 시스템, 여기에서 얻는 기쁨을 사랑한다. 새로운 기술과 사업 시스템은 자신들의 비전을 훼손한다. 그래서 많은 출판업자들이 고작 이런 향수 때문에 새로운 기술과 사업 시스템을 무시하고 묵살한다. 코닥 Kodak도 그랬고 거대 회계 컨설팅 기업도 그랬다.

린치핀은 미래를 창조하는 능력이 있으며, 자신이 만들어낼 미래를 사랑하고, 그 속에서 산다. 그리고 순간의 관찰만으로 주저 없이 폐기한다.

희망이 우리를 힘들게 한다

결장을 잘라 평생 배변 주머니를 배에 달고 살아야 하는 사람들과 아직 회복할 가능성이 있어서 결장을 잘라내지 않은 사람들 중에 누가 더 행복할까? 결장을 잘라낸 사람들이 훨씬 오랜 시간 행복하게 사는 것으로 나타났다.

사람은 희망으로 인해 고통을 겪는다. 비행기가 곧 도착할 것이라는 희망, 절대 놓치지 않을 것이라는 희망, 좌석이 남아 있을 것이라는 희망, 비행기가 추락하지 않을 것이라는 희망, 제시간에 도착할 것이라는 희망. 불가능한 희망은 곧 고통이다. 수술이 성공할 것이라는 희망, 상사가 자신에게 고함치지 않을 것이라는 희망, 이 모든 희망이 수많은 사람들을 신경질 나고 짜증 나게 만든다.

그런 희망을 갖는 것은 미래에 대한 향수 때문이다. 자신이 그려 놓은 결과와 사랑에 빠진 것이다. 각각의 단계마다 희망과 의지와 노력만으로도 자신이 정해놓은 미래를 달성할 수 있다는 착각에 빠질 것이다.

죽어가는 시장에서 살아남기

매디슨 하우스Madison House는 콜로라도에 본사를 둔 음악 매니지먼 트 및 공연 기획 회사다. 이 회사를 대표하는 아티스트로는 빌 크 로이츠만Bill Kreutzmann, 스트링 치즈 인시던트The String Cheese Incident, 로 스 로보스Los Lobos 등이 있다. 음악 산업이 붕괴하고 있는 와중에도 이들은 여전히 승승장구하고 있다. 어떻게 그럴 수 있을까?

나디아 프레셔Nadia Prescher 같은 사람 덕분이다. 프레셔는 회사를 운영하는 한 사람으로서 동료들과 마찬가지로 음악을 사랑한다. 자신의 업무와 관련이 없어도 공연장에 나와 세심한 부분까지 신 경 쓰며 일한다. 누가 시켜서 하는 일이 아니라 자신이 할 수 있기 때문에 감정노동을 한다.

성공한 음악가들은 다양한 선택을 할 수 있다. 그런 사람들이 매디슨 하우스를 자신의 소속사로 고른다면 그것은 이 회사가 관 리 비용을 최저로 받기 때문이 아니라 인간적인 관계를 맺을 수 있을 만큼 꼼꼼히 신경을 써주기 때문이다. 홍보 회사나 전문적인 서비스 회사들도 역시 매디슨 하우스의 사례를 배울 수 있다. 자신이 좋아하는 일을 함께 할 때 진정한 성과가 나온다. 그들이 경쟁 업체만큼 기술적으로 뛰어나지 않더라도 마찬가지다.

일단 린치핀이 되어라

한 번, 단 한 번이라도 어떤 일을 훌륭하게 해결할 수 있다면 그 일은 언제든 또 할 수 있다.

골프에서 퍼펙트 라운딩을 하거나 교향악단을 지휘하라는 이야기가 아니다. 성공은 너그럽게 행동하고 인간을 이해하고 다른 사람들이 보지 못하는 길을 보는 데 있다. 우리는 이미 그런 일을 해왔다. 멋지게 해냈다.

불안이 느껴질 때 마음을 침착하게 다스리고, 보상 없이 일을 하고, 통찰력으로 문제를 해결했다. 그러나 거의 모든 시간, 세상이 끼어들고 훼방을 놓고 그런 일을 다시 할 수 있다는 사실을 까맣게 잊게 만들었다.

한 번 그 일을 해냈다면, 또 할 수 있다. 날마다.

굽타의 명상

이시타 굽타Ishta Gupta는 이렇게 썼다.

> 오늘은 선택할 수 있는 새로운 기회다.
>
> 자신의 관점을 바꿀 것인가, 그대로 유지할 것인가.
>
> 마음의 불을 켤 것인가, 불안과 의심에 주눅 들어 지낼 것인가.
>
> 자신의 일을 할 것인가, 다른 사람의 일에 끌려다닐 것인가.
>
> 다른 사람의 장점을 볼 것인가, 나쁜 점을 끄집어낼 것인가.
>
> 의욕에 불타는 레이저 광선이 될 것인가, 아무 힘도 발휘하지 못하는 분산
>
> 광선이 될 것인가.

선택의 힘이 진정한 힘이다. 우리는 그 힘을 통제하고 활용할 수 있다는 사실만 기억하면 된다. 우리는 날마다 선택한다.

상황이나 습관이 자신의 선택을 지배하도록 두지 마라. 자신의 주인이 되어라. 과감하게 선택해라.

린치핀은 시간으로 측정할 수 없다

사람들이 하루 종일 하는 일은 대부분 바퀴벌레를 밟는 것을 닮았다. 예술을 하지 못하도록 방해하는 사소한 잡무들은 우리를 자꾸 느리게, 또 지치게 만든다.

좋은 소식은 있다. 나 대신 바퀴벌레 잡아주는 일을 좋아하는 사람들이 많다는 것이다. 나는 붓을 씻고 종이를 정리하고 길을 청소할 사람을 고용하는 일만 하면 된다. 내가 할 일은, 최선을 다해 예술을 창조하고 현 상태를 바꾸고 꼭 필요한 사람이 되는 것이다. 그 과정에서 탈진한다면 오히려 사람들에게 도움을 줄 수 없다.

그래서 린치핀에게 몇 시간 일하는지는 중요하지 않다. 많이 일한다고 되는 것이 아니다. 예술을 만들라. 예술을 만드는 데 필요한 일, 도움이 되는 일, 할 수 있는 일은 무엇이든 하라.

린치핀이 물론 오랜 시간 일하는 경우도 있다. 노라 로버츠Nora Roberts는 1년에 책을 세 권이나 썼다. 매일 여섯 시간씩 글을 썼다. 하지만 중요한 것은 그 시간이 아니다. 그는 더 많은 무언가를 했다. 시간만으로는 결코 린치핀이 되지 못한다.

회사는 분명한 생산성을 확보하기 위해서 직원들을 최대한 쥐어짜내려고 노력한다. 이것은 공장식 사고방식이 작동한 결과다. 조립라인에서 일할 때는 물론 하루에 얼마나 많은 시간을 일하느냐가 중요하다. 하지만 새로운 기업은 다르다. 지 리Ji Lee는 거리 예술로 유명한 아티스트이자 선동가다. 그는 가끔 구글을 위해 일하기도 한다. 무작위적인 사고방식과 큰 아이디어를 통해 구글에 수십억 원의 가치를 안겨주었다. 물론 그가 거리 예술을 멈추고 구글에 더 자주 출근한다면 그의 생산성은 곤두박질칠 것이다.

린치핀으로 가는 지름길은 없다

자신을 존중하는 영업 사원들은 단 20분 동안 잠재 고객을 영업하기 위해 일곱 시간 동안 비행기 타고 찾아가는 일을 마다하지 않는다. 용감한 전기 기사들은 변압기를 수리하기 위해 고압 전류가 흐르는 철탑에 오르는 것을 마다하지 않는다. 열심히 일하는 공장 노동자는 도축장에서 한 시간 동안 수백 마리의 닭을 죽이는 일도 마다하지 않는다.

그것이 일이기 때문이다. 익숙할 뿐만 아니라 그 일을 하는 방법도 잘 알기 때문이다.

하지만 새로운 것을 만들고, 브레인스토밍을 하고, 일을 마무리해 세상에 내보내는 두려움을 극복하는 일은 너무나 어려워 보인다. 감정적인 반응을 극복하는 일, 상황을 있는 그대로 보는 일, 자신의 일처럼 관심을 갖고 선물을 주고자 하는 일, 그런 일은 내가 신경 쓸 일이 아니다.

꼭 필요한 사람이 되는 것은 두말할 나위 없다. 물론 그것이 쉬운 일이라면 이미 많은 사람들이 그렇게 했을 것이고 또 가치도 없을 것이다.

어떤 사람이 린치핀이 되기까지는 지름길이 없다. 힘든 일일수록 가치가 있다는 것을 이해해야 한다. 평범한 예술가와 위대한 예술가를 구별하는 유일한 방법은, 쉽게 결과가 나지 않는 어두운 상황을 어떻게 헤쳐나가는지 눈여겨보면 된다. 작업하는 과정에서 끊임없이 맞닥뜨리는 저항을 극복해내야 할 만큼 자신의 일이 중요하다고 생각하는 사람에 주목해라. 이런 사람들이 린치핀이 된다.

중요한 선물

돈보다 중요한 것은 존엄이다. 모두가 '넉넉한 삶'을 원한다. 하지만 우리가 넉넉해지면 이제 바라는 것은 존엄이다. 존엄과 여유 중에 하나를 고르라고 하면 사람들은 대부분 존엄을 선택한다.

존경도 중요하다. 부하 직원, 동료, 고객에 대한 존경도 마찬가지다.

내가 줄 수 있는 가장 궁극적인 선물, 오늘이든 내일이든 나에게 보답으로 돌아올 선물, 세상을 더 나은 곳으로 바꾸는 선물, 그런 선물을 주어라. 관계라는 선물, 예술이라는 선물, 사랑이라는 선물, 존엄이라는 선물이다.

기회는 단 한 번 오지 않는다

약간의 실패만으로도 많은 사람들이 쉽게 의기소침해지고 물러선다. 하지만 그런 상황에서도 꺾이지 않는 태도는 축복이다.

뛰어난 성과가 나오지 않고 차이를 만들지 못하고 예술을 나누어주지 못하고 영향력을 발휘하지 못하면 사람들은 곧 포기해버린다. 하지만 그래서는 안 된다. 끝까지 밀고 나가야 한다. 어둠 속에서도 포기하지 않고 헤쳐나가야 한다. 물론 배경과 경험과 끈기를 가지고 성공의 문을 통과할 수 있는 사람은 많지 않다. 그래서 성공이 값진 것이다.

젊은이들은 첫 번째 모험에서 실패했을 때 세상을 모두 잃은 듯 상심한다. 젊은 사람이 무역을 하다 실패하면 사람들은 그를 보고 몰락했다고 말한다. 뛰어난 천재가 대학을 졸업해 1년 안에 뉴욕이나 보스턴 외곽에 사무실을 차리지 못하면 자신은 물론 친구들도 실망하고 낙담한다. 남은 삶을 푸념 속에서 보낸다. 하지만 뉴햄프셔나 버몬트에서 올라온 억센 시골 청년은 자신의 일에 모든 것을 쏟는다. 사람들을 모으고, 밭을 일구고, 물건을 팔러 다니고, 학교를 다니고, 사람들 앞에서 이야기하고, 신문을 만들고, 의회에 진출하고, 땅을 사고, 그렇게 계속해서 언제나 고양이처럼 난관을 사뿐히 헤쳐나갔다. 그는 도시에서 곱게 자란 수백 명의 '인형'들보다 훨씬 가치 있다. 그는 시대에 뒤처지지 않는다. 대학에서 공부하지 않았다는 것을 전혀 부끄럽게 여기지 않는다. 자신의 앞에 놓인 삶을 뒤로 미루지 않고 이미 앞서서 살아왔기 때문이다. 그에게 기회는 단 한 번 있었던 것이 아니라 수백 번 있었다.

_랠프 월도 에머슨Ralph Waldo Emerson

자신을 향한 충성심과 관대함에 익숙해져라

얼마나 자주 자신을 위해 최선을 다하는가? 얼마나 자주 도마뱀뇌가 작동하는가? 비판자들의 목소리, 과거의 실수나 실패에 얽매여 스스로 좌절하고 자신의 경력을 망가뜨리는가? 그런 생각이 힘을 발휘하는 것은 스스로 그렇게 생각하기 때문이다.

우리를 둘러싼 사람들과 조직은 우리에게 충성을 요구한다. 상사, 브랜드, 정치인은 충성, 복종, 애국심을 요구한다. 하지만 나는 어떤가? 나의 일은 어떤가? 적어도 그 정도는 요구할 가치가 있지 않은가?

자신을 혐오하는 예술가는 파멸한다. 매우 까다로운 도마뱀뇌는 잠깐의 안정감을 보존하기 위해 자신이 하는 일에서 무엇이든 끄집어내 비난할 것이다. 이런 굴레에 빠지지 않으려면 자신이 이루고자 하는 목표에 대한 충성심을 가질 뿐 아니라 자신이 하는 일에 관대해질 줄 알아야 한다.

다른 사람의 피드백에 무감각해지라는 말이 아니다. 사실 우리가 할 수 있는 가장 관대한 일은 자신의 작품을 개선하고 그것을 세상에 알리는 데 도움이 되는 피드백을 열린 마음으로 받아들이는 것이다. 도움이 되는 피드백과 나를 폄하하려는 비판을 구분하는 눈을 갖기 위해서는 어느 정도 시간이 걸린다.

자신을 너무 다그치지 마라. 세상은 당신을 원하고 있다.

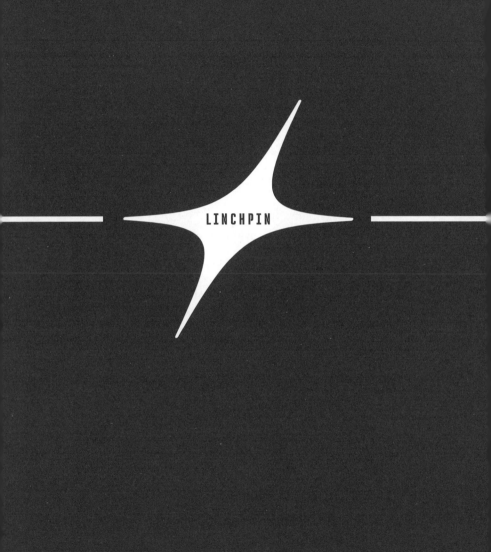
LINCHPIN

모든 것은 — 관계에서 — 시작한다

린치핀은 진공상태에서 일하지 않는다. 어떤 사람이 만들어내는 실제 작업 결과물보다 훨씬 중요한 것은 그 사람의 성격과 태도다. 가장 중요한 일은 사람들을 연결해주는 것이기 때문이다.

린치핀은 홀로 성공할 수 없다

다른 사람에게 팔 수 없는 아이디어는 아무 쓸모없다. 자신의 생각을 거짓으로 말한다면 상대는 금세 알아차리고 거절할 것이다.

인터넷은 이런 두 가지 특성을 모두 증폭시킨다.

뉴미디어는 사람들 사이에 공명하는 아이디어에 보상한다. 뉴미디어는 그 아이디어가 퍼져나갈 수 있도록 도와준다. 자신의 작업이 남들을 설득하면 성공하는 것이다. 또한 잘못된 길로 이끌려는 사람들을 처벌한다. 이제는 많은 사람들이 인터넷에 올라오는 글이 진실인지 아닌지 판단하는 눈을 가지고 있다. 자신이 하는 일을 스스로 믿지 못하면 실패할 것이다. 정직한 신호만이 퍼져나갈 것이다.

성격의 다섯 가지 요소

어휘 분석을 하기 위해서는 어떤 문화가 어떤 것을 묘사할 때 사용하는 모든 단어를 수집하고 근본적인 기준에 따라 분류하는 작업을 해야 한다. 성격의 경우도 마찬가지다. 심리학자들은 다른 사람들을 평가할 때 다섯 가지 특성을 눈여겨본다고 말한다. 열린 마음, 진지함, 외향성, 친화성, 정서적 안정감이다.

여기에 핵심이 있다. 바로 이 다섯 가지 특성이 린치핀을 알아볼 수 있는 신호다. 지난 100년 동안 직업은 무거운 것을 드는 일에서 자신의 성격을 바꾸고 향상하는 일로 계속 진화해왔다. 다른 사람들과 관계를 맺고 함께 일하는 능력으로 성공하고 싶다면, 위에서 말한 다섯 가지 특성을 개선해야 한다.

새로운 아이디어에 나보다 좀 더 열린 태도로, 더 호의적으로 받아들이는 사람을 알고 있는가? 더 안정적이고 더 외향적인 사람을 알고 있는가? 더 진지한 사람을 알고 있는가? 그렇다면 더 노력해야 한다. 스프레드시트를 더 잘 다루거나 시간 관리를 더 잘하기 위해 노력하는 것은 쉽다. 하지만 그것이 함정이다. 실제 상호작용에 투자하는 것만이 우리에게 보상으로 되돌아온다.

절대 매뉴얼대로 관계를 맺지 마라

기업 간 거래를 생각해보자. 여러 유통업체들이 물건을 받겠다고 전화를 해왔다. 이 중에서 어떤 업체에 물건을 줄까? 여기서 핵심은 가격이 아니다. 유통업체와 공급업체 사이에 형성된 관계가 핵심이다.

이제 직업 만족도에 대해 생각해보자. 여기서 핵심은 직원들에게 어떤 일을 시키는지가 아니다. 함께 일하는 사람들 사이에 어떤 관계가 형성되었는지다.

따라서 사람들의 관계를 모으고 맺어주고 키워나가는 조직에 속한 사람은 꼭 필요한 사람이 된다. 데이터베이스로 사람들을 관리하는 것이 아니라, 무엇보다도 관계를 가장 소중한 가치로 여기는 것이다.

오직 인간만이 관계를 키워나갈 수 있다. 관계는 인간만이 타고난 재능과 진실함으로 맺을 수 있다. 매뉴얼로는 절대 관계를 만들어낼 수 없다. 이런 관계문화의 중심에 서 있는 사람의 기억, 관계, 경험은 측정할 수 없고 대체하기도 어렵다. 그런 기억, 관계, 경험이 그 사람을 린치핀으로 만들었다. 그 일을 한다고 해서 누구나 그렇게 되는 것이 아니다. 그 일을 하면서 그렇게 실천하는 사람만이 린치핀이 된다.

누가 회사에 필요한가

두 사람이 투자은행에서 일한다. 한 사람은 MBA 학위를 가지고 있으며, 블랙-숄스Black-Scholes 모형을 이용해 옵션의 가치를 평가하는 데 초점을 맞춘다. 금융시장을 분석하는 데 몰두하며 업무 성과도 좋은 편이다. 다른 한 사람은 사람들과 어울려 일하는 데 더 많은 관심을 기울였으며, 그 결과 은행의 가장 중요한 고객들 27명과 개인적인 친분을 쌓게 되었다.

회사에 누가 더 많은 가치를 가져다주었을까? 다른 사람으로 쉽게 대체될 수 없는 사람은 누구일까?

물론 블랙-숄스 모형은 중요하다. 하지만 외부 업체에 위탁하거나 컴퓨터를 돌려서 처리해도 된다. 100만 명 중에 하나 나올까 말까 한 세계적인 금융시장 분석가라면 붙잡아두고 싶은 마음이 들기는 하겠지만, 어느 정도 능력 있는 사람들이라면 어떨까? 나라면 차라리 컴퓨터를 다룰 줄 아는 사람을 쓸 것이다.

적을 내 편으로 만드는 비밀

프랭크 엘리어슨Frank Eliason은 수많은 사람들에게 애증의 대상인 케이블 업계의 거인 컴캐스트Comcast를 대표하는 인물이 되었다. 지금까지 <뉴욕 타임스> 1면은 물론 TV와 인터넷에 100만 번 정도는 등장했다.

엘리어슨은 엑스를 통해서 컴캐스트를 욕하거나 컴캐스트의 서비스에 불만을 표출하는 사람이 많다는 사실을 알고 있었다. 어느 날 그는 엑스로 이런 고객들의 불만에 답변을 했다.

그가 눈에 띄기 시작했다. 업무 지침도 아니었을뿐더러 누군가가 시켜서 한 일도 아니었다. 그냥 사람들을 돕고 싶었다. 아무 보상을 바라지 않고 선물을 준 것이었다. 엘리어슨은 솔직한 관계를 맺는 데 관심이 있었으며, 그 과정에서 관대한 마음이 자연스럽게 배어나왔다.

어떤 일이 벌어졌을까? 사람들이 즐거워하기 시작했다. 실제 인물이(그것도 자기 이름을 달고!) 자신의 이야기를 듣고 있다는 데 감동을 받았고 즉시 팬이 되었다. 1분도 채 안 되어 그들은 적에서 열광하는 팬이 되었다.

이것은 우리가 얼마나 다른 사람에게서 감동을 받고 싶어 하는지 보여준다. 어떤 사람의 관심을 선물로 받는 것이 우리에게 얼마나 큰 힘이 되는지 보여준다.

사람들과 잘 어울리는 능력

뉴욕의 콘에디슨ConEdison에서 일하는 폴은 최근 승진했다. 그는 지역 주민들의 집을 방문해 가스관을 설치하는 일을 한다. 다른 사람들과 함께 도로를 뚫고, 흙을 파고, 파이프를 묻고, 시스템을 보수한다. 그는 자신이 속한 팀에서 젊은 축에 들지만 누구보다도 많은 일을 한다.

폴은 사람들과 잘 어울린다. 사람들을 직접 대면하고, 화난 고객을 진정시키고, 지하실을 살펴보고, 관목을 옮겨 심는 일도 한다. 땅을 파고 가스관을 설치하기 위해서는 꼭 해야 하는 일이지만 상황에 따라 대처해야 하는 일이기도 하다.

깃발을 들고 신호를 보내거나 굴착기를 운전하는 사람은 얼마든지 대체될 수 있다. 파이프를 연결하는 일도 역시 외부 용역을 쓸 수 있다. 하지만 폴은 핵심 직원이다. 린치핀이다.

왜 '사람들과 잘 어울리는 것'은 경쟁력으로 정당하게 평가되지 않는 것일까? 쉽게 측정할 수 없어서? 수량화할 수 없어서? 그것은 예술이다. 그런 능력을 발휘하는 사람은 예술가다.

폴은 시나리오를 쓰지 못하지만 예술가다. 매일 이런 태도에서 혜택을 만들어낸다. 그것이 바로 예술가의 태도다.

예술이란 무엇인가

수백만 장의 음반을 판매한 음악가 모비Moby는 예술에 대해 이렇게 말한다.

"이상적으로 시장은 예술을 수용해야 하고, 예술은 시장을 수용해서는 안 된다. (…) 물론 비현실적으로 들릴 것이다. 나는 나 자신이 즐겁게, 라디오가 즐겁게, 음반사가 즐겁게, 언론을 즐겁게 만들려고 애썼다. (…) 하지만 결국 나는 이로 인해 비참해졌다.

나는 또한 음반이 너무 많이 팔리기를 열망하지 않는다. 내 친구들 중에 작가들은 책을 2만 부 팔고도 즐거워한다. 연극 연출가들은 연극 공연을 하면서 티켓을 5,000장 팔고도 즐거워한다. 음반의 성공을 판단하는 데에도 이런 겸손하고 타당한 셈법을 좋아한다. 음악가와 음악을 듣는 사람 사이에 존재하는 신성한 유대를 존중하고자 하는 태도를 좋아한다."

이 말은 결국 그의 음반이 더 적게 팔릴 가능성보다 더 많이 팔릴 가능성을 이끌어낸다. 역설적이다.

앵무새가 린치핀이 될 수 없는 이유

상사가 건네준 매뉴얼대로 따르거나 자기계발서에서 시키는 대로 행동해도 제대로 먹히지 않는다. 진실을 말하지 않으며, 인간적이지 못하고, 솔직하지 않기 때문이다. 협상과 관련한 책이나 말하기 훈련에서 배운 말만 앵무새처럼 반복한다면, 자신이 하고 싶은 말만 일방적으로 전달하고 강요할 뿐이다. 영리한 사람들은 이런 태도를 금방 알아차린다.

우리는 모두 사람들과 직접적으로 관계를 맺으면서 살아간다. 상호작용이 진실하고 솔직할 때 그런 관계가 제대로 작동한다. 인위적이고 부자연스럽고 무언가를 숨기고 조작하려고 할 때 관계는 실패한다.

린치핀은 관대하게 베푸는 태도에서 태어난다. 린치핀은 선물을 주기 위해 존재한다. 선물을 주고자 한다면 말을 잘하고 못하는 것은 아무런 문제가 되지 않는다. 우리가 알아보는 것은 상대방의 마음이다. 바람이다. 매뉴얼이 아니다.

그렇기 때문에 텔레마케팅에서 대화가 이루어지는 수준이 그토록 낮은 것이다. 기업들의 블로그가 그토록 볼품없는 것이다. 고객 서비스를 하는 사람들이 그토록 스트레스를 받는 것이다. 우리는 진심의 신호를 찾는 데 뛰어난 능력을 가지고 있다. 상대방이 매뉴얼을 읽고 있다면, 그것을 단번에 감지할 수 있다.

인간이 보내는 신호는 정직하다

MIT 교수 샌디 펜틀랜드Sandy Pentland는 인간이 주변에서 일어나는 상황을 감지하는 방법에 대해 연구했다. 사람들 사이에 오가는 정보를 그는 '정직한 신호honest signals'라고 이름 붙였다. 그의 연구에 따르면 우리는 수백 가지, 아니 수천 가지의 미세 동작을 쉽게 구분한다. 세계 어디를 가도 모든 사람들이 같은 방식으로 웃는다. 이것은 문화와 관련이 있는 것이 아니라 중추신경과 관련이 있기 때문이다.

말한다는 것은 말로 표현되는 것만을 의미하지 않는다. 소통한다는 것은 단순히 연설문으로 표현되는 것만을 의미하지 않는다.

보내는 사람의 의도를 어느 정도는 대표할 수 있을지 모르지만 전부는 아니다.

대화, 종이 위에 적힌 글자, 우리가 듣는 말, 이런 것들은 그 자체로 우리가 무엇을 믿는지, 어떻게 느끼는지, 어떻게 반응하는지와 거의 아무런 관련이 없다. 반복적으로 알림 방송을 한다고 해도 사람들은 아무런 반응을 보이지 않는다. 말은 충분하지 않다. 반대로 소리를 끄고 영화를 보더라도 무슨 일이 벌어지는지 우리는 정확하게 이해할 수 있다.

우리는 행간을 읽는 능력이 있기 때문에 어떤 사람이 무슨 말을 하든 나에게 거짓말을 하고 있는지, 나를 존중하지 않는지 알수 있다. 결혼기념일 선물을 받았을 때 아내의 표정만 보아도 기분을 알 수 있다. 굳이 말로 표현하지 않아도 된다. 몸짓과 호흡과 나를 바라보는 눈길이 모든 것을 알려준다.

사진작가 질 그린버그Jill Greenberg는 아이들에게 사탕을 주었다가 갑자기 빼앗고는 그 순간을 포착해 사진을 찍었다. 아이들의 표정만 보아도 사진 속에서 무슨 일이 벌어졌는지 알 수 있다. 어떤 설명도 필요 없다. 정직한 신호는 명확하다. 1킬로미터 밖에서도 아이들의 울음소리를 들으면 우리는 아이가 어떤 상태인지 알 수 있다.

펜틀랜드의 연구는 어떤 사람에게 쉴 새 없이 말하는 것과 말할 때 끼어들 수 있는 여지를 두는 것은 근본적으로 다르다는 사실을 보여준다. 여러 상호작용을 연구한 결과 이제는 무슨 말을 하는지 들어보지 않아도 상호작용의 결과를 정확하게 예측할 수 있다고 한다.

대화는 비싸다. 이것이 핵심이다. 모든 신호를 감지하고 반응을 만들어내고 그것을 다시 알려주는 데는 정보를 처리하기 위해 엄청난 힘이 들어간다. 상호작용은 우리의 정보처리 능력을 압도하기 때문에 자신의 의도를 속이기가 거의 불가능하다. 물론 말로는 속일 수 있지만 말이 아닌 다른 것은 자신을 그대로 드러낼 수밖에 없다. 다시 '도마뱀뇌'로 돌아간다. 우리 두뇌에서 가장 빠른 부분은 우리가 사용하는 말과 완벽하게 모순되는 미세 신호를 받아들이고 내보내기에 바쁘다.

상대방이 언제 스트레스를 받는지, 언제 거짓말을 하는지, 언제 고통스러운지 우리는 알 수 있다. 인간은 거짓말을 능숙하게 하지 못한다. 인간의 신호는 정직하다.

린치핀에게 이런 현상은 상당한 의미를 갖는다.

'당신'이 사라지고 '우리'가 된다

정직한 신호의 세상에 살아가면서 성공을 거두는 유일한 방법은 진실한 선물을 주는 것이다.

어떤 사람이 선물을 줄 때 우리는 냄새를 맡는다. 모든 신경을 곤두세우고 상대방이 왜 그런 선물을 주는지 판단한다. 적절한 의도와 존경하는 마음으로 주는 진실한 선물은 이런 테스트를 통과한다. 그리고 우리는 그 사람을 믿는다.

이렇게 서로 믿는 관계가 만들어지고 나면 이제 '당신'이라는 관계는 사라지고 '우리'라는 관계만 남는다. 물론 상대방을 속이려는 태도, 자신이 맡은 일만 하려는 태도를 갖는 순간 이런 관계는 다시 사라진다. 예술을 할 때에만 유지되는 것이다.

이 사실은 매우 중요하다. 다시 한번 정리한다.

우리는 필요한 것을 모두 가지고 있다. 그렇기 때문에 우리는 싸구려 상품을 사지 않는다. 웬만한 물건은 사지 않는다. 관계, 이야기, 마법을 살 뿐이다. 사업을 하든 정치를 하든 친구를 사귀든 모두 똑같다. 우리는 언제나 믿을 수 있는 사람, 함께 일할 수 있는 사람, 거리를 두어야 할 사람을 알아보는 데 온갖 신경을 쏟는다.

기업은 모든 것을 비인격화하려고 한다. 그래서 그들은 거짓말을 할 수 있고 상품을 그럴듯하게 포장할 수 있고 인간을 배제한 채 평가할 수 있는 것이다. 하지만 그들은 주류에서 밀려나고 있다. 기업 조직은 이제 예전처럼 효과적으로 작동하지 않는다.

우리가 파는 모든 것은 관계다. 따라서 돈을 벌려면 사기꾼을 알아보는 사람들의 눈을 피해야 한다. 가장 싼 가격에, 가장 편리한 대안이 되기 위해서 노력해야 한다. 하지만 누가 그렇게 할 수 있겠는가? 그렇게 할 수 없다면 우리가 갈 수 있는 가장 좋은 길은 뻔하다. 나를 바꾸고, 나와 관계를 맺고, 내 삶에 변화를 일으키는 것이다.

대형 할인 마트를 사람들이 그토록 많이 찾는 이유는 싸고 가깝기 때문이다. 성공하려면 그렇게 너그러운 사람이 되어야 한다. 그러기 위해서 우리는 예술가가 되어야 하고, 진실한 의도를 품어야 한다.

플라시보 효과

플라시보 효과가 실제로 상당한 도움이 된다는 사실은 여러 차례 실험을 통해서 증명되었다. 믿을 수 있는 의사가 주는 약을 먹으면, 설탕으로 만든 가짜 약이라고 하더라도 병이 낫는 듯한 기분이 든다(아니, 진짜 낫기도 한다). 정직한 신호가 그 이유를 설명한다.

그 의사가 진심으로 믿고 신경 쓰고 우리를 있는 그대로 본다면 우리는 그것을 느낄 수 있다. 의사가 무슨 말을 하는지는 중요하지 않다. 단순히 의사의 말을 귀담아 듣는 것과는 다르다. 말이 우리를 치료해주지 않는다. 믿음이 우리를 치료해준다.

플라시보 효과가 암을 치료하는 데 도움이 된다면(또 치료할 수 있다면), 고객의 마음을 바꾸고 자신의 회사에 대한 사람들의 인식을 극적으로 바꾸는 것도 결코 어렵지 않다. 몸을 치료하는 자기암시 역시 마음을 바꾼다. 우리와 거래하는 사람들은 사람이나 제품이나 기업에 대해 결정을 순간적으로 내린다. 물론 이런 결정은 영원히 변하지 않기도 한다. 인간은 합리적으로 계산하는 컴퓨터가 아니다. 이성과는 아주 거리가 먼 존재다.

함께 일하는 사람들은 내가 먼저 믿지 않는 한 변하지 않는다. 열정, 관계, 리더십은 아무 대가를 바라지 않는 선물을 통해서만 전달된다. 상대방을 조작하려는 마음으로는 절대 소통할 수 없다.

사회적 지능이 차이를 만든다

신입직원이 해야 할 일 10가지를 목록으로 만든다면 '사람들과 어울리기', '사람들의 일에 참여하기', '사람들을 설득하기'를 몇 번째로 놓을 것인가?

최신 화학 처리 기술을 가르쳐주는 컨퍼런스에 참석해 직무에 필요한 기술을 익히는 일은 쉽다. 연수에 참가한 린치핀이 되기 위해 훈련할 때 무엇보다도 중요한 것은 열정을 투사하는 법, 이로써 사람들이 나를 응원하도록 만드는 법을 익히는 것이다. 데일 카네기Dale Carnegie는 이 점을 분명하게 알려주었지만 오늘날 조직을 운영하는 로봇들은 그런 사실을 잊고 말았다.

415

LINCHPIN

THE SEVEN ABILITIES
OF THE LINCHPIN

린치핀이 가진
일곱 가지
능력

절대 없어서는 안 될 사람, 누구도 대체할 수 없는 존재가 되기
위해서는 어떤 능력이 필요할까?

린치핀이 되기 위한 목록

린치핀은 조직을 위해서 두 가지 일을 한다. 감정노동을 아끼지 않고 발휘하는 것과 지도를 만드는 것이다. 이런 기여는 여러 형태로 나타난다. 자신을 꼭 필요한 사람으로 만드는 목록을 떠올려보는 것도 한 가지 방법이 될 것이다.

1. 조직 구성원들만의 고유한 통로를 만든다.

2. 고유한 창의성을 발휘한다.

3. 매우 복잡한 상황이나 조직을 관리한다.

4. 고객들을 이끈다.

5. 직원들에게 영감을 준다.

6. 자신의 분야에 깊은 지식을 제공한다.

7. 독특한 재능을 지닌다.

조직 구성원들만의 고유한 통로를 만든다

조직이 네트워크라면(물론 네트워크다), 그 네트워크를 흩어지지 않게 잡아주는 것은 무엇일까? 단지 월급과 직업을 잃는 것에 대한 두려움뿐인가? 그렇다면 그런 네트워크는 머지않아 와해되고 말 것이다.

너무나 멋진 이야기라 믿기 힘들지만, 자포스는 2주간 자신들의 유료 연수를 받은 졸업생들에게 새로 취직한 직장을 그만두면 2,000달러를 주겠다고 약속한다. 왜 자질이 훌륭한 사람들에게 일을 그만두면 돈을 주겠다고 하는 것일까? 자포스의 CEO 토니 셰이는 직원들이 정당한 이유가 있어서 일하는 것이지 단지 돈을 벌기 위해서 일하는 것은 아니라는 사실을 증명해 보이고 싶었기 때문이라고 말한다. 겨우 몇백만 원 벌려고 회사를 그만두는 사람이라면 차라리 쫓아버리는 것이 훨씬 낫다.

훌륭한 조직의 사람들은 사명감을 가지고 일한다. 이들은 하나의 종족이 되어 서로 업적을 끌어올려주고 계속해서 어딘가로 나아간다. 그런 사명감은 우연히 생기지 않는다. 린치핀은 이런 조직이 계속 나아갈 수 있도록 도와주고, 능동적으로 또 기발한 방법으로 조직 구성원들이 관계를 맺도록 도와준다. 여기에는 감정노동이 필요하다. 매뉴얼대로 따라서는 절대 이루어질 수 없다.

조직에는 기존 고객은 물론 잠재 고객도 포함된다. 이는 곧 회사와 바깥 세계가 만날 수 있도록 도와주는 사람이 매우 중요하다는 뜻이다.

안타깝게도 대다수의 조직에서 이런 일을 하는 사람들은 자신의 업무를 달가워하지 않는다. 마지못해 일한다. 매뉴얼을 그대로 따른다. 하지만 가끔씩 그런 일을 즐기는 사람들이 있다. 예컨대 버락 오바마를 만나러 백악관에 들어가본 사람이라면, 대리언 페이지Darienne Page를 먼저 만났을 것이다. 백악관의 공식 리셉셔니스트인 그는 자신이 하는 일을 사람들과 관계를 맺는 기회로 여겼다.

방문객이 보안 검색대를 통과한 뒤 그의 작은 사무실에 도착하기 전까지, 그는 구글에서 방문객을 미리 검색했다. 그는 따뜻한 인사와 미소로 방문객을 맞이했을 뿐 아니라, 미리 준비해놓은 이야깃거리로 즐겁게 만들어주었다. 그는 교감하기를 고대한다. 행동하고 자신의 예술을 펼칠 기회이기 때문이다.

분명히 백악관은 페이지가 없어도 돌아갔을 것이다. 하지만 매뉴얼에 나오지 않는 일까지 해냄으로써 그는 모든 것을 바꾸었다.

고유한 창의성을 발휘한다

고유한 창의성을 발휘한다는 말은 과연 무슨 의미일까? 한 단어씩
살펴보자.

일단 '창의성'이란 개인적이고 독창적이며 예상할 수 없으며 유
용하다. '고유한 창의성'을 갖기 위해서는 전문 지식과 책임 있는 위
치와 너그러움이 필요하다. 그래야 실질적으로 조직에 기여할 수
있다. 독특한 기타 반주를 만들고 싶다면 다른 기타 반주 음반을
모두 들어보는 것이 분명히 유용할 것이다. 고유하다는 말은 창의
성에 초점과 통찰력이 있다는 뜻이다.

'고유한 창의성을 발휘하는' 것이 가장 어렵다. 통찰력을 가져야
할 뿐만 아니라, 해법을 제시했을 때 사람들이 거절할 수 있기 때
문에 그런 위험을 감수할 만큼 열정적이어야 한다. 꾸물대지 말고
실행으로 옮겨야 한다.

저항, 즉 튀는 것에 대한 두려움은 우리가 이런 일로 곤란을 겪
을 때마다 매번 그 추한 머리를 들어올린다. 그래서 우리는 이런
일을 회피한다. 이런 일을 기꺼이 하고자 하는(또, 할 수 있는) 사람
이 거의 없기 때문에 더욱 가치 있는 것이다.

매우 복잡한 상황이나 조직을 관리한다

상황이 지나치게 복잡해지면 매뉴얼을 따를 수 없다. 매뉴얼이 아

예 없기 때문이다.

매우 복잡한 시기에(물론 그렇지 않은 적은 거의 없지만) 린치핀이 그토록 빛을 발하는 이유다. 린치핀은 자신만의 지도를 만든다. 따라서 군중들이 이제 무엇을 해야 하는지 알지 못하고 허둥댈 때 그 어느 때보다 조직이 더 빨리 나아갈 수 있도록 이끌어준다.

나는 캐나다에서 아이들 수백 명이 세계의 도시를 방문하는 여름 캠프 운영을 도와주곤 했다. 아이들이 캠프를 떠나는 날은 그야말로 1년 중 최악의 날이었다.

버스와 자동차와 비행기를 예약하고 배치한다. 여권을 가지고 온 아이도 있고 여권을 잃어버린 아이도 있다. 전화기를 붙들고 있는 부모들, 출구에서 서성대는 부모들, 때로는 아예 나타나지 않은 부모들도 있다. 아이들을 통솔하는 90명의 스태프들 중에서 이런 상황을 제대로 정리하고 이끌어나가는 사람은 단 열두 명 정도였다. 그들은 마치 왕과 연락이 두절된 상태에서 이국땅에서 스스로 판단하고 결정을 내리는 대사와도 같았다. 정말 소중한 사람들이었다.

물론 스태프들은 모두 훌륭했으나 대부분 이 일을 해내지 못했다. 지도를 만들어야 했고 명쾌하게 판단할 줄 알아야 했다. 이 두 가지 능력이 없으면, 행동하면서 그때그때 생각하지 못한다. 이것은 타고나는 선물이 아니다. 자신이 선택한 것이다.

린치핀은 조직을 위해서 두 가지 일을 한다. 감정노동을 아끼지 않고 발휘하는 것과 지도를 만드는 것이다. 이런 기여는 여러 형태로 나타난다. 자신을 꼭 필요한 사람으로 만드는 목록을 떠올려보는 것도 한 가지 방법이 될 것이다.

고객들을 이끈다

시장이 해체되고 대중이 분산될 때 고객들은 이전보다 더 관계를 좇는다. 간단하게 말해서 자신이 따를 사람, 무엇이든 함께할 수 있는 사람을 찾는다.

전통적인 기업 모델은 소수의 집단이 제품이나 브랜드를 정의하고 그것을 팔러 나가는 사람을 따로 두었다. 일방적 상호작용이며 정적인 거래였다. 세탁 세제는 세탁 세제일 뿐이다. 세탁 세제를 팔기 싫으면 떠나야 했다.

새로운 기업 모델은 상호 작동하고, 유기적이며, 분산되어 있다. 이것은 단순히 작은 팀으로 조직을 꾸린다고 되는 일이 아니다. 고객(기업 매각의 경우 인수 기업, 비영리단체의 경우 기부자, 정치조직의 경우 투표자)과 상호작용하는 모든 구성원이 리더십을 발휘하듯이 마케팅을 해야 한다.

리더십에는 매뉴얼이 없다. 있을 수 없다.

직원들에게 영감을 준다

조직은 뉴턴의 법칙에 따른다. 정체된 팀은 정체된 채로 남아 있으려 한다. 기본적으로 사람들이 모인 집단은 앞으로 나아가려고 하지 않는다. 특히 사람들이 많을수록 더 그렇다. 냉소적인 태도, 정치적인 태도, 적절한 타협이 효과를 발휘하기 시작하면서 모든 것이 서서히 멈추고 만다.

공장에서 이것은 진짜 문제가 아니다. 소유주가 사장을 조종하고, 사장은 관리자를 조종하고, 관리자는 직원을 조종한다. 이 연결고리는 매우 탄탄하며 돈과 연결되어 있다. 그래서 일이 진행된다.

하지만 현대의 조직은 대부분 훨씬 무정형적이다. 책임은 분명하지 않고, 기업의 약속은 측정이 불가능하며 목표는 진부하다. 그래서 모든 일이 늘어진다.

린치핀은 이런 상황을 바꾼다. 자신의 역할이 어떤 일을 만들어 내는 것이라는 사실을 이해함으로써 하루 종일 자신이 하는 일을 바꾼다. 강요가 아니라 설득을 할 줄 안다면, 무작정 밀어붙이기보다 이끌 줄 안다면, 다른 선택을 할 수 있을 것이다.

"좀 더 적극적으로, 통찰력을 발휘해봐. 그러지 못하면 해고한다." 이렇게 말해보았자 아무런 효과가 없을 것이다. 호텔 프런트 데스크 직원이 한밤중에 투숙객의 운동복 반바지를 사러 뛰어나간다면, 그는 징계받는 것이 두려워서 그런 일을 한 것이 아니다. 직원이 그런 결정을 내릴 때 호텔에 있지도 않던 상사가 그렇게 하도록 영감을 불어넣었기 때문이다.

자신의 분야에 깊은 지식을 제공한다

앞에서 나는 전문 지식만으로는 꼭 필요한 사람이 되지 못한다고 이야기했다. 지식은 영리한 결정 그리고 너그러운 헌신과 결합될 때에만 변화를 만들어낸다.

레스터 운더만Lester Wunderman은 다이렉트 마케팅에 관해 많은 것을 안다. 실제로 그는 다이렉트 마케팅을 발명한 사람이나 마찬가지다. 그는 또한 아메리칸 익스프레스American Express와 컬럼비아 레코드 클럽Columbia Record Club의 설립에 참여하기도 했다. 1996년 내가 세운 인터넷 회사의 이사 자리를 제안하고 그의 승낙을 받았을 때, 나는 말할 수 없을 만큼 기뻤다.

하지만 그에게서 정작 다이렉트 마케팅 기법은 전혀 배우지 못했다. 대신 우리 조직은 의사 결정과 전략을 배웠다. 우리는 그 분야에서 유명한 인물들을 알게 되었고 파트너들의 동기 부여 요소가 무엇인지 알게 되었다. 그의 멘토링은 실무에 관한 것이 아니라 감정과 확신을 전달하는 법에 관한 것이었다. 운더만은 이미 스스로 지도를 그린 적이 있었으며, 그래서 우리가 새로운 지도를 그릴 수 있도록 이끌어줄 만한 명성과 권위를 가진 사람이었다.

지도를 직접 그리는 사람은 자신의 분야를 깊이 이해하기 때문에 확신을 가지고 새로운 지도를 그릴 수 있다.

독특한 재능을 지닌다

어릴 적 나는 싸구려 만화책을 좋아했다. 가난한 만화가들이 그린 책들은 재미는 있었지만 말도 되지 않는 줄거리를 담고 있었다. 빈 둥거리며 살던 주인공이 어느 날 갑자기 어떤 영웅도 이기지 못한 괴물과 맞서 싸워 그것을 물리치고는 진정한 슈퍼 영웅이 된다는 이야기가 넘쳐났다.

이런 만화들은 한결같이 첫머리에서 낯선 사람이 악당들을 만나 곤경에 처하고, 이때 영웅이 나타나 자신이 누구인지 밝히는 대목이 있다. 물론 배트맨이나 슈퍼맨 같은 초특급 영웅들은 자신이 누구인지 밝힐 필요가 없겠지만, 이런 싸구려 영웅들은 자신이 누구인지 분명히 밝히고 어떤 능력을 갖고 있는지 자세하게 설명한다. "나는 와스프다. 나는 너희들을 손톱만 한 크기로 오그라뜨릴 수 있다. 곤충 날개의 도움을 받아 날 수 있으며 에너지 돌풍을 쏠 수 있다."

유난 떠는 마케터들은 이것을 포지셔닝이니 USP 전략이니 하면서 이름을 붙일지도 모르겠지만, 전혀 그런 것이 아니다. 이것은 '슈퍼 파워'일 뿐이다.

어떤 사람을 만났을 때 우리는 슈퍼 파워를 가지고 있어야 한다. 그렇지 않으면 악수를 한 번 더 하는 것에 불과하다. 자신을 크게 선전하거나 지나칠 정도로 강하게 밀어붙이라는 말이 아니다. 의미 있는 자기소개를 하라는 말이다. 상대방이 어떤 슈퍼 파워를 가지고 있는지 모르면 서로 어떤 도움을 주고받을 수 있는지 알기가 어렵다.

나는 사람들에게 슈퍼 파워에 대해서 이야기한 다음, 자신이 가지고 있는 슈퍼 파워가 무엇인지 물어본다. 하지만 사람들이 집어내는 것들은 무언가 '파워'가 있는 것처럼 느껴지기는 하지만 진정한 '슈퍼'는 별로 없다. 그저 평범한 '파워'일 뿐이다.

"저는 상냥하고 적응을 잘 하는 사람입니다." 이것은 우리가 그동안 길들어온 방식이다. 나쁘지는 않지만 유감스럽게도 '슈퍼'는 아니다.

린치핀이 되고 싶다면 사람들 앞에 꺼내놓는 파워가 대체할 수 없는 것이어야 한다. 더 대담하고 더 크게 생각하라. 그 무엇도 가로막지 않는다.

"저는 물체를 꿰뚫어보는 투시력 같은 것은 가지고 태어나지 않았습니다. 더욱이 카리스마도 별로 없고요." 이렇게 말하는 사람도 있을 것이다. 조금 전에 말했듯이 차이를 만들기 위해서는 재능과 선물이 필요하다. 하지만 이제는 다양한 방법으로 사람을 이끌 수 있고 할 수 있는 일도 많고 헌신할 수 있는 기회도 많다. 더 이상 주눅 들고 포기할 필요가 없다.

이런 생각은 우리 눈앞에 놓여 있는 아주 깊은 틈의 중심에 닿는다. 우리는 안전한 기술을 충분히 갖고 싶어 한다. 자신을 가치 있게 만들어줄 만큼, 정당하게 돈을 벌 수 있을 만큼, 인생을 안정적으로 만들어줄 만큼 충분한 기술을 갖고 싶어 한다. 하지만 이 것은 잘못된 생각이다. 긴밀하게 연결되고 치열하게 경쟁하는 시 장에서 내가 가진 안전한 기술은 나만 가지고 있는 것이 아니다. 결코 나는 충분해질 수 없다. '슈퍼'와 '파워'는 타고난 것이 아니 라 행동하기로 선택한 것, 무엇보다도 베풀기로 선택한 것에서 나 온다.

자신이 가진 독특한 재능이 (고객의 관점에서) 세계 최고가 아니 라면, 그것은 독특하지 않다. 그렇지 않은가? 따라서 우리는 둘 중 하나를 선택해야 한다.

첫째, 자신을 린치핀으로 만들어줄 다른 소질을 계발한다. 둘 째, 독특한 재능을 갈고 닦는다.

어쩌면 지금까지 이토록 위태로운 지경까지 용감해지도록 독려 한 사람은 없었을지 모른다. 하지만 이제 스스로 그런 상황에 처했 다고 생각하라.

순응하지 않고 겸손하다

어느 수준에서 우리는 누구나 고결하고 힘 있고 현명하다. 하지만 이런 선물들이 늘 효과를 발휘하는 것은 아니다. 우리는 이따금씩 원칙에서 벗어나기도 하고 노력이 흔들리기도 하고 나쁜 결정을 내릴 때도 있을 것이다. 그래서 겸손해야 하는 것이다.

겸손은 불가피하게 계획에 따라 일이 진척되지 않는 상황을 해결해주는 역할을 한다. 겸손은 거만함이 아니라 다정함으로 문제에 접근하도록 도와준다.

하지만 겸손은 어떠한 희생을 무릅쓰고라도 말 잘 듣고 적응하는 태도가 아니다. 그래서 겸손은 순응과 다르다. 순응은 어떤 일이 잘못되더라도 책임을 회피할 수 있도록 만들어준다. 이런 순응은 결국 우리에게서 슈퍼 파워를 박탈한다. 어떤 일을 더 잘할 기회를 빼앗아간다.

이제 문제는 너그러운 예술가가 되는 것이다. 하지만 여전히 그것이 성공할지 확신할 수는 없다. 그래도 상관없다.

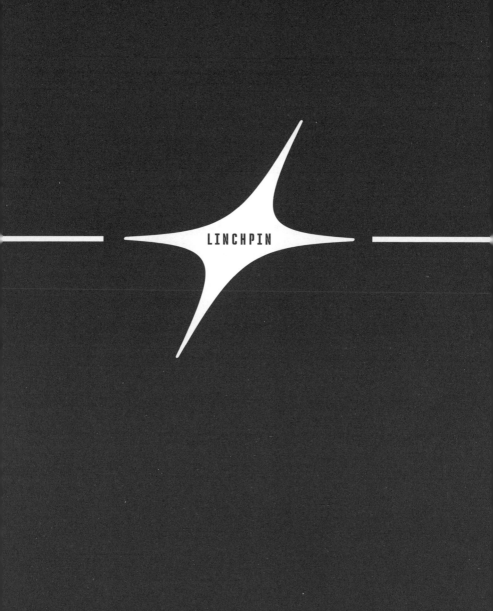

LINCHPIN

실패는
패배가
아니다

시장이 우리 생각, 즉 예술을 받아들여주지 않을 수도 있다. 관계가 맺어지지 않을 때 맹목적으로 밀고 나가는 것만이 최선책은 아니다.

예술이 제대로 작동하지 않을 때

대화가 안 되고, 제품이 팔리지 않고, 소비자가 즐거워하지 않고, 상사가 우울해하고 시장이 움직이지 않을 때 어떻게 해야 할까?

더 많이 예술을 해라.

이것밖에 답이 없다. 그렇지 않은가?

선물을 더 많이 주어라.

자신이 한 일을 되돌아보고 더 많은 일을 해라.

그렇지 않다면, 포기하고 학교에서 배운 대로 톱니바퀴가 되는 길밖에 없다. 이는 곧 실패를 의미한다. 그럼에도 시도하고 나서 실패하는 것이 그냥 앉아서 실패하는 것보다 낫다. 시도는 우리를 예술가로 만들어주고 다시 시도할 권리를 주기 때문이다.

상사와 한 배를 타라

일에 접근하는 방식을 바꾸지 못하도록 가로막는 가장 큰 장애물은 뭐니 뭐니 해도 상사일 것이다. 상사는 대부분 부하직원이 톱니바퀴 이상의 다른 존재가 되는 것을 허락하지 않는다. 하지만 열에 아홉은 진실이 아니다. 물론 운 나쁘게 나머지 하나에 걸렸다면 새로운 일자리를 알아보아야 한다.

우선 드문 경우를 생각해보자.

평범한 존재로 남기를 강요하고 모든 직원이 순응하기만을 바라는 조직이라면 무엇 때문에 그곳에 머물고 있는가? 무엇을 쌓고 있는가? 그런 일은 즐거울 리도 없고 도전이 될 리도 없다. 능력이 커지는 것도 아니다. 그곳에 머물수록 시장에서 자신의 가치는 떨어진다. 그런 일은 생각하는 것만큼 안정적이지 않다. 평균적인 사람들을 위해 평균적인 제품을 만드는 평균적인 회사는 상당한 생존의 압박을 받기 때문이다.

물론 편하기는 할 것이다. 또한 세뇌당해 자신의 천직이라고 믿게 되었는지도 모른다. 하지만 그렇지 않다. 그것은 자신의 가치를 폄하하는 것이다.

하지만 좀 더 흔한 경우에서는 상황이 다르다. 직원은 린치핀이 되는 것을 상사가 허락하지 않을 것이라고 생각하고 있는 반면, 상사는 부하직원이 왜 더 똑똑하게 열정적으로 헌신하지 않는지 이해하지 못한다. 톱니바퀴가 될 필요가 없는 일이라면 대부분 상사들의 가장 큰 고민거리는 직원들이 진실하고 적극적으로 일하지 않는 것이다.

물론 상사는 부하직원의 잘못을 대신 책임지지 않을 것이며, 아무 예고 없이 일을 완전히 망쳐버렸을 때는 화를 낼 것이며, 성공을 무조건 보장해주지 않을 것이다. 이런 사실을 '상사가 허락하지 않는다고' 이해한다면 이것은 의미론적인 문제일 뿐, 경영의 문제는 아니다.

린치핀이 될 기회를 잡기 위해서는 무엇보다도 자신의 계획에 상사를 참여시키고, 상사가 그 위의 상사에게 욕을 먹지 않게끔 처신하며, 예측할 수 없는 일을 최대한 예측 가능한 방식으로 만들어야 한다. 말단 영업사원이 회사의 가장 큰 고객에게 자기 마음대로 유럽 여행 상품권을 준 다음에 그 비용을 한 달 후 회사에 청구할 수는 없을 것이다. 처음부터 회사의 신임을 얻을 수는 없다. 자신이 쌓아가야 한다.

창조는 자유로운 것

누구나 재능이 있다. 하지만 지금 당장 하고 있는 일에서는 별다른 재능을 발휘하지 못할 수 있다.

훌륭한 아이디어, 열정, 통찰력, 열의를 가지고 있다고 해도 시장이 그것을 싫어할 수 있다. 현재 기술로는 자신의 아이디어를 제대로 구현하지 못할 수도 있다. 자신의 기술적 능력이 부족할 수도 있다. 내 연기가 지루하고 그림이 진부하고 대인관계가 형편없다면 나와 맞지 않는 일을 하고 있는 것인지도 모른다.

퓰리처상을 받겠다고 작정한 사람이 꼭 퓰리처상을 받는다는 보장은 없다. 웹디자인에 열정적이라고 해서 그 사람의 웹사이트를 모든 사람들이 좋아하리라는 보장은 없다. 창조는 자유로운 것이기 때문에 모든 창조가 똑같을 수 없으며 따라서 성공하지 못하는 사람도 있다는 사실을 인정해야 한다. 이것이 분명한 진실이다.

따라서 성공하지 못했다고 해서 '패배자'가 되는 것은 아니다. 자신과 맞지 않는 예술 분야에서 자신과 맞지 않는 지도를 그리고 있다는 의미일 수도 있다. 증권 중개인으로 성공하지 못했다면 자신의 예술은 다른 분야에 있을지도 모르는 것이다.

문제는 자신의 시장을 잘 아는 것이고, 진실을 볼 수 있을 만큼 자신을 충분히 잘 아는 것이다.

사랑에 빠질 수 있는 일

이제는 자신의 아이디어를 드러내 보이는 것이 이전보다 훨씬 쉬워졌다. 나의 대인관계 기술, 글솜씨, 비전을 남들이 훨씬 쉽게 알아볼 수 있다. 자신의 재능을 그동안 숨겨왔던 사람들이 이제는 스스로 드러내는 법을 알고 있다.

따라서 블로그를 만들어 많은 방문자를 끌어들인다고 해도, 그 것으로 돈을 벌지 못할 수 있다. 내가 일하는 비영리단체가 많은 사람들의 삶을 바꾼다고 해도, 이런 단체에서 일한 사실이 오히려 내 경력을 망쳐놓을 수 있다. 추상화에 대한 열정 때문에 팔릴 만한 그림을 그리지 못해 더욱 고달파질 수 있다.

자신이 사랑하는 일을 할 때 더 많은 노력과 관심과 시간을 쏟을 수 있다. 이는 곧 더 성공하기 쉽고 보상을 받기 쉬우며 이익을 얻기 쉽다는 뜻이다. 하지만 시인은 돈을 벌지 못한다. 더욱이 돈을 벌려고 쓰는 시는 대부분 수준도 떨어질 뿐만 아니라 사람들에게 지탄의 대상이 된다.

오늘날 재능과 취미를 나눌 방법은 예전보다 훨씬 많아졌다. 의욕이 넘치고 재능이 있고 집중을 할 수 있다면, 내가 하는 일 중에서 시장이 좋아하는 일을 찾을 수 있다. 사람들이 내 블로그 글을 읽고 내가 그린 만화를 보고 내가 만든 음악을 듣는다. 물론 그렇다고 해서 당장 돈을 벌 수 있는 것은 아니다. 직장을 그만두고 하루 종일 노래만 만들면 된다는 뜻이 아니다. 문제는 이것이다.

1. 자신의 작품을 현금화하려면 어느 정도 타협해야 할지도 모른다. 돈을 벌기 위해서 마법은 지워야 할지도 모른다.
2. 세상으로부터 주목받는다고 해서 무조건 상당한 현금 흐름으로 이어지는 것은 아니다.

예술을 예술로 만들어주는 것, 상업성을 고려하지 않고 열중하는 것은 충분히 이해할 수 있다. 자신이 좋아하는 일을 하는 것은 여전히 중요하다. 하지만 그것으로 돈을 벌려고 한다면 자신의 아이디어가 성공할 때마다 주기적으로 돈이 흘러나올 수 있는 틈새를 찾는 것이 좋다.

자신이 하는 일을 사랑하는 것은 좋아하는 일을 하는 것만큼 중요하다. 특히 돈을 벌려고 한다면 더욱 그렇다. 자신이 전념할 수 있는 일을 찾아라. 직업이든 사업이든 사랑에 빠질 수 있는 일을 찾아라.

음악을 사랑하는 내 친구는 평생 음악만 다루며 살고 싶어 했다. 그래서 음반 회사에 취직했고 거기서 홍보 업무를 맡았다. 홍보 업무가 너무 싫었다. 결국 음반 회사에 다닌다고 해서 음악과 관련된 일을 하는 것이 아니라는 사실을 뒤늦게 깨달았다. 그는 자신이 사랑할 수 있는 일을 찾았고 아주 가까이 다가갔지만, 자신이 그토록 원하던 음악과는 아무 상관이 없었다. 나는 그가 학교 선생이 되었다면 아주 좋은 선생이 되었을 것이라 생각한다. 그리고 여가 시간에 음악을 만들어 온라인으로 그 음악을 공짜로 나누었다면 훨씬 좋은 결과를 얻었을 것이다. 홍보 직원으로서 일은 갑절로 하고 돈은 적게 벌고 음악은 손도 대지 못하는 것보다는 훨씬 낫지 않은가?

자신이 좋아하는 일(최소한 지금 좋아하는 일)을 하면서 돈을 벌지 못하는 것은 어쩔 수 없다. 하지만 돈을 벌기 위해서 하는 일을 좋아하게 되는 것은 그리 어려운 일이 아니다.

자신의 예술을 해라. 하지만 그런 예술이 생활비를 벌어들이기에 적합하지 않다고 해서 망가뜨리는 일은 하지 마라. 그것이야말로 비극이다(역설적으로, 자신의 예술에 집중하고 돈 버는 일은 포기하는 순간 이런 길이 실질적 돌파구가 되고 돈을 벌 수 있는 비밀이라는 사실을 발견하게 될지도 모른다. 이런 역설은 언제 어디에나 있기 마련이다).

예술가가 되려는 꿈

시카고 예술학교The Art Institute of Chicago는 건물을 증축하면서 유명한 화가 엘스워스 켈리Ellsworth Kelly에게 전화를 걸어 이렇게 말했다. "안녕하세요. 새로 지은 박물관에 벽화를 그려주실 수 있나요? 원하는 대로 그리시면 됩니다. 결정이 되면 전화를 주시기 바랍니다. 그러면 오늘 바로 계약금을 보내드리지요."

예술가들이라면 누구나 꿈꾸는 상황이다. 자신의 상사나 의뢰인이 이렇게 행동해주기를 바란다. 물론 켈리처럼 여든여섯 살이나 먹은 유명한 화가에게는 그렇게 할 수 있다. 하지만 사람들은 그런 자리에 오르지 못한 예술가에게 먼저 전화하기를 싫어한다.

우리 사회의 시스템은 변하고 있지만 그것은 점진적인 변화일 뿐 혁신적인 변화는 아니다. 조직이 린치핀에게 전폭적인 지지를 하거나 마땅한 격려를 하는 경우는 많지 않다. 이는 곧 노력한다고 해서 항상 성공하는 것은 아니라는 뜻이다.

켈리가 아닌 사람들이 살아남는 두 가지 전략이 있다.

1. 제대로 된 답과 내가 팔 수 있는 답 사이에 차이가 있다는 사실을 분명히 이해해라. 조직 내에서 이단으로 치부되는 아이디어는 대부분 폐기된다. 틀려서 폐기되는 것이 아니라 그것을 파는 사람이 지명도가 없거나 업적이 없기 때문에 폐기되는 것이다. 상사 역시 세계관을 가지고 있다. 상사가 저항을 느낄 만한 제안을 한다면, 그로 인해 어떤 일이 일어날지 먼저 생각해보아야 한다.

2. 위를 바꾸기보다 아래를 바꾸는 데 초점을 맞추어라. 고객이나 부하직원과 상호작용하는 것은 상사나 투자자에게 영향을 미치는 것보다 훨씬 쉽다. 시간이 가면서 자신의 통찰력과 관대함이 보상받을 수 있는 환경이 만들어지면 윗사람들도 알아볼 것이고 더 많은 자유와 권위를 얻게 될 것이다.

상사에게 자신을 비호해달라고, 잘못을 대신 책임져달라고 부탁하지 마라. 그보다는 상사에게 기꺼이 공을 돌릴 수 있는 순간을 만들어라. 이런 순환이 일단 시작되면 계속 뻗어나갈 수 있을 것이다.

끊임없이 주는 예술의 순환

자신의 예술에 열중하는 사람과 이야기를 나누어보면 그들은 주는 것을 결코 멈추지 않는다는 사실을 알 수 있다. 잠깐 주는 것도 아니고, 보상을 바라고 주는 것도 아니다. 하지만 어떤 한계선을 넘는 순간, 그들은 받는 사람이 된다. 그럼에도 그들은 늘 베푸는 위치에 서 있다. 그것은 그들이 톱니바퀴가 아니라 예술가이기 때문이다. 그들은 린치핀이다. 갈아 끼울 수 있는 일꾼이 아니다.

물론 계속 주어도 별다른 효과를 얻지 못할 수도 있다. 자신이 지금 하는 일을 계속 하지 못할 수도 있고 보답을 받지 못할 수도 있다. 하지만 적절한 사람에게 적절한 방식으로 충분히 준다면 그것은 분명히 고귀한 선물이 될 것이며 앞으로 살아가는 과정을 통해 보상을 받게 될 것이다. 보상을 전혀 바라지 않고 주었다고 하더라도 자신이 준 선물은 반드시 되돌아온다.

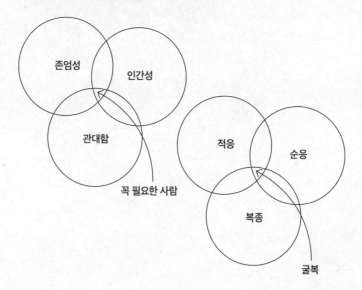

443

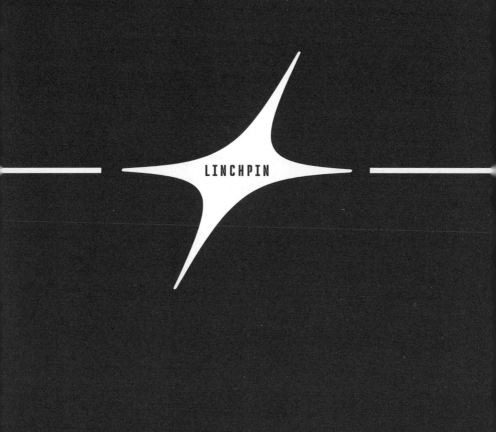
LINCHPIN

린치핀이 되기로 선택하라!

오늘이 바로 진정한 삶의 전환점이다. 일생에 단 한 번일지도 모를 선택을 내려야 하는 순간이다. 대부분의 사람들은 제대로 정해진 길을 따라 내려가는 선택을 하고 싶어 한다. 늘 선택하는 길이기 때문이다. 이런 길은 노동자로서, 시민으로서 우리 잠재성을 실현시킨다. 바로 이것이 시장이 원하는 선택이다. 장기적으로 시스템에 순응하는 데 초점을 맞춤으로써 우리는 더 많은 돈을 벌고 더 안정적인 길을 갈 수 있다. 하지만 우리는 이제 강력한 미래의 비전을 만들어내고 실제로 그것을 이루는 기회를 잡아야 한다. 새로운 성공의 길은 순응이 아니라 비전과 참여에 있다.

시스템은 의미를 잃었다

나는 회사를 당장 그만두라고 이 책을 쓴 것이 아니다. 사업가가 되라고, 세상을 바꾸라고 선동하기 위해서도 아니다.

내가 이 책을 통해서 전하고자 한 이야기는 우리 모두 원래의 모습대로 예술가가 되어야 한다는 것이다. 우뚝 일어서서, 차이를 만들어내고, 자신이 마땅히 누려야 할 존경과 안정을 찾으라는 것이다.

이런 설득이 성공했다면 이제 누구나 나누어줄 선물을 가지고 있으며 세상을(또는 자신이 속한 환경을) 더 나은 곳으로 바꾸기 위해 스스로 무언가를 할 수 있다는 사실을 깨달았을 것이다.

세상을 바꾸어라. 세상은 당신을 원한다.

선택은 당신의 몫이다

물론 선택은 두렵다. 하지만 맞서야 한다. 성공으로 나아가지 못하게 가로막는 장벽은 내가 누구인지, 나의 부모가 누구인지, 내가 어디 사는지가 아니다. 선물을 타고나거나 세계적인 수준의 재능을 타고나야 하는 것이 아니다.

세상에 자신을 끼워 맞추면서 동시에 뛰어날 수 있다고 말할지도 모른다. 적절하게 타협하기는 쉽다. 하지만 그것은 실패로 이어질 뿐이다. 여기에는 타협할 수 있는 공간이 없다. 경쟁자는 자신을 어느 한쪽에 특화시키기 때문이다. 그들은 세상에 자신을 맞추든 뛰든 어느 한쪽으로 달려갈 것이다. 결정을 내리는 행동은 곧 성공으로 가는 행동이다.

성공으로 나아가지 못하게 가로막는 장벽은 선택이다. 내 손에 달려 있다.

후회하지 않을 자신이 있는가

길거리에 다니다 보면 '두려움은 없다No Fear'라는 문구를 새긴 티셔츠를 입고 다니는 사람들을 볼 수 있다. 나는 그런 모토를 보면서 정말 위험할 뿐 아니라 멍청하다고 생각한다. 아무것도 두렵지 않다니! 우리는 당연히 두려움을 느껴야 한다. 헬멧을 쓰지 않고 자전거를 타는 것은 겁 없는 행동이지만 현명하지 않다. 용암 위에서

서핑하는 것은 겁 없는 행동이지만 멍청한 짓이다. 훈련도 하지 않고 불을 삼키는 것은 용감한 행동이지만 결코 현명하다고 할 수 없다.

그렇다면 현명한 것은 무엇일까? 후회 없이 사는 것이다.

우리가 앞으로 나아가지 못하게 잡아끄는 것은 두려움이 아니라 저항이다. 그렇다면 저항에 대해서는 이제 어떻게 행동할 것인가? 이제 사회는 우뚝 선 사람, 선물을 주는 사람, 관계를 맺는 사람, 두드러진 사람에게 보상한다. 이런 상황을 알았다면 당신은 어떤 선택을 할 것인가?

우리는 내면에 천재성을 가지고 있다. 세상에 나누어줄 수 있는 정령이 있다. 나도, 당신도, 모두 마찬가지다. 계속 그것을 숨기고 감출 것인가? 도마뱀뇌가 무서워한다고 자신의 가치를 제대로 평가하지 않고, 제대로 대우하지 않고 살아갈 것인가?

후회하고 말 것이다.

세상은 당신의 선물을 기다리고 있다

지금 살아가는 방식을 그대로 유지하면서 앞으로도 살아갈 수 있을까? 지금은 그렇다고 생각할지 모르겠지만, 절대 그렇지 않다. 지금 내가 찾아낸 틀은 영원하지도 완벽하지도 않다. 내가 속한 틀보다 뒤떨어지는 것도 있고 더 나은 것도 있다. 분명한 것은 당신이 이 모든 상황을 바꿀 수 있다는 사실이다. 마음먹기에 달려 있다.

오랫동안 사람들은 한자리에 머물러 있도록 세뇌당했다. 우리는 현재 자신이 처한 상태를 상자로 인식한다. 빠져나갈 수 없는 경계의 틀로 둘러싸여 있다고 생각한다. 물론 우리가 그동안 살아온 방식과 다른 길은 너무 무섭고 위험하고 용기가 필요하기 때문에 기존의 틀을 지키려고 한다. 특히 자신의 건강, 가족, 경제, 나이, 이웃, 회사, 교육, 꿈을 생각하면 더욱 그러하다. 누구나 그렇게 느낀다.

하지만!

하지만 몇몇 사람들은(물론 당신이 생각하는 것보다 많은 사람들이다) 매일 모든 것을 바꾼다. 나도 그렇게 할 수 있다. 당신도 그렇게 할 수 있다. 새로운 길을 맞이하고 걸어갈 수 있다. 안주하지 마라. 당신은 천재이고 세상은 당신이 기여하기를 바란다.

작업을 하라.

예술을 하라.

마지막 당부

우리는 평균 이상의 수익을 내지 못한다. 우리는 지금보다 더 똑같아질 수 없다. 더 순응할 수 없다. 더 값싸질 수 없다. 더 빨라질 수 없다.

우리는 자신의 본성을 거스르며 살아왔다. 수많은 시스템이 우리에게 최대한 톱니바퀴가 되라고, 익명이 되라고, 비인간화되라고 강요했다. 병원조차 이제 인간의 상호작용이 아니라 시스템으로 변하고 있다. 물론 시스템은 훨씬 발전할 수 있다. 실제로 그렇다. 하지만 나는 그런 여정은 결코 재미있지도 않고 수익도 나지 않는다고 확신한다.

주택담보대출을 잘게 다져 뒤섞어서 되팔 수 있다는 것은 곧 은행이든 집이든 집주인이든 모두 똑같다는 뜻이다. 이런 상황에서는 값이 싼 것, 수익이 나는 것이 최고다.

모든 온라인 쇼핑몰에 올라와 있는 제품이 똑같다면, 당연히 나는 최저가로 물건을 파는 쇼핑몰을 찾을 것이다.

모든 사람을 이력서만으로 평가할 수 있다면, 컴퓨터로 이력서를 스캔해 자동으로 사람을 뽑으면 된다. 결국 익명의 평균적인 일자리를 익명의 평균적인 사람들로 채우게 될 것이다.

모든 고속도로 휴게소가 똑같은 가격에, 로봇 같은 직원들의 똑같은 미소로 손님들을 맞이한다면, 어디에 들르든 무슨 상관이겠는가?

우리는 여기서 더 평평해지고 더 작아져야 하는가?

누구나 이런 악순환에서 세상을 이끌어낼 사람이 되고 싶을 것이다. 그런 업적을 이룰 수 있는 힘은 바로 세상에 기여하고자 하는 열정, 가능성에 대한 열정, 학교와 기업에서 완전히 익사해버린 열정을 되살려내는 것이다.

성공하는 조직은 모두 사람을 중심으로 구축된다. 예술을 작업하는 사람, 상호작용하는 사람. 단순히 돈으로만 계산하는 것이 아니라 상호작용하고 선물을 주고 관계를 맺는 사람들로 이루어진다.

이런 상호작용은 모두 예술이다. 예술은 그저 그림 그리는 것만을 의미하지 않는다. 사람을 더 나은 방향으로 이끌고, (단순히 돈으로 해결하는 것이 아니라) 인간적인 결론으로 이끌어낼 수 있도록 행동하게 하고, 익명성 없는 상호작용을 하게끔 사람들을 바꾸는 것 모두가 예술이다.

예술은 돈으로 사고팔 수 없다. 예술에는 선물이라는 요소가 있어야 한다. 선물은 예술가를 관객과 분리하지 않고 더 가깝게 만들어준다. 그래서 우리는 예술가가 되는 법을 꼭 기억해두어야 한다.

적어도 훌륭한 예술가는 세상을 보통 사람보다 훨씬 명료하게 바라본다. 현실을 있는 그대로 바라보는 지혜, 프라냐를 가지고 있다. 이것은 단순히 현실을 예술가적 눈으로 바라본다는 뜻이 아니다. 정직한 눈으로는 구름으로 가려진 수평선 너머의 미래를 볼 수 있다. 세상이 점점 빨리 변할수록 이런 정직한 눈을 가진 예술가들이 우리를 미래로 인도할 것이다.

우리가 이런 예술가가 되지 못하도록 가로막는 것은 바로 저항이다. 나는 그런 일은 하지 못한다고, 그런 일을 할 만한 존재가 아니라고, 사람들이 나를 보고 웃을 것이라고 도마뱀뇌는 크게 소리친다. 하지만 우리에게 부족한 것은 재능이 아니라 자신의 일을 완성해서 세상에 내보낼 용기다. 저항을 극복하기로 선택한 사람, 올바른 지도를 만들 수 있는 통찰을 가진 사람은 성공적인 린치핀이 될 수 있다.

이것은 거짓으로 꾸민다고 해도 통하지 않는다. 인간은 자신이 받는 선물이 진실된 것인지 아닌지, 상대방이 선물을 이용해 장난치거나 조작하려는 것은 아닌지 분명하게 감지할 수 있기 때문이다. 물론 예술만으로는 부족한 때도 있다. 물건을 파는 데 도움이 되지도 않고 생계를 유지하는 데도 효과가 없다. 하지만 예술은 인간이 해야 하는 일이기 때문에 멈추어서는 안 된다.

이런 예술, 위험, 선물, 인간성은 한꺼번에, 놀랍기도 하지만 역설적인 방식으로 찾아온다. '자본주의 이전'에 우리가 지녔던 자아로 되돌아가는 것은 사실, 우리가 그토록 찾아 헤매던 평화롭게 먹고살 수 있으며 우리 모두 부자가 될 수 있는 '자본주의 이후'의 세계를 만들어내는 것이다.

참고한 책들 ——————————————————————

　내가 이 책을 쓰면서 재미있게 읽은 책 중에 몇 가지를 모아보았다. 이 중에는 본문에서 언급한 책도 있다. 이 책을 쓴 저자들에게 다음과 같이 감사하다는 말을 전하고 싶다.

　"감사합니다. 당신의 작품이 차이를 만들어냈습니다. 저는 당신의 너그러운 선물에서 씨를 받아 그것을 또 다른 결실로 키워냈습니다. 그렇게 만들어낸 것을 이렇게 세상에 퍼뜨리고자 합니다."

선물과 예술

◆ 스티븐 프레스필드Steven Pressfield, 《최고의 나를 꺼내라The War of Art》
프레스필드는 이 책에서 아주 중요하고 단순한 주장을 펼친다. 우리는 저항의 희생양이다. 저항이란 우리의 천재성을 꺾고 세상에 순응하라고 소리치는 도마뱀뇌의 강력한 힘을 말한다. 저항을 인지하고 그 이름을 불러주는 순간, 저항을 통제하고 자신을 바꿀 수 있다.

◆ 루이스 하이드Lewis Hyde, 《증여론The Gift》
선물, 예술, 시, 상품, 세계의 역사에 대한 흥미진진한 여행으로 우리를 인도한다. 고리대금과 같이 사소한 것에 대한 결정이 세상을 어떻게 바꾸었는지 설명하는 시인 하이드의 통찰은 정말 심오하다.

◆ 마르셀 모스Marcel Mauss, 《증여론The Gift》
선물 경제에 대한 걸작으로 여겨지는 책이다. 쉽게 읽을 수 있는 책은 아니지만, 정말 읽어볼 만하다.

♦ 밀턴 글레이서Milton Glaser, 《예술은 작업이다Art Is Work》
글레이서는 직접 작업을 했다. 자부심과 관대함으로 작업이 무엇인지, 왜
중요한지 깊이 고민하도록 이끌어준다. 디자인 포트폴리오를 모아놓은 책이
지만, 여기 실린 글은 생각할 거리를 제공한다.

♦ 필리프 프티Philippe Petit, 《외줄 위 남자Man on Wire》
프티는 예술가다. 모험을 직접 부딪히며 헤쳐나간다. 그의 삶은 우리에게 선
물이다. 이 책은 영화 못지않게 우리에게 큰 힘을 주고 용기를 준다.

♦ 데이비드 매밋David Mamet, 《진실과 거짓True and False》
배우뿐만 아니라 모든 사람이 읽어야 하는 책이다. 매력이 넘치고 영감을
주며 의심할 여지가 없는 진실을 전달한다. 이 책은 짧고 강렬하다.

사회학과 경제학

♦ 데이비드 리스먼David Riesman, 네이선 글레이저Nathan Glazer, 류엘 데니Reuel
Denney, 《고독한 군중The Lonely Crowd》
아마도 사회학 분야에서 가장 많이 팔린 책일 것이다. 거대 집단에 순응하
는 것은 비교적 새로운 현상이며, 인간이 상호작용하는 방식을 바꾸었다는
것이 핵심 주장이다.

♦ 데이비드 하운셸David Hounshell, 《1800-1932 미국 시스템에서 대량생산으로
From the American System to Mass Production 1800-1932》
수공업에서 공장으로, 장인에서 대규모 공장노동으로 바뀌는 과정을 연구

한 책으로, 우리 조상들이 실제로 겪은 변화가 생생하게 기록되어 있다. 그 변화는 실로 거대했다. 단 2년 만에 포드 공장의 생산성은 다섯 배가 뛰기도 했다. 아주 특별한 통찰을 주며 매우 설득력 있다.

◆ C. 라이트 밀스C. Wright Mills, 《파워 엘리트The Power Elite》

미국 정치권과 기업의 특권계급을 파고든 첫 번째 책이다(물론 이 두 집단은 거의 일치한다). 밀스는 미국에서도 국가, 학교, 기업 속에 엄연히 카스트제도가 존재했다는 사실을 이 책을 통해 명확하게 증명한다. 지금도 그 흔적은 남아 있다. 물론 분야마다 속도의 차이는 있지만 바뀌고 있다.

◆ 리처드 바이스Richard Weiss, 《미국의 성공 신화The American Myth of Success》

자기계발서를 통해 본 미국 문화의 진화. 남북전쟁 시대의 호레이셔 알저에서 출발해 1950년대 노먼 빈센트 필까지 훑어본다. 우리가 읽는 책은 우리가 누구인지, 어디로 가고 있는지 보여준다.

◆ 앨리 러셀 혹실드Arlie Russell Hochschild, 《감정노동The Managed Heart》

혹실드는 1960년대 델타항공에서 일을 하던 승무원을 상대로 심층 연구를 진행했다. 매일 일터에서 쾌활한 모습을 보여야 하는 승무원들이 무력감에 빠지는 증상을 세세히 기록했다. 감정노동이라는 개념을 최초로 일깨워준 획기적인 작품이다(하지만 나는 감정노동이 특권이 아니라 고통이라는 그의 결론에 기본적으로 동의하지 않는다).

◆ 마셜 살린스Marshall Sahlins, 《석기시대 경제학Stone Age Economics》

눈에 띄는 제목과는 달리 이 책은 원시 문화가 어떻게 작동했는지 설명한다. 이 책에서 가장 기억에 남는 것은 수렵채집 사회가 게으른 부자들의 낙원이었다는 사실이다. 그들은 하루에 세 시간 정도 일을 하고 나머지 시간 내내 빈둥거리며 놀았다.

♦ 더글러스 러시코프Douglas Rushkoff, 《보이지 않는 주인Life Inc.: How the World Became a Corporation and How to Take It Back》

러시코프는 날카로운 시선으로 기업의 가치와 인간의 가치 사이의 충돌을 인식한다. 이 책은 전반적으로 상당히 비관적이다. 돈이 사람들을 뿔뿔이 흩어지게 만들었다고 주장한다. 하이드의 《증여론》과 마찬가지로 이 책은 물물교환과 공동체의 복원이 오늘날 시장경제보다 훨씬 바람직하다고 주장한다.

♦ 막스 베버Max Weber, 《프로테스탄트 윤리와 자본주의 정신The Protestant Ethic and the Spirit of Capitalism》

이 책은 많은 사람이 잘못 이해하고 있으며, 읽기 힘들고, 어떤 경우에는 부정확한 내용을 담고 있다. 하지만 사회학의 걸작으로 평가받는다. 베버는 미국을 성공으로 이끈 종교적 가치와 자본주의 가치의 연관성을 찾아내기 위해 노력했다.

♦ 카를 마르크스Karl Marx, 프리드리히 엥겔스Friedrich Engels, 《공산당 선언The Communist Manifesto》

많은 사람이 오해하는 책 중 하나다. 이 책은 소련이나 공산권 국가를 옹호하는 이념 서적이 아니다. 이 책의 핵심은 소규모 공산주의 실험이 효과를 거둘 수 없다는 것이다. 아무리 선한 의지를 가지고 사업을 하더라도 노동자들을 착취해 이익을 얻는 이웃과 거래를 하다 보면 유혹에 넘어가고 변절하고 타락할 수밖에 없기 때문이다. 전 세계적인 혁명을 통해 농민과 공장 노동자가 권력을 잡을 때만이 귀족과 자본가가 주도하는 불공정한 거래를 끝장낼 수 있다. 깊이 있는 수준에서 이 책은 상당히 타당한 주장을 담고 있다. 특히 노동자들이 생산수단을 소유하지 못하는 한, 자본주의경제의 거래는 근본적으로 불공평할 수밖에 없다. 실제로 마르크스와 엥겔스의 비관적인 예상은 지금도 밑바닥 노동자들에게 일상적으로 실현되고 있다.

♦ 애덤 스미스Adam Smith, 《국부론The Wealth of Nations》

이 책을 읽어본 결과, 완독할 이유는 전혀 찾지 못했다. 요약본만 읽으면 충분하다.

♦ 빌 비숍Bill Bishop, 《빅소트The Big Sort: Why the Clustering of Like-Minded America Is Tearing Us Apart》

비숍의 핵심 주장은 자신과 비슷한 행동양식과 투표 성향을 보이는 사람들끼리 모인다는 것이다. 이것은 《고독한 군중》의 이론을 한층 발전시킨 것이다.

♦ 리처드 플로리다Richard Florida, 《신창조 계급The Rise of the Creative Class》

플로리다는 생산수단을 가진 노동자들이 우리 경제를 어떻게 바꾸고 있는지 학문적으로 접근한 선구자다. 어디에서 살 것인지, 무엇을 할 것인지 이들이 내리는 결정은 우리 시스템은 물론 우리 삶에서 만드는 예술의 모습을 바꾼다.

♦ 대니얼 브룩Daniel Brook, 《덫The Trap: Selling Out to Stay Afloat in Winner-Take-All America》

상품 노동자들이 얼마나 망가지고 익명적으로 대우받는지 실제 사례 연구를 통해 적나라하게 보여주는 매력적인 고발장이다. 평범함을 선택하는 순간, 고달픈 삶을 맞이한다.

교육

♦ 존 테일러 개토John Taylor Gatto, 《수상한 학교Weapons of Mass Instruction》

개토는 거침없이 독설을 내뱉는다. 그리 놀라운 일은 아니다. 교육제도의 가장 추악한 모습을 목격했기 때문이다. 그는 오늘날 교육의 역사를 이해하고 있으며, 관료주의의 희생양이 되었다. 학교와 관계된 모든 사람들, 즉 이사진, 행정관, 선생, 부모가 모두 이 책을 열 쪽만이라도 읽어보기 바란다. 매우 중요한 책이다.

◆ 새뮤얼 보울스Samuel Bowles, 허버트 긴티스Herbert Gintis, 《자본주의 미국에서 학교 보내기Schooling in Capitalist America》
30년 전, 미래에 대한 정확한 예언을 한가득 담고 태어난 책(우리 과거의 진실을 정확하게 보여준다).

◆ 폴 윌리스Paul Willis, 《학교와 계급재생산Learning to Labor: How Working-Class Kids Get Working-Class Jobs》
1970년대부터 시작된 민족지학 연구를 토대로 만들어진 놀라운 논문이다. 심리적으로 '우리와 그들'이라는 이분법을 만들어내는 학교 구조는 결국 거의 모든 아이들을 권력에서 소외시키며 생산적인 리더가 아니라 불행한 임금노동자로 키워낸다.

프로그래밍과 생산성

◆ 프레더릭 P. 브룩스Frederick P. Brooks, Jr., 《맨-먼스 미신The Mythical Man-Month: Essays on Software Engineering》
아주 복잡한 화제에 대한 단순하고 유용한 분석. 우리 시대에 대한 새로운 접근.

◆ 스티브 맥코넬Steve McConnell, 《소프트웨어 프로젝트 생존 전략Software Project Survival Guide》
채찍질에 대한 저자의 통찰만으로도 책값은 남는다.

◆ 조엘 스폴스키Joel Spolsky, 《조엘 온 소프트웨어Joel on Software》

조엘은 내가 아는 한, 똑똑한 사람들을 다루는 일을 하는 사람들 중에서 가장 글을 잘 쓴다. 분명하다.

◆ 리오 바바우타Leo Babauta, 《선습관Zen Habits》

리오의 생산성 통찰은 소박함과 효율성에서 정말 놀랍다.

과학, 진화, 뇌

◆ 스티븐 제이 굴드Stenphen Jay Gould, 《다윈 이후Ever Since Darwin: Reflections in Natural History》

진화론에 관한 훌륭한 책은 아주 많기 때문에 그중 하나를 뽑기란 어렵다. 내가 이 책을 뽑은 이유는 이 책에서 인용을 했기 때문이다. 하지만 나는 대니얼 데닛Daniel Dennett과 맷 리들리Matt Ridley의 책도 추천한다.

◆ 알렉스 펜틀랜드Alex Pentland, 《어니스트 시그널Honest Signals: How They Shape Our World》

MIT 교수 펜틀랜드는 시스템이 자신들을 지켜보고 있다는 사실을 인식하지 못하는 상황에서 사람들의 상호작용을 관찰해 분석하고 종합했다. 겉으로 보기에 이 책은 이 놀라운 실험을 정리한 것에 지나지 않지만, 실제로는 우리가 상호작용할 때 비언어적 소통과 종족의 서열이 얼마나 강하게 작동하는지 보여준다.

◆ 그레고리 번스Gregory Berns, 《상식파괴자Iconoclast: A Neuroscientist Reveals How to Think Differently》

번스는 나와 같은 영역을 생물학적 측면에서 접근한다. 이 책에서 그는 지각, 공포, 네트워킹에 어떤 사람들을 독창적인 사상가들로 이끌어주는 세 가지 기본신경학적 요인이 있다고 주장한다. 그래서 내 책을 읽고 나서 곧바로 그의 책을 읽어보면 도움이 될 것이다. 그의 과학적 데이터는 내가 이 책에서 설명한 세 기둥에 완벽하게 들어맞기 때문이다.

♦ 조나 레러Jonah Lehrer, 《탁월한 결정의 비밀How We Decide》
뇌 이론에 대한 훌륭한 입문서다. 우리가 원하는 결과를 만들어내기 위해 뇌의 다양한 부분들이 어떻게 어울려 작동하는지 쉽게 알려준다. 이 책에 실려 있는 참고문헌 목록은 또 하나의 훌륭한 책이다. 이 책이 참고한 안토니오 다마지오Antonio Damasio의 《데카르트의 오류Descartes' Error》 역시 매우 훌륭한 책이다.

지혜

♦ 페마 최드뢴Pema Chödrön, 《미끼에 속지 마라Don't Bite the Hook》
미국인 여성으로서 비구니가 된 페마는 내가 좋아하는 스승이다. 그는 몇 가지 강렬한 통찰만으로 청자와 독자를 단순하고 명료하게 하나로 맺어준다. 이 책에서 그는 스트레스를 받는 상황에 처할 때마다 우리가 빠져드는 불안의 악순환, 셴파에 대해 이야기한다.

♦ 라마 수리야 다스Lama Surya Das, 《내면의 붓다 깨우기Awakening the Buddha Within》
불교의 소박한 통찰을 찾는 서양인들에게 더없이 소중한 책이다. 이 책은 상당히 자세하고 진지하다.

♦ 휴 매클라우드Hugh MacLeod, 《이그노어! 너만의 생각을 키워라Ignore Everybody: And 39 Other Keys to Creativity》

창조성에 관한 수백만 권의 책이 있지만 이처럼 직접적이고도 효과적으로 저항에 맞선 책은 거의 없다. 이 책은 창조적으로 되지 못하도록 붙잡는 변명을 모조리 없애버린다. 예술가가 되라고 요구한다.

♦ 나심 니콜라스 탈레브Nassim Nicholas Taleb, 《블랙 스완The Black Swan: The Impact of the Highly Improbable》

탈레브는 우리가 세상을 바꾼 사건들을 이미 예측하고 있었다고 생각하지만 사실은 전혀 예측하지 못했다고 주장한다.

♦ 틱낫한Thich Nhat Hanh, 《이른 아침 나를 기억하라Peace Is Every Step: The Path of Mindfulness in Every Life》

이것은 종교에 관한 책이 아니다. 세상을 있는 그대로 보는 법, 위협이 아니라 흥미로 바라보는 법을 이야기한다. 송곳니를 드러낸 호랑이가 사라진 세상에서 이런 관점은 곧 생산적인 접근이 된다.

저항 극복과 창의성 발휘

♦ 데이비드 앨런David Allen, 《쏟아지는 일 완벽하게 해내는 법Getting Things Done: The Art of Stress-Free Productivity》

♦ 가르 레이놀즈Garr Reynolds, 《프리젠테이션 젠 디자인Presentation Zen: Simple Ideas on Presentation Design and Delivery》

♦ 로저 본 외흐Roger von Oech, 《꽉 막힌 한쪽 머리를 후려쳐라A Whack on the Side of the Head: How You Can Be More Creative》

위 세 권은 효율적인 전술의 고전이다. 물론 저항에 맞서기로 선택할 때 이들은 본격적으로 효과를 발휘할 것이다.

중요한 블로그와 블로거들

소비자의 교회Church of the Customer, 케빈 켈리Kevin Kelly, 조엘 온 소프트웨어, 톰 애슈커Tom Ascker, 밥 레프세츠, 클레이 셔키, 짐 레프Jim Leff, 크리스 앤더슨, 데이비드 미어먼 스콧David Meerman Scott, 페넬로피 트렁크Penelope Trunk, 토니 모건 Tony Morgan, 브라이언 클라크, 코리 닥터로, 인덱스드Indexed, 스티븐 존슨, 휴 매클라우드, 더 삼바 블로그The SAMBA blog, PSFK.

린치핀

초판 1쇄 발행 2024년 11월 13일
초판 4쇄 발행 2024년 12월 05일

지은이 세스 고딘
옮긴이 윤영삼
펴낸이 김상현

콘텐츠사업본부장 유재선
책임편집 김상현 **디자인** 곰곰사무소 **마케터** 최문실
미디어사업팀 김예은 송유경 김은주
경영팀 이관행 김범희 김준하 안지선

펴낸곳 (주)필름
등록번호 제2019-000002호 **등록일자** 2019년 01월 08일
주소 서울시 영등포구 영등포로 150, 생각공장 당산 A1409
전화 070-4141-8210 **팩스** 070-7614-8226
이메일 book@feelmgroup.com

필름출판사 '우리의 이야기는 영화다'

우리는 작가의 문체와 색을 온전하게 담아낼 수 있는 방법을 고민하며 책을 펴내고 있습니다.
스쳐가는 일상을 기록하는 당신의 시선 그리고 시선 속 삶의 풍경을 책에 상영하고 싶습니다.

홈페이지 feelmgroup.com **인스타그램** instagram.com/feelmbook

ISBN 979-11-93262-29-0 (03190)